心悅台灣

台湾の歡び

四方田犬彥——著
白春燕——譯

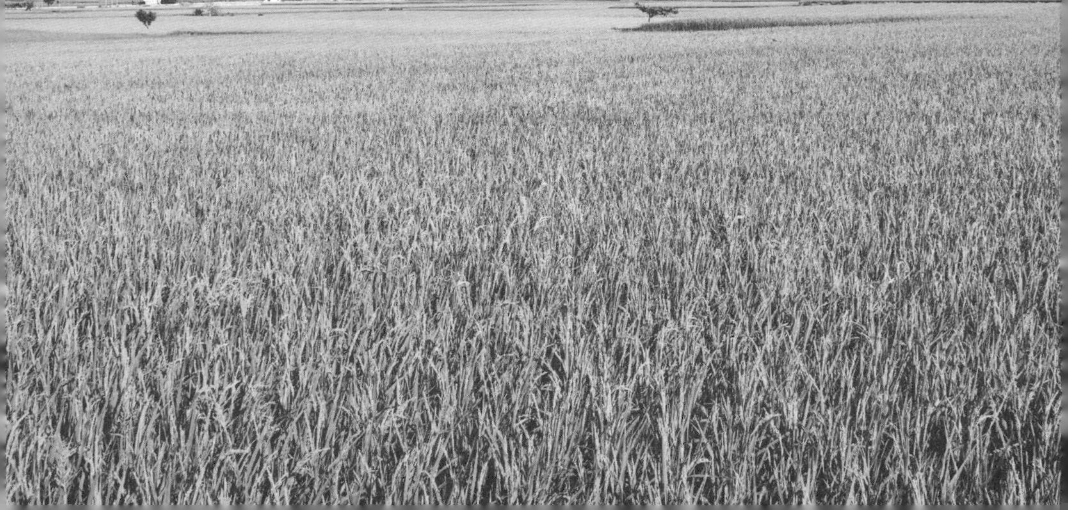

本書獻給垂水千惠，以及她對於台灣的熱情

序言

你正在哈瓦那，眺望著波浪拍打岩壁高高濺起的飛沫，想起前一陣子待在台灣的日子。令人害怕的暑熱，每次外出回來，非得沖澡不可。窗外廣袤的藍天像要穿透似的，遠處隱約傳來練習康加鼓的聲音。

台灣和古巴有一點相似，也有一些不同。

兩地都是位於亞熱帶的小島，植物一逕茂盛地生長著。來到鄉下，可以看到一大片的甘蔗田，黃昏時大王椰子搖曳著美麗的剪影。人們發揮著棒球及電影方面的才能，各自在屬於中文及西班牙的巨大語言圈，創造出風格獨特的文學。這兩個社會，距離單一民族的幻想甚遠，數個族群和文化共存混融著。在古巴，西班牙人消滅了原住民，召來了黑人和漢人；在台灣，原住民存活下來，不少人與漢人殖民者混血同化。兩地都信奉執掌航海的處女神，在加勒比海是瑪利亞，在台灣海峽則是媽祖。從地緣政治學來看，兩國皆為軍事據點，在冷戰體制下與鄰近大國曾經有過軍事上的緊張關係。不過兩國現在都跟美國沒有邦交，因此不像日本那樣成為美軍駐紮的基地。

若要說台灣和古巴的不同之處，倒是有一點，那就是古巴仍維持一黨獨裁政治，而台灣長期以來雖未形成多黨制政黨體制，但民主主義政體在一九八〇年代末期已經軟著陸了。

你正在哈瓦那，想起前一陣子待在台灣的日子。

電影編劇家克里斯・馬克（Chris Marker）在《日月無光》（*Sans Soleil*）說：「周遊地球幾趟下來，能夠吸引我的，只有平凡而已。」

那是你自幼累積至今、關於台灣的印象。

那美麗的、宛如出生自藍色海洋的蝴蝶標本。不知是誰當作伴手禮帶來的鳳梨酥。有著甜膩旋律的〈雨夜花〉黑膠唱片。寫著「大陸難胞奔向自由」的深藍色郵票（穿著粗布衣裳、瘦骨嶙峋的女人拿著手帕掩面哭泣）。伸出長長的舌頭、瞪大雙眼昂首濶步的巨大神像（不知在哪本書上看到的）。巨大的鍬形蟲。南部寺廟屋頂以美麗的形狀往上翹起的燕尾。發出響亮音色的銅鑼和嗩吶。插著蓮花的水瓶裡來回游動的小魚。

因此，當你在台北下飛機之後，第一站便直奔成功高中校園內的昆蟲館。

在台灣，有兩件事讓你感到困惑，那是歷史和自然。

當人們知道你是日本人之後，會向你談起台灣在日本統治時期的現代化、衛生和教育，甘蔗品種改良及土地灌溉的事情。台灣街頭充斥著日文，台灣人在日本三一一大地震時捐贈了巨額善款。這是你無法預期的情況（你最初到韓國留學的時候，日本卻是他們極力想要隱蔽的對象。當你開始關注民族主義者高聲提倡的那種複雜的日本觀時，一切就開始了）。

有那麼一瞬間，台灣讓你變得毫無防備。接著，你被要求去認知那個橫亙其中的鄉愁和喪失感的混合物。然而，那是真實的嗎？這個鄉愁是屬於怎樣的意識形態呢？

然而，最讓你感到震撼的卻是植物。

油棕櫚樹披覆著大量新芽，細長柔軟的枝條像麵線般向四面八方展開。馬氏射葉椰子的樹幹分出了數不清的枝條。錦屏藤有著無數的氣根，從莖節的地方長出，大量懸掛而下。大王椰子的老株在樹幹上長出粗大的瘤刺，大片的葉子叢生在樹頂上。姑婆芋和小芭蕉聚生在這椰子樹下方。紫檀的樹幹上長滿了厚重的苔蘚。台灣海棗的樹幹上有著明顯的刻痕，長得像酋長頭的巨葉正在與強風對抗著。檳榔樹有著像竹子般細長的樹幹。榕樹的樹根像章魚腳往四方伸出，粗大的樹幹互相糾纏，形成無法解讀的圖案。鳳凰木的細葉在高處搖曳著。荔枝樹彎曲的樹幹不斷分岔，果實不斷大量地掉落地面……

在路旁的盆栽裡、即將傾頹的廢屋庭院裡、大學校園裡，植物一逕地繁枝茂葉，誇示其旺盛的生命力。你被這一片濃綠所魅惑，有時竟覺得喘不過氣來。

現在，你在桌上擺著好幾冊的筆記本，仔細地反覆閱讀著。讓你感動的到底是什麼？究竟是什麼讓你感到驚奇和喜悅？你打算製作你的「悸動人心的事物」清單，如同一千年前京都的女散文家那樣地。（譯注：「悸動人心的事物」（心ときめきするもの）出自清少納言《枕草子》）

第一部　台北　13

第一部

台北

名為台北的都市

在二〇一三年秋天至二〇一四年春天這段時間，我以兩所大學的訪問學人身分（客座教授及客座研究員）居留台灣。讀者們在本書讀到的，是我在這段期間所見聞的印象與對話，加上後續資料寫成的考察。我想最適合用來形容本書的說明是：「具評論性、經過實證的旅行札記」。

對於我這個電影史及比較文學研究者而言，在嚴格意義上作為學問研究對象的台灣，已遠遠超出我的認知範圍。但是當我愈了解這個社會，就愈被她無止盡的魅力所吸引。為了想要寫出她的魅力，成為我開始深刻思考的契機。若要讓思考持續保持在自由的狀態，設法讓自己處於外行人的立場是很重要的。這是我從愛德華・薩伊德

（Edward W. Said）那裡學來的。在這裡我想先說明的是，讀者們即將讀到的這本書所依據的，便是這種外行人無止盡的好奇心。

居留台灣期間，我曾因日本文部科學省的事情而短暫回到日本，也曾前往古巴的大學進行訪問教學，但基本上我以台北和台南作為據點，對於台灣的社會及文化做了觀察。我在國立清華大學及國立台灣師範大學的台灣文學研究所授課，並參加公開討論會，也應邀到台灣政治大學及中央研究院發表研究成果。而當我來到台南、民雄、台中等地方型城市時，也在當地的大學做了不少場的演講。對我而言，利用演講的機會與不認識的研究者和學生見面，是了解各種台灣人的想法、獲取當地最新訊息的重要方法。我與很多詩人及電影人見了面，與他們深入溝通、深入對談；也參加了為期數天的宗教活動，親身體驗庶民百姓的信仰熱情。這些體驗成為我寫這本書的強烈動機，幫助我更完整地呈現每一個細節。

從日本前往台北很簡單，不必從成田機場出發，只要從羽田機場搭上飛機，一下子就到了。台北的機場有桃園和松山兩處，當然是松山較好，因為只要辦好通關手續，走出海關沒幾步路就是ＭＲＴ站，也就是捷運站，通往近郊或市區各地。從車站走上地面，很快就來到市場，人們在喧囂聲中來來往往，許多攤販並排在路邊。

若要介紹台灣，就必須先從台北捷運的廣播說起。

台北捷運在廣播站名時會以不同的語言重複四次。以「永春」為例，會以「Yonchun」、「Yinchun」、「Yentsun」、「Yonchun Station」的順序廣播，依序是國語（北京話）、台語（閩南語）、客語、英語。若在鄉下搭公車，最後廣播的有時不是英語，而是當地原住民的語言。

在台灣二千三百二十三萬人口（二〇一一年調查）當中，南島語族的原住民人口約占二％、也就是五十一萬人（周婉窈《台灣歷史圖說（增訂本）》，濱島敦俊、石川豪等譯，平凡社，二〇一三）。若依一般的分類法，他們是由已經漢化的平埔族十族及政府認定的高山族十六族所構成，擁有各自的語言、信仰及習俗。南島語族以太平洋及印度洋全域為居住範圍，西邊以馬達加斯加島為界，中間有印尼、菲律賓，東邊則達夏威夷島、復活節島、紐西蘭。有些學者認為台灣是南島語族的發祥地，但還未能成為定論。

台灣現在已經不用「先住民」這個詞了，因為「先」這個字有強烈的「已經滅絕」的詞義，因此在一九九四年第三次修憲時，正式將他們稱為「台灣原住民」。不管如何，在交通廣播用語和行政當局的立場是：在台灣使用的所有語言都是平等的。

我居住的公寓由一個老人和年輕女性負責打掃，一開始他們就自豪地向我表示自己是阿美族人。老人頗能說日語，但不甚流暢。老人告訴我，小時候他家附近有一個日本人，在戰後確定要回日本時，那日本人在海邊擁抱他，向他道別。老人還說，台灣的棒球是很強的，當然日本也很強啦。

幾乎沒有例外地，台灣人從小就接觸多種語言，會在不同的場合使用不同的語種。在這個比日本九州還小的島嶼上，至少有十七種語言並存交雜。對於信奉單一語言幻想的日本人與韓國人而言，這種複雜的語言環境是無法想像的，但台灣人就生活其中。台灣人對於自己該選擇用哪種語言說話，與自己的出身背景、歷史及意識形態有關，不過他們也習於像雜耍遊戲般地操弄數種語言。例如，一九九〇年代以降的搖滾樂，就流行將客家語和原住民語放進歌詞裡，作家宋澤萊則將相同內容的小說用台語和國語各寫一遍，而在楊德昌的電影《獨立時代》（在日本發行時的名稱是《エド

ワード・ヤンの恋愛時代》）裡，就有一場是一對男女在搭計程車時同時以中文和台語進行漫長的交談。

再把話題拉回站名的廣播，雖然同一個地名在不同語種裡有不同的發音，但是寫成漢字的表現方法只有一種，所以在標示上不會有繁雜的問題。只要能寫出正確的漢字，任何人都可以依照自己的文化傳統來發音。台灣社會是由複數文化和語言形成的這個概念，已是現在台灣人的基本認知。台灣政治體制對於文字的理念是：漢字絕對不可以簡化，即使是複雜難寫的文字，也必須正確寫出。全世界現在只有香港和台灣仍然保存漢字原樣，繼續使用著。越南已禁用漢字；韓國則基於民族主義的立場將漢字推至教育體制邊緣；日本在美軍占領下推行漢字簡化運動；中國原本以廢除漢字為最終目標，但中途受挫而改推漢字簡化。因此，台灣在文化史上是極具意義的。

我在台灣的大學裡學到了一個基本知識，那就是在課堂上對於中國的稱呼。眾所周知，蔣介石率領的中國國民黨敗給中國共產黨的人民解放軍之後，在一九四九年逃到台灣。台灣從此受到「中華民國」的統治，而中國大陸則以「中華人民共和國」為國名，雙方自彼時反目到現在。在台灣內部，有一派人主張台灣獨立，欲取得世界的承認，也有一派人積極尋求與中國統一。如果你是以「台灣」、「大陸」來稱呼，就會被視為統一派；而如果你以「台灣」、「中國」來稱呼，表示你承認兩地各為一國，強調台灣具有不同於中國的獨立性。在日本人看來或許是瑣碎的事，但對台灣人卻是相當重要的，因為這牽涉到自己對政治及文化認同的立場。即使是細微的用語差異，也會成為這個人所依歸、所自我認同的佐證，必須加以留意。一位教授如此告訴我：

> 台灣不是中國的一部分，也不是它的附庸國。台灣吸收了中國和日本的文化，不偏向任何一方，汲取島內各種文化的多樣性而形成獨特的社會形態。台灣雖然與美國、日本、中國沒有正式邦交，也無法在聯合國取得席位，但沒有人可以動搖台灣在文化上的自我認同。**台灣是真實存在的**。

我以電影史研究者的身分演講及授課的主題包括：日本紀錄片在三一一大地震之後的變化、與李香蘭有關的性別（Gender）問題、日本電影裡的沖繩表象、滿洲國

「啟民電影」（宣傳片）分析等。聽眾為一般學生、研究者、教授等，他們都很認真地回應我的論述。尤其是我到一九九九年大地震受災嚴重的台灣中部幾所大學演講時，我們針對日本三一一大地震及核災相關拍攝行為的道德標準問題，有誠懇深刻的交流討論。

在授課和演講的空檔，我常到台北電影資料館觀賞館方收藏的台語電影。這些作品不是國民黨政權以國語製作的大型反共電影，而是運用台灣民間資金拍攝的小規模的、以台語發音的B級娛樂電影。就我所知，除了台灣人之外，只有一位摩洛哥的女性研究者關心這個議題。

這趟並非我第一次來台灣。其實從一九八〇年代開始，只要有機會我就往台北跑。但不知為何，每次的訪問行程總是來去匆匆。就我造訪全世界都市的次數而言，排在巴黎、首爾、香港、紐約之後的，應該就是台北了。但每次造訪的幾天都住在飯店，訪問目的是參加論文發表會或者訪問拍攝新片的電影導演，根本沒有時間以某一處為據點，用較長的時間與人們接觸，或參加民間宗教巡禮活動。這種不滿足的感受一直困擾著我。我無法創造一個能夠跨出電影評論這個狹窄領域、直接面對台灣文化的機會。就這一點而言，我在韓國的時候，相對地幸運多了。

在我滿六十歲時，我下了一個決心，並且實踐了。我辭去日本多年的大學工作，打算專心從事寫作。當此事實現後，我馬上想到的，便是長期居留台灣。我已經從無聊的授課和教授會議中解放出來，著手實踐多年來的夢想。

您可以試著在台北街頭叫計程車看看。

台北的路名是國民黨在一九四九年為了「發揚中華民族精神」而制定的（在此之前，是由日本人統治的台灣總督府命名，大多是日式風格）。命名規則很簡單，橫貫全市的東西向主要道路稱為「忠孝路」，南北走向的稱為「中山路」，以兩條路的交叉點為座標軸，大致可以劃出四個象限。市區道路通常以中國重要地方及都市來命名，這不只是威權性的命名而已，且與方位有相對應的關係。位於東北的道路會賦予中國東北城市的路名，位於西南的道路就會配上中國西南城市的名稱。因此，整個台北市就像是全中國的微縮模型。

市中心有南京路、濟南路、天津路；西南邊則有叫作成都、貴陽、柳州、重慶的街道。位於台北車站西北方的迪化街，街名源自迪化，也就是烏魯木齊。相反的，在市區東邊那條大路稱為基隆路。採用吉林、遼寧、長春、松江等舊滿洲（現在的中國東北）地名的街道，大多集中在市區東北方。只要了解這個規則，並且記住縱橫棋盤上的主要路名，大致上就可以掌握台北市內的方位了。這讓我想到一件事。我在一九八〇年代第一次造訪台北時，中華路上有一家北京烤鴨專門店，店名是「小北平」。「北平」一詞指的是現在的「北京」，現在已經不使用了。

台北的房價很高，飯店住宿費更高。我在台北遇到的教授們，談的都是有關不動產的話題，很多人說想要在東京買公寓出租，用這些租金來舒服地度過晚年。

必須介紹一下我住的公寓的四周環境。若以往昔舊街道的座標軸來看，這裡屬於第四象限，也就是位於東南方的地區。這裡以和平路及信義路為中心，附近有金山路貫穿南北，這片熱鬧街區的中心是捷運東門站。住了一陣子之後，我發現這一帶分成三個地區，各自的歷史和社會階層皆不相同。由南往北依序是大學文教區、台式及各種異國料理店群集的美食街、以及專供庶民採買的市場。在各地區活動的人們極不相同，可以明白看出台灣社會階層的生活空間有分隔開來的傾向。

從公寓往南邊散步而去，可以來到台灣大學及台灣師範大學這兩所國立大學。政治大學已遷至郊外，但仍有城區部在這附近。白天可以看到學生們在這一帶邊走路邊聊天，也有裝潢時髦的咖啡店、正在打折促銷新書的書店林立其間。我剛來到台灣時，書店大量陳列著村上春樹最新作品及動畫原作小說《風起》的中文譯本，這並不讓我感到驚奇。但有一次看到石原莞爾《最終戰爭論・戰爭史大觀》被堆放在新書平台上，大剌剌地展示出封面，我不禁懷疑自己眼睛所見。到底是怎樣的台灣人需要這本書而使它被翻譯出來呢？我一時無法理解。

漫步小巷裡，偶然會看到舊書店和古物店。每間舊書店都極具特色，其中一家正陳列著一位大學教授寫的書，這位作者在一九六〇年代被國民黨政權下了禁言令，最後窮苦潦倒地過世了。接著，我看到台灣現代詩人的初版作品一整排地陳列在一家店裡，而玻璃櫥窗裡則慎重地擺著寺山修司的原著，是書店女主人喜愛的書。有的書店會配合文學研究期刊發行日期，找來作者和評論人公開對談，聽眾可以免費入場；有的書店則在地下室擁有一整間的店鋪，號稱收羅了所有的書籍。

來到這一區不久，我和一位舊書店老闆成了好朋友。他當過新聞記者，收藏了大量的日本歌謠黑膠唱片。可能是因為我買下了幾乎所有的台灣昆蟲圖鑑而讓他感到高興吧，他指著放在店門口那幾台腳踏車對我說，腳踏車借你騎，想騎哪一台都可以。就這樣，我有了自己的「馬」。自此，只要距離不算太遠，我盡量不搭捷運，開始騎著腳踏車在台北市自由地遊逛。但是，或許腳踏車實在太老舊了，故障過兩次，我曾在黃昏時刻四處找尋腳踏車修理店……

在這裡住了一陣子後，我發現戰前這一帶曾有不少日本人居住。附近有一座兩層樓的木造建築，是以前日本人專用的市場，現在變成了古物店。至今仍有許多日式房屋被保留下來，有好幾棟經過內部改裝之後，變成了咖啡廳或簡餐店。有一次我跟人約碰面，來到一家名為「青田七六」的餐廳。走到附近時，就被滿滿的綠意給包圍住，突然感覺這景色似曾相識。原來這裡是香港電影大明星林青霞還在台灣念書時主演的第一部電影《窗外》的取景地。

從我住的公寓往北走，會來到夾在麗水街和永康街之間的商店街，十分熱鬧。日本的旅遊導覽書還特別以大篇幅介紹此地，是台北首屈一指的美食街。

任何時段來到這裡，都是人潮洶湧。以上海小籠包聞名的鼎泰豐已是世界知名的餐廳，店門口隨時都有西方觀光客群聚，讓我退避三舍。當地居民愛去的則是永康牛肉麵，在這裡可以略窺台灣人對牛肉麵的熱情。早上十一點開門之前就已出現排隊人潮。中國觀光客似乎也很快就注意到這家店，好幾次看到提著大型購物袋的男女正大聲嚷嚷著。

幾位在台北認識的朋友為我介紹他們愛去的許多店家，我開始逐一造訪這兩條路之間的各式餐館。宜蘭料理店提供海藻、生魚片等豐富的海產，台南料理店有一種香濃的甘甜風味。也有幾間並排的餐館，發揮創意將質樸的客家菜變成新菜色。有的店家賣的是台灣庶民口味的魯肉飯，還得過獎，雖然空間非常狹窄，仍然將獎狀掛在牆壁上展示。

住了一陣子之後，我為自己幾乎不識台灣料理而感到羞恥。面積比九州還要小的這個島嶼上，四處都有各式各樣的地方料理，對於只在日本住過的人來說，是不可能了解的。台灣料理絕對算不上權威性的料理體系，但擁有獨特的風味及菜色，與北京料理或廣東料理皆不相同。詩人焦桐是一位美食評論家，他率先專注於台灣的飲食文學，對美食切磋琢磨，以洗練的文字書寫飲食文化。

就我所知而言，台灣人幾乎不會耽溺於酒精。即使是學會舉辦的研討會結束後的宴席，當大家圍著圓桌坐下時，一開始送上來的都是白開水。偶爾在美食街看到桌上擺著啤酒瓶的，大多是日本人。紹興酒或中國北方的蒸餾酒更是少見。即使偶爾點了啤酒，台灣人也偏愛鳳梨或芒果口味的啤酒。或許是種類豐富、價格低廉的水果讓他們遠離酒精吧。不過，這可能只是在台灣料理店才有的傾向吧。這條美食街有最新流行的日本料理店，總是擠滿了年輕人。雖然我沒有機會進去，但曾經看過他們的桌上擺滿了各式各樣的日本燒酒，像是在品嚐葡萄酒似地。

這條充滿活力的美食街只延伸到東西向貫穿市區的信義路南邊為止，大馬路的北邊是屬於東門市場的街區。不管是聚集在大學街區的年輕人，或者是攤開旅遊導覽書一心追求美食的觀光客，都不會踏進這一區。意思是說，市場是純粹屬於庶民的領域。

東門市場原是相當寬廣的市場，後來被金山南路區隔為東西兩邊。來到信義路北邊之後，道路突然變成彎曲的小路，便知道已經來到市場了。

道路寬約一公尺半，店舖擁擠成一整排，鐵皮屋頂都老舊生鏽了。每個攤位都非常狹窄，大概只有一兩坪。每一攤賣的東西分得很細，如肉乾、青菜、魚、熟食、裁縫、檳榔、豆花、內衣、拖鞋、鮮花、飾品、鞋子、包包、雨傘、餐具、生麵、肉燥等等。順便一提，肉燥是一種台灣獨特的食物，以豬絞肉製成，具有特別的風味。

肉燥攤的對面賣的是羊肉藥膳食品，有兩位戴著紅紫色頭紗的回教女性在那裡採買。有一家賣的是以紅色醬汁烤成的豬肉，還有以滷汁調味的豬腳。另一家店裡，店員正七手八腳地從內屋抬出熱氣蒸騰的肉包，高聲叫賣著。滷汁是一種傳統的醬汁，以醬油、米酒、砂糖為基底，配上桂枝、花椒、肉桂、小茴香等各種中草藥製成。一大早來這裡看，就可以知道所有東西都是以驚人的速度賣出去的。這裡沒有在美食街可以看到的可愛小物禮品店，也沒有法國麵包店或有機食材店，因為這裡是老百姓早晚前來購買日常食品的地方。

我常常早上來這熱鬧的市場，點下水湯和米粉湯當作早餐。那是一家小店，位於狹小的巷弄裡，客人面對炊事台坐下吃東西。客人以單獨一人的女性居多，她們可能是在市場工作或者買東西累了來休息一下。當食物送來時，每個人馬上吃了起來，然後很快地離開。

巷弄深處有一座小廟，垂掛著數十個寫有「四時無災　天上聖母」的燈籠。從燈籠下方望去，總是會看到一位老太太獨自打掃著。這是一座媽祖廟。老太太很仔細地擦掉香灰，將粗粗的香條重新插正，然後深深地拜了拜。媽祖是保佑航海平安的女神，也聆聽人們大大小小的心願。媽祖的臉被線香燃起的煙霧燻成黑色，祂的面容柔和慈愛，卻有兩位長相猙獰的侍從，名叫順風耳、千里眼。狹窄的廟庭裡不見這兩位的身影，回頭一看，發現小路對面設有一個小祠堂，祂們正坐鎮在那裡。周圍停了幾台送貨用的機車，上面堆著剛進貨的厚紙箱。市場一貫地喧鬧著，只有這間小廟異常寧靜。但並不是完全沒人，常常可以看到一位女性在打掃。有時會看到四位年長的女性，一起在這裡專心地祈禱。

我以東門為起點，開始漫遊台北街頭。我騎著腳踏車往台北車站前進，到青島東路的電影資料館查資料，然後造訪植物園和其他市場。繼續在和平路上往西騎，可以到達龍山寺，遊逛古老街區萬華和大稻埕。當我知道這兩個地區是位於淡水河邊的貨品交易區、是台北最早繁榮的地方之後，便興起親眼看看淡水河的上游和河口的念頭。於是我搭上捷運，造訪遠在上游的三峽及位於河口的淡水。河岸到處可以發現過去作為交易買賣場所的痕跡，也有現在的市場以及作為移居漢人據點的廟宇。在人群擁擠的地方走累了之後，我來到占地廣濶的台北植物園，這裡有亞熱帶島嶼特有的各種樹木，綠意盎然得過於強烈，讓我感到一陣恍惚。

原本的拘束感獲得解放，我開始一點一點地思考起台灣這個地方。台灣與日本、美國這些「大國」沒有邦交，卻能創造經濟奇蹟，經過長時間的努力，從軍事政權和平地轉換為民主政權。這樣的台灣是怎樣的社會呢？濃縮的空間裡存在著多元族群和語言，產出極具實驗性質的文學及簡潔洗練的電影。這樣的台灣到底具有怎樣的文化呢？曾經在日本殖民統治下受到那麼多的不平等和屈辱，卻在日本三一一大地震時快速募集到令人訝異的巨額捐款兩百億日圓，以淡然的態度捐給日本。台灣人是以怎樣的心情做到的呢？我在暈眩的情緒裡不斷自問這些問題，同時展開了我的台灣居留生活。

最古老的城市　萬華

「萬華」在日語裡標記成各種不同的發音，如Manfa、Banfa、Monga等。往昔是根據原居於此的原住民的發音填上漢字，寫成了「艋舺」。日本的旅遊導覽書如此介紹萬華：「像淺草一樣有一座歷史悠久的廟宇。」但就我的印象而言，倒覺得比較像大阪的南區，從天王寺到通天閣，延伸到飛田一帶，那種有著庶民氛圍的地區。

我搭捷運到龍山寺站，從地底走上地面的一瞬間就身陷人群之中。有一個小小的公園，很多老人在那裡下棋，還有更多老人表情嚴肅地在旁觀戰。這裡還有各式各樣的人：將電子錶擺在厚紙箱上、兜售彩券的中年男人；裝義肢的人；拄著丁形枴杖的人；打赤膊露出滿身刺青、嘴裡不知嚷叫什麼的人；站在路邊對著狗兒吼叫、要牠走開的人；手裡拿著裝有食物的塑膠袋卻身穿睡衣的人；裹著毛毯睡覺的人；張嘴笑著、上下排牙齒幾乎掉光的人。這裡放眼望去都是男人，幾乎看不到女性。

「艋舺」是凱達格蘭族語，意思是獨木舟，公園角落也因此陳列著兩艘獨木舟雕刻作品，但沒有任何人注意到它們。這裡是一個聚集地，當人們在人生的黃昏時刻發現無處可去時，為了想看看同類而信步前來的地方，這就是艋舺公園。我推測這裡原本是個池塘，基於衛生問題而以水泥混凝土填平。池塘上應該開滿了蓮花。聚集在公園的老人們或許是受到像是淨土那樣的幻影所吸引而來到此地的吧。

這裡雖說是公園，但並非只是老人們極度無聊的陰鬱空間而已，還是一個充滿活力的地方，每個角落都有小攤販即興地叫賣著。我茫然地站立著，不一會路面立刻被舖上厚紙板，並擺上了鮮魚。小貨車也停在人行道旁，開始賣起了白蘿蔔和葡萄，可能是從附近農家直接運過來賣的吧。還有一台寫著「宗教民俗CD錄音帶」的車子，正在播放誦經樂曲。每到此時，人群會一下子聚攏，又突然散去。我的視線原本看著路面，往上一抬便看見馬路對面莊嚴矗立著的龍山寺。

龍山寺是美麗的寺廟，有著巴洛克裝飾和莊嚴感。屋頂上出色的剪黏吸引了我的目光。由於經過多次翻修，疊加了多種式樣，整體洋溢著交響樂般的氛圍。穿過大型牌樓之後，是舖著花崗岩的地板，依序經過三川殿、前殿、大殿，再一直往內，世界似乎不斷地擴大著。石雕龍柱綜合了極度精緻的曲線，大殿天井的螺旋形藻井令人聯想到巨大的火焰漩渦，讓觀看者體驗類似暈眩的感受。這裡祀奉的主神是觀音。前殿到大殿之間的空間擠滿了信眾，香煙繚繞不絕。再往裡走到後殿，可以看到媽祖、註生娘娘、水仙尊王、文昌帝君、關帝君等神明，宛如是明星巡遊的匯演光景。

出了龍山寺後往東走，可以看到狹窄巷弄裡緊緊排列著許多中藥行，群眾蜂擁而至的情形只能用可怕來形容。這裡有一個大大的招牌，寫著「慶順嫁妝寢具行」，還有一家青草店（也就是賣煎藥草的小店）相當醒目。再往前走，來到名為「剝皮寮」的磚造商店街。這裡以前是艋舺地區的買賣街區，曾經繁榮一時，是當時高格調的商業地帶，也是台灣最早有街燈的地區。這些街燈長期棄置，最近全部修復，當成吸引觀光客的景點。在重新修復的地區設置一整排的土產禮品店以吸引年輕人的作法，讓每個地區都呈現相似的氛圍，這一點在台灣和日本都是相同的。原本的用意是彰顯歷史，結果卻隱蔽了歷史，重回到平凡的空間。

不過，這個無聊的景點街道並沒有延伸太長，過了和平西路之後，街景又回到混雜的商業地區。我來到了鳥店街，步道兩旁排放著很多鳥籠，裡面有鸚鵡等許多南國色彩鮮艷的鳥兒。鳥店街再過去，有童裝批發店，一棵大樹的根部有一個小祠堂，結著一個燈籠。應該只有當地人才會來這裡膜拜吧。這一帶已經遠離龍山寺地區的雜沓紛亂，散發著一種舒緩的、屬於庶民的氣氛。

萬華是台北最古老的地區，應該說是台北的起源地。舊名「艋舺」，原本是建於淡水河岸的小村落。村落之所以開始發展，是因為透過海上交通從事買賣之故。

最初的住民是平埔族的凱達格蘭族（現在台北市中心有一條道路及公園便是以此為名）。在十七世紀，他們以蕃薯和鹿皮與來到島上的西班牙人做買賣，就此展開交易活動。不久之後，漢人取代西班牙人，在島上開始殖民生活，交易買賣變得更加活絡。到了清朝光緒皇帝時期，艋舺成為淡水河畔最大的城鎮，四處都有酒樓及妓院。附帶一提，「萬華」是根據「艋舺」發音的易字寫法。

在促進艋舺的發展上，龍山寺發揮了很大的作用。這座廟宇是清朝初期從福建安海鄉的龍山寺分靈而來。台南、鳳山、鹿港、淡水也有相同名稱的寺廟，全都分靈自同一間廟宇，算是兄弟關係的輩分。艋舺的龍山寺成為移民漢人的信仰中心，是後來發展為台北市的原點。

到了日本統治時期，萬華逐漸遠離昔日榮光。淡水河上游的開墾造成大量砂石往下流，砂土堆積使河道變淺、變窄，大型船舶無法靠岸。萬華的人口在清朝末期已經被大稻埕追過去了。西門町這個新興地區出現後，也加速萬華沒落。西門町原本只是一片長期不受重視的濕地，但自從日本人推行現代化之後急速發展，一躍成為台北流行最前線的商業地區。曾經謳歌萬華榮景的妓女淪落為公娼或更低級的私娼。這裡已被當作典型的舊時街區，可以看到庶民的熱鬧生活，但昔日的奢華已不復見。

後來我查了資料，發現艋舺公園果然原本是一座蓮花池，在日治時期以不衛生為由被填平。這讓我想起中上健次在《千年的愉悅》裡描寫的街道，那是已然失去的淨土。

我在電影資料館看了一部名為《龍山寺之戀》（一九六二）的電影，是台灣民間的電影公司製作的音樂劇。故事舞台是一九五〇年代後期的萬華街頭，大量大陸難民湧至台灣，雖然過了十年之久，但他們與本省人之間的衝突不曾中斷。

小芳是一位貧窮的外省姑娘，她在龍山寺前面以唱歌的方式賣著藥酒。由於她那天生美妙的歌喉，讓藥酒很快就賣完了。她的父親是來自山東省的知識分子，因受失意及疾病折磨而無法工作。小芳每天從很遠的鄉下搭火車來萬華，省吃節用地維持生計。隔壁賣中藥的是一位本省籍中年男人，無法忍受小芳這麼受歡迎。他用擴音器妨礙小芳的歌聲，讓她的藥酒賣不出去，以致於生活陷入困境。

失意的小芳在鄉下的河邊洗衣服，一位初次見面的青年被她那楚楚可憐的模樣吸引，不自覺地拿起手中的相機拍下她的姿影。這位叫作羅忠的青年是一位新聞記者，是個富家子弟。但事實上，他與上海的父母親失散後成了孤兒，才被來到台灣的外省人家庭收養。他以前曾經差點被火車撞到，是小芳的父親救了他。自此，他便一直在找尋這位救命恩人。

另外一位叫作唐亮的青年出場了，他是富裕的本省籍青年，在廣播電台工作。他深受小芳吸引，想要設法將她美麗的聲音在電台播放。羅忠和唐亮彼此爭風吃醋，讓小芳很困擾。有一天出現了轉機，一張相片從羅忠的口袋掉出來，他們發現兩人原來是親兄弟。龍山寺前的中藥攤老闆向小芳提出和解，兩人團結起來一起做生意。本省人和外省人之間的嫌隙得到化解，迎接歡喜的大結局。

飾演小芳的是新加坡人氣女星莊雪芳。我看了這部電影才知道一九五〇年代的龍山寺門前這麼熱鬧，也明白當時從萬華車站坐火車出去的一帶還都是田園風光。從結局可以看出這是一部較不重視情節發展的方便主義式的音樂戲劇。不過，這部在戰爭剛結束不久時拍攝的喜劇電影，劇中頻繁出現離散家人重逢的主題，對於研究日本、韓國、香港同一時期電影的我而言，感覺是相當自然之事。尤其對拋棄故鄉和財產渡台的外省人而言，與親人的生離死別應該是相當嚴重的問題。

不過，中央研究院陳培豐教授將我的這個想法徹底推翻，他認為這只是一部企圖化解本省人和外省人嫌隙的國策電影。陳教授認為，選擇龍山寺作為故事背景的理由是顯而易見的。在故事舞台的選擇方面，萬華和大稻埕都是台北具有庶民特色的代表性地區，但這部電影描寫立場對立的人們之間的和解故事，若選擇位於引爆二二八的開槍事件現場附近的大稻埕的話，是有所顧忌的，所以才會選擇了萬華。我對這個看法很感興趣，進一步向他詢問。這位跟我年紀差不多的台灣研究者，為我說起關於他從小生長在龍山寺附近的所有事情。

陳培豐教授其實是一位經歷相當特殊的學者。他在一九七〇年代以民歌手的身分初次在台灣歌唱界露臉，唱了一首很紅的歌〈失戀的餐廳〉。他不但作詞作曲，還是唱片製作人，相當活躍。但是有一天他突然轉念，立志於研究學問，而前往早稻田大學及東京大學留學。他的博士論文研究日本統治下的台灣「國語」（日語）教育實際狀況、形成過程及其結構，現在於中央研究院以教授身分致力於研究，並以日文出版了三本研究書籍。他淡然地說，學者只是他不斷轉換職業的其中一個工作，從前他以民歌手身分活躍於歌壇，而現在專注於研究台灣歌謠意識形態，可以看出他對於現代台灣民眾文化的關注一直沒有改變。

陳教授是家中的長子，他家在龍山寺附近經營撞球場。母親是經營超過半世紀以上的華南公司的千金，家中吃的都是味噌湯、醃蘿蔔等日式飲食。這在龍山寺附近的家庭是普遍的狀況。撞球場雇用許多員工，原住民員工拿到薪水之後就會消失不見，不久又會突然出現。當時的龍山寺不像現在禁止攤販進駐，以前是玩丟球遊戲的極佳地點。在小孩子眼中的印象，本省人都很富裕、生活穩定，而外省人除了一部分特權階級之外，看起來都很貧窮。

這種悠閒的環境在陳教授成為中學生之後有了急遽的改變。當時這位陳姓少年就讀於淡水的中學，校長、教師、學生、事務員全部都是外省人，他發現這是中國民族主義的巢穴。教師們一致認為日本對於台灣的統治是殘酷的侵略行為，殖民地教育只是一味的愚民教育，而中國則是擁有全世界最棒的歷史的偉大國家。台灣的所有一切都遭到貶抑和否定。陳姓少年的父母被批判為「賣國奴」，讓他的自我認同陷入極度混亂的境地。

龍山寺成為陳姓少年的心靈依靠。這座廟不但是靈驗的聖地，還是台灣民族主義的象徵。當民主化運動在一九八〇年代被點燃之後，反體制集會或演講經常在龍山寺舉行。陳教授說他之所以選擇日本統治時代的「同化」教育作為博士論文的主題，就是為了想要看清楚這個台灣民族主義的真正輪廓。

聽完陳培豐教授這麼長的經歷之後，我再次造訪龍山寺，發現了這座巴洛克風格的寺廟有另一張面孔。掛在正殿的匾額出自國民黨籍總統李登輝之手，是他讓台灣平穩地轉換為民主國家。民進黨領導人陳水扁當選總統後第二天的謝票活動最先到達的地點，不是別的地方，就是龍山寺。對於主張台灣民族主義的本省人而言，這座位於萬華中心地帶的廟宇是極為神聖的場所。

龍山寺東邊有很多中藥青草店，我穿過人潮往西邊走，不久便來到另一個完全不同的商店街，這是以夜市聞名的華西街。有腳底按摩店，也有強精回春的蛇鱉飲食店。路邊攤有堆積如山的日本AV電影盜版DVD，廉價的小吃店一字排開。比起我住的公寓那一帶的美食街，這裡的物價便宜得驚人，但總感到一絲怪異、隱蔽的氣氛。

不久我就領會到箇中的理由了。轉進商店街的窄巷，可以看到類似私娼寮的痕跡。在二〇〇〇年代初期的陳水扁時代，已明令禁止賣春，但在角落裡仍有一種殘香的氣味飄散著。我想到自己第一次造訪台北的一九八〇年代末期，曾經在黃昏時刻來到龍山寺一帶漫無目的地亂走，不小心走入窄巷，一瞬間就被許多年輕女性包圍起來。她們穿著迷你裙，戴著時髦的眼鏡，有些人穿著水手服，像是日本深夜電視節目裡的女高中生。我急急地退回商店街，終於回到了龍山寺前的廣場。那裡有一處痣相算命攤，擠滿了人。算命師的身後掛著一張小泉今日子臉部特寫巨型海報，上面畫了數十個黑點，他以這張海報為範本為每位客人預測運勢。

從華西街往北走再右轉，會來到青山宮。這是萬華地區與龍山寺齊名、大量信徒前往參拜的聖地。這座廟並不大，感覺好像隱沒在四周的店家裡。這裡祭祀的是關聖帝君。我走進無人的廟中參觀，猛地發現這裡就是數年前引起話題的電影《艋舺》的宣傳片拍攝地。這部電影也在日本上映，不知為何譯成義大利風味的片名：《モンガに散る》（凋零於艋舺）。電影裡那種傷痛和慘烈的場面，讓不少觀眾留下深刻的印象。我先簡單介紹一下內容：

在電影裡，萬華有兩大角頭，分別是Geta老大的「廟口幫」及Masa老大的「後壁厝幫」。Geta的兒子集結高中同學成立了「太子幫」少年部隊。「太子幫」可以說是「廟口幫」的少年組織，他們經常坐在廟前石階上，整天無所事事。

主角叫作蚊子，從這個綽號就可以明白他一個感情纖細的高中生。他的母親經營美容院，母子兩人相依生活。他受邀進入太子幫，與同年級的志龍、和尚、白猴、阿伯結成仁義之交。他們在廟前歃血為盟，之所以必須是五個人，因為五根手指頭合起來才是一個拳頭。為了慶祝蚊子入幫，他們將蚊子帶到華西街內巷的私娼寮。蚊子在那裡與一個右頰有胎記的少女娼妓聊了天。五個人更形團結，無人可擋。他們在街頭走路有風，甚至對別的幫派的年輕人施加殘酷的私刑。

四年過去了，蚊子想讓他熟識的妓女脫離妓院，卻一直無法實現。就在此時，開始謠傳有來自「大陸」的黑幫混進當地。兩位本省人黑幫老大相繼遭到暗殺，太子幫的成員之間出現不安和動搖。這時被關了三年的大哥回來了。大哥說明現在很像清朝末年外國勢力入侵台灣的情況。不久之後，內部開始出現背叛事件。似乎是和尚受大陸幫的誘惑，看不起老派的老大，打算背叛萬華。蚊子無法忍受這樣的背叛行為，在複雜的思緒下刺殺和尚。不管是蚊子或和尚，他們已經不清楚為何要殺害同伴了。由於他們三人慘烈的互相殘殺，太子幫來到了即將自我毀滅的地步。

Geta老大在深夜被亂刀砍死，他是在廟裡被假稱入內參拜的四人襲擊而死的。在死鬥的最後，鮮血橫流，牆壁上出現了一幅地獄般的景象……

這裡必須留意的是兩位老大的稱呼Geta和Masa都是日文名字這件事。若要說電影只是虛構，那麼話就接不下去了，但在現實世界裡，萬華的黑道和日本黑道有著無法切斷的親密關係。在萬華混不下去的黑道遠走日本新宿歌舞町，這種傳聞總是稀鬆平常地流傳著。在這部電影裡，情況也不例外。年輕的黑道在臨終之際見到美麗的櫻花幻影，心領神會之後從容赴死。日本形塑出這種強大的幻想空間，成為現實的桎梏解放之後可供前往的目的地。

這部電影透過黑道這種邊緣性的存在，描述本省人的共同體意識，受到最近來自中國、真正的黑道威脅而陷入危機的狀況。在此之際，作為特權空間登場的是廟宇。年輕人佇足於廟前，早已帶著隨時會像子彈那樣被射出的覺悟，被全球化的浪潮所吞噬，接連不斷地迎接悲慘至極的死亡。

青山宮在十一月底舉行關帝爺的「聖誕千秋」祭典。不久之前我曾經在報紙上看到青山宮發生火災的消息，心裡很擔心會不會如期舉行。廟宇總是永不間斷地燃著香火，確實很容易發生火災。不過祭典如期盛大地舉行了，只是在廟中央有一部分覆蓋著黃色塑膠布。

平日靜謐的青山宮前面設了臨時的祭壇，前來參拜的人潮相當多。青山公坐鎮的大轎上鋪著一塊紅布。供品比平日豐盛，大型供桌上擺滿了各式各樣的供品，鴨、豬肉、炸魚、米粉、桃子形狀的糕餅等，甚至還有巧克力派和寫著大大的「北海道」字眼的餅乾呢。

擴音器以很大的音量播放歌仔戲（台灣傳統戲曲）的音樂。我趁著人潮還不太擁擠時先來拜拜。我走進廟裡，看到每個人都分到了炒麵和餅乾。隔了一段時間再進去，我又拿到了小小的麵包。廟旁邊的空地正在搭設「鴻明歌劇團」的歌仔戲舞台。可能是在某處聽說這裡有祭典吧，好幾位年長的流浪漢來到這裡閒散地橫躺著。遇到這種情況，台灣的廟方並不會像日本那樣戰戰競競地加以盤問。

我到別處晃晃之後，再次來到青山宮，這裡正聚集著多到令人恐怖的人潮，有很多當地的老人和年輕人，穿著黃色、橘色的T恤或制服。再過不久，關公的大轎將開始到大街遊行。七爺和八爺平常被放置在廟裡微暗處，只在今天出來遊行，現正等著出場。好像很多鄰近的廟宇也來參加，整個遊行隊伍長達三百公尺。歌仔戲開始了，當我找到位子坐下時，又有人分發小麵包給我，每個人看起來都很熱心。穿著綠色、棕色、黃色華麗衣裳的演員和歌手們，拿著麥克風又唱歌又唸台詞地表演著。

一位老人站在藝閣前導的小卡車上，可能是當地的有名士紳。他拿著樹枝往水桶裡沾水，然後向四周揮灑，應該是淨化的意思。接著有好幾台大轎，其中有兩個男人慎重地搬著只有三十公分高的黑色神像，正要放入轎中。各式各樣的隊伍紛紛出現，小型的拖拉車、以花朵裝飾的摩托車、手裡拿著銅鑼和嗩吶的年老樂師、像日本粉紅佳人（Pink Lady）那樣穿著鑲有金屬片的美麗服裝跳著舞的四名女子。另外還可看到穿著清一色紅色制服的四名少女，正站在另一台車上敲著銅鑼、吹著嗩吶。她們的卡車載貨台上，也有幾個小孩子很感興味地站在上面。

雖說時序已進入十一月，但若在身上套著七爺八爺的大型神偶，應該會感到很熱吧。套著神偶的年輕人們肩負大任，中途便筋疲力盡，常常需要換人接替。手腳上有刺青的年輕人相當醒目。我近看七爺八爺，祂的頭上巴洛克式地裝飾著鏡子、仿製的珍珠、粉紅色的毛球，以及龍形、火焰或植物等圖案的金屬薄片，背部則垂著至少有一百張的黃色紙條，紙條長度超過一公尺。祂們胸前掛著很多餅乾串，可能是只有祭典當天才有的吧。在這兩位地獄將軍後面出現的，是裝有夜光照明的兩輪拖車。

在青山宮的隊伍之後，跟著紫敬堂、玄安樂社、東隆宮等各家廟宇的藝閣。橫跨大馬路之後，藝閣隊伍不斷遭到摩托車或腳踏車阻隔，但仍蜿蜒不斷地前進著。我以為接著會出現巨大的神明人偶，沒想到後面跟著的竟是小型人偶，走路時又是轉圈又是跳舞。祂有著巨大的頭，卻一副笑嘻嘻的樣子，看起來真不舒服。鑽在人偶裡面的是一個小孩，他跳累了，在路邊脫下面具和衣服，跟朋友說著話。一粉一紫的兩條龍在粉紅佳人模樣的女子前面舞了起來，像是逗弄似地做出恭順的樣子。粉紅佳人們對著一整排神像跳著舞，像是在向神明獻納。到處都是煙火和鞭炮，遊行隊伍後面散落著大量鞭炮屑。

這是我所看到的青山宮祭典，跟龍山寺的感覺極為不同，這裡宛如在讚頌萬華的榮光。藝閣花車遊行到大馬路時，毫無預警地下起了大雨。但是人們完全無視於大雨，依舊繼續扛著大轎、吹著嗩吶、放著鞭炮。

在日本統治的陰影下　大稻埕和西門町

楊德昌曾拍過一部名為《青梅竹馬》（日本發行片名為《台北ストーリー》（台北故事））的電影。這是一九八五年他終於以導演身分嶄露頭角時拍攝的作品，由當時的好朋友侯孝賢主演。

主角出生於大稻埕中心地帶——迪化街，他是一位二十幾歲的青年，原本在美國學建築，遭遇挫折後回到台灣。他無法適應高度成長後的台北，卻也無法回到幼年時代。他爬上正在建造的大樓，站在外露的鋼筋水泥地上，眺望遠方整排的高樓建築群。那裡應該有自己設計的大樓，卻不知道是哪一棟。每一棟看起來都很像，已經無法分辨。關於自己是否存在的這個問題，他也搞不清楚了。

在深夜的馬路上，這位青年被騎著摩托車來回喧囂的不良少年刺死了，最後死在大型垃圾堆裡。在這部殘酷的電影結尾之際，導演楊德昌突然將鏡頭轉向迪化街，老舊的商店街在藍色燈光照映下，看起來彷彿幻象似地浮了上來。那是主角想回去卻再也回不去的、台北過去的榮光。

楊德昌曾經跟我說過，這部作品的目的是為了拍攝迪化街已漸漸失去的記憶。楊德昌在拍完《青梅竹馬》之後被台灣電影界孤立、最後客死美國的事，我仍記憶猶新（寫完本書之後，我應該會將此事寫出吧）。當他即將死去時，是否也想起了自己拍攝過的迪化街的光和影呢？

大稻埕和萬華都是台北發源地的古老地區。兩地有著一種對照性的氛圍，萬華具有一種隨時都很混亂繁雜的魅力，而大稻埕卻一直是秩序井然的。其實這兩地之間還夾著西門町這個地區，但考量敘述的順序，必須先來介紹大稻埕才行。

「大稻埕」是清朝時期的地名，不是台北行政區域的現行名稱，但人們仍然對這個地名感覺親近，以懷念的心情持續地使用著。大稻埕的中心是迪化街，前面已提過這個地名是烏魯木齊之意。烏魯木齊跟這個地區其實沒有任何關聯，只因為被國民黨政權很官僚式地分配到這個地名。這個漢族歷史悠久的地區卻取了異族邊境的地名，真是不合時宜的作法。

若從地理位置來看大稻埕的範圍，大致上是從台北車站往西延伸的忠孝西路北側開始、往北一直到迪化街盡頭的區域。再往前走的話，會遠離市中心，那裡有一座台北大橋，由日本超紅電影《君の名は》（請問芳名）改編的台語電影《相逢台北橋》（一九六二）的故事舞台便位於此。不過這裡已不算是大稻埕了。至於大稻埕的中心則是位於迪化街的永樂市場及霞海城隍廟。

迪化街是一條非常靜謐的街道，尤其到了黃昏時刻，有時甚至人煙絕跡。偶爾有人來買東西，夕陽會將他的影子長長地映在街道上，感覺時間好像停止似的。街道兩側有好幾十家乾貨店，賣著魚翅、鮑魚、海參、海蜇皮、蝦米、干貝等海鮮乾貨，還有木耳、銀耳、冬菇等香菇類，桂皮、丁香、茴香、陳皮、花椒、五香粉等香料。不但有米粉、粉絲、皮蛋、鹹蛋，還有蓮藕、紅棗、綠豆、眉豆、乾薑，更有當歸、鹿茸、枸杞、人參、杜仲、菊花等中藥材。還有一種方便的「滷包」，是台灣庶民料理主要風味——滷味的配料包。這些食材被仔細地分類，陳列在不見人影的店頭。除了中藥店之外，還有店家賣的是向神佛祈願的金紙和香燭。這就是這條街的特色。

泛著靜謐感的這條街上，惟一有年輕人熱鬧聚集的地方，就是霞海城隍廟。蓋在城市分界上的這座廟，祭祀的是在陰間（冥府）審判人類生前罪行的城隍爺。城隍爺的手下七爺和八爺總是以令人害怕的長相執行著任務。台北市有好幾座城隍廟，但是迪化街這一家聽說對於戀愛和婚姻問題特別靈驗，很多年輕男女會前來參拜，尤其是女性總是不絕於途。這可能跟後殿角落祭祀著月下老人有關吧。我每次造訪迪化街時，都習慣來這座廟看一下黑黑的城隍爺和夫人，有時會看到工作人員正忙著疏通擁擠的人潮。

與萬華（艋舺）一樣，大稻埕也位於淡水河邊，也是因水運買賣而興起的地區。不過大稻埕約於十九世紀中期左右興起，時間上比艋舺晚很多。關於大稻埕起源的說法是，艋舺原本住著泉州的三邑人和同安人，雙方的對立漸形激烈，同安人敗陣後逃到下游另建商埠，因而形成了大稻埕商圈。海上商業活動日益興隆，大稻埕的繁盛漸漸壓過艋舺，到了清朝末年人口數量就凌駕於艋舺之上。這是因為大稻埕建設了許多米倉，逐漸發展為台北最重要的商業地區。不同於艋舺，這個地域與耽溺酒色的頹廢是無緣的。當台北的市中心在日本統治時期轉移至別處時，這一帶並沒有就此荒廢，而是選擇以乾貨街的方式優雅地枯萎而去。

大稻埕南邊有一條東西橫貫的長安西路。這條路與延平路的交叉口附近的亭仔腳（騎樓），有一間叫作天馬茶房的咖啡廳。一九四七年二月二十七日傍晚在這家店門前發生的事情，成為侯孝賢的電影《悲情城市》的故事背景，此事也較為日本人熟悉。這裡發生的，就是所謂的二二八事件。專賣局的官員和警察在這裡取締私菸時，用槍柄毆打販售私菸的中年婦女，造成頭部流血。這件事成為起因，引發了席捲全台的大暴動。國民黨軍隊和外省人發動白色恐怖行動，使得很多無辜的本省人遭到虐殺。我一直就很想知道這個事件最初的發端為何，所以當我來到大稻埕散步時，決定繞到現場看看。

這個現場看起來只是一般大馬路邊的亭仔腳，並沒有任何不同之處。騎樓下方有很多根粗大的柱子。如果沒有這塊解讀事件發端的板子，不論誰都會直接通過吧，也不可能像現在這樣，有巴士停下來，觀光客走下來四處按起相機快門的景象。

第一位受害婦女已確認身分。她叫林江邁，四十歲，臉部的相片已被公開。台北有兩座紀念館，分別是二二八國家紀念館及台北市二二八紀念館，但前者完全忽視這位婦女的存在。後者設於二二八和平公園內，在解說板的一個角落展示了她的相片。我讀了資料才知道，她那時是懷孕之身。

不過，我比較在意的是第一位死者，也就是為了阻止警察向林江邁施加暴行而出聲抗議、遭到射殺的青年。這位青年名叫陳文溪。但我們不清楚他在哪裡被殺。有一說是，他在自家二樓陽台目睹事件的經過而成為槍靶，另一說是他在路上抗議而被射殺。長年以來我無法解開的疑問是，到底他是怎樣的人物？他的死是以何種形式發展成隔天的重大事件呢？話說我在閱讀邱永漢的自傳《我的青春・台灣／我的青春・香港》（中央公論社，一九九四，頁九三）時，曾經留意到其中一個章節。

邱永漢說，這位陳文溪是萬華「老鰻」（流氓）陳木榮的弟弟。陳木榮知道弟弟被殺的消息之後，馬上組織龍山寺及延平路一帶的民眾，在隔天早上敲鑼打鼓，高聲大喊：台灣人啊，站起來！民眾瞬間聚集了三千人，受此驚嚇的警察部隊向群眾開槍掃射。由邱永漢的回憶可知，陳老大事先向附近商家發出警告，要他們先把店門關起來，他自己會披上獅子的面具。我想要確認的是這一段敘述的真實性。不用說也知道，邱永漢是一位主張台灣獨立的人士，他在這個事件之後因擔心國民黨政權鎮壓而亡命香港，後來又前往東京。

很幸運地，我在國家紀念館找到了相關的資料。台灣省行政長官公署新聞室在事件之後馬上刊行了《台灣暴動事件紀實》一書，上面明確記載著「不意誤傷市民陳文溪（係當地大流氓陳木榮之弟），旋即傷重死亡。」（《二二八事件資料選輯（一）》中央研究院近代史研究所編，一九九二，頁十四～十五）。

但是除此之外，兩家紀念館都沒有其他有關陳文溪的資料，甚至連相片都沒有。這裡堆積如山地展示著許多遭受殺害的知識分子的肖像相片或書信，卻無法掌握這位最早的平民死者的任何線索。這可能是官方組織性地抹除資料所致吧。另外有一個理由可能是，這個成為台灣歷史分岐點的大虐殺事件竟然發端於黑道發起的示威活動，這個事實可能被認為不適合正式的紀念館的作法吧。地方上主張自由主義思想的名士及知識分子的犧牲才是應該加以彰顯的。但是，最早的死者哥哥是萬華角頭老大這件事，就應該被視為不適合這個嚴肅的鎮魂之殿嗎？

陳文溪被殺害的隔天，也就是二月二十八日早上的示威活動路線已經釐清了。以獅子面具遮臉的陳木榮作為先導，人們從大橋頭（民權西路和延平北路的交叉口）出發，經過迪化街後回到延平北路。越過鐵軌，襲擊忠孝西路上的專賣局台北分局。接著，從重慶南路往南來到公園。當他們從公園路往南門方向北上來到忠孝東路的行政院時，大批警察正等候著，開始集體掃射。就這樣，大虐殺展開了。

從地圖可以看出，除了東邊的外省人地區之外，這條路線幾乎涵蓋了萬華和西門町除外的舊市街全域。不用說，當然包含了作為引爆地的大稻埕。人們在大稻埕行進時，偽裝成廟宇祭祀的預演活動，一旦跨過鐵道，就急速變成了暴徒，到達專賣局分局時，便展開了破壞行動。行動愈來愈激烈，招致警察部隊開槍射擊。我感覺大稻埕好像有一股磁力往上浮現。原本放在萬華龍山寺裡祭祀用的樂器和面具被扛了出來，從最初出現犧牲者的大稻埕開始，發起了熱鬧的遊行。人們只要還位在大稻埕的範圍內，就會被統領在祭典的框架裡，一旦跨過鐵路，就一躍來到廟宇靈力無法到達的空間。此時的人們全部變成具有破壞力的群眾，一舉襲擊他們的宿敵——專賣局。所謂二二八事件，是發端於本省人根據地萬華和大稻埕，藉著「土地守護神」（genius loci）的力量而得以成立的示威活動，是本省人與那些想要制止示威活動的武裝外省人之間的衝突。外省人不可能是土地神祝福的對象，在這裡已不書自明。

我去看了喜劇電影《大稻埕》。這部二〇一四年的新年賀歲片於上映前在大稻埕辦了一場文化演講會，我在那裡遇到導演葉天倫，他的身材魁梧，年輕卻自信滿滿。

他說他絕對會拍出有趣的電影，而這部台語喜劇片確實拍得很有趣，引發許多話題。久未演戲的老牌喜劇演員豬哥亮在戲中也發揮了精湛的演技。

《大稻埕》主角佑熙是一個對台灣及歷史毫無興趣的大學生，對於豬教授的台灣史課程感到無聊至極。有一天他參加教授率領的大稻埕歷史之旅，看到郭雪湖描繪二十世紀初期大稻埕榮景的名畫〈南街殷賑〉，竟被深深地吸引了。當他集中精神想要細看時，突然一下子被吸入畫中，他來到霞海城隍廟前，這裡正在舉行一年一度的迎神賽會。

佑熙突然出現，使得祭典大亂，但他很幸運地被一位叫作阿純姐的美女所救，還住到她家裡接受照顧。佑熙在這裡發現尚未完成的〈南街殷賑〉畫作，這才發現自己原來穿越時空來到了一九二〇年代的大稻埕。但豬教授為何也在這裡呢？豬教授十分忙碌，不但忙著追求阿純姐、經營洋裁時裝店，還延請了上海的話劇團來表演。

佑熙在劇場看上海戲時，日本警察突然進來宣布說，再過一陣子日本皇太子殿下（後來的昭和天皇）即將來台，基於取締風紀的必要，今天的戲劇就此停演。劇團演員和教授被迫沉默，就在這時一位美少女從觀眾席站起來，以台語唱起歌來。於是所有觀眾跟著唱和，警察眼見情勢不利，只好退散了。這是一首以台語演唱的歌曲，上海來的演員們聽不懂在唱什麼。

這個場面實在太精彩，我特地將字幕上的歌詞抄了下來。「火車行到伊都，阿末伊都丟，唉唷磅空內，磅空的水伊都，丟丟銅仔伊都，雙腳踏到伊都……」很可惜我不懂台語，不過光用聽的，感覺是一首愉快的大眾歌曲。後來我問了朋友才知道，意指火車進入山洞、水流了出來……原來是描寫男女性事的情欲歌曲。這麼說來，這部電影倒很意外地與日本的神代辰巳頗為接近。在劇場裡以台語情欲歌趕跑日本警察，是多麼愉快的事啊。佑熙很快地與這位美少女阿蕊陷入愛河。阿蕊在六歲時被賣到大稻埕，是一位遭遇不幸的藝旦。

另外，有一位名為蔣渭水的紳士在大稻埕街頭演說。蔣渭水是真實人物，真正的身分是在大稻埕太平町開醫院的醫師，但不知為何這部電影將他設定為茶房的兒子。他是極有風骨的知識分子，在受邀參加總督府宴會時，他向民政局長後藤新平進言，希望能夠取締鴉片，不能讓台北變成像東京那樣紛亂的都市。但是總督府官員隨著皇太子訪台日期接近而神經緊繃，便將蔣先生逮捕起來，關到水牢裡。

由這個事件可以知道，電影的故事年代設定在一九二三年。對於日本統治時代一無所知的佑熙感到很憤慨，想方設法要救出蔣先生。但是阿純姐因吸食鴉片而形同廢人，大稻埕的街頭掛滿了紅日旗，佑熙不知如何是好。鎮上的有志之士們終於將蔣先生救出水牢，但此時又出現了新的威脅。朝鮮的恐怖分子正在進行暗殺計畫，打算趁皇太子視察大稻埕時舉事。要求台灣人應擁有參政權、施行議會民主主義的蔣先生，決意設法阻止這個暴行。

皇太子在警察部隊保護下乘坐汽車抵達大稻埕，路邊擠滿歡迎人潮。佑熙和阿蕊發現恐怖分子的蹤跡，為了要妨礙狙擊行動而從窗口往下跳，卻一躍來到二十一世紀的現代。兩人為了弄清楚事件的始末而趕往大稻埕時，看到豬教授正在演講。他們已經知道一九二三年沒有發生暗殺事件，取而代之的是皇太子被要求台灣自治的民眾包圍，蔣先生因而遭到逮捕。此時正在播放記錄當時狀況的記實影片（這是虛構之作），台灣民謠〈雨夜花〉的樂曲正大聲地流洩著。佑熙讓哭泣的阿蕊回到過去的世界，兩人就此永別。紀錄片最後以小小的字幕說明蔣渭水被捕是台灣最早的政治事件，即所謂「治警事件」。

拍得不錯嘛！這是我對這部賀歲片的觀後感。不但有科幻的時光穿越，還有鬧劇，查理斯頓節奏配上摩登的回顧式電影。這部電影主要是為了彰顯蔣渭水在一九二三年於大稻埕的活躍行動，希望他的志向能夠傳承於後世。《大稻埕》於二〇一三年拍攝，剛好是治警事件九十週年，在大稻埕地區也舉行了集會和國際研討會，這些活動與這部電影的製作都不無關係。如果說，萬華是享受奢華的地區，那麼大稻埕可以說是將這種富裕轉換為反殖民支配、反威權運動的街區。從治警事件到二二八事件的過程，正述說著這個變化。因為，大稻埕乃是本省人寄託尊嚴之所在！

在此，借用本章後半段來簡單介紹一下位於萬華和大稻埕之間的西門町。

跟大稻埕一樣，西門町也不是現存的行政區域名稱，這個地方是日本人命名的，至今只有半世紀的歷史，現在的台北人仍然喜歡用「西門町」這個地名。這裡是可以開心購物及看電影的地方，豪華的電影院林立，宛如置身主題樂園一般，在舖著紅磚的人行道上為街頭藝人掌聲喝采，這樣時髦的空間也在這裡出現。人們到最新流行的咖啡廳優雅地喝茶，已成為這個街區最大的賣點。

但我無法感受這個街區的魅力，因為我無法發覺這裡能有像萬華或大稻埕那樣的土地之神。更直接的說法是，這裡沒有像龍山寺、青山宮或城隍廟那種，當地庶民有事時可供前往的寺廟，沒有那種以土地為依據的神聖場所。在一九九〇年代，這裡有侯孝賢的工作室，所以我來過好幾次。但是這次居留台灣，我只是騎腳踏車路過而已。或許，我應該談談這個街區的發展方向。

比起台南，台北這個城市開發較遲。台南府城早在一七二三年（雍正元年）建成，台北城則興建於一個半世紀之後的一八八二年（光緒八年）。除了西門或北門等捷運站名之外，當時的台北城幾乎沒有留下任何痕跡。在萬華和大稻埕之間及東邊地區曾經蓋起了城牆，將台北城圍在裡面。但這座城牆使得兩塊商業區之間往來不便，因而形成各自不同的發展。

不過，這種狀況沒有持續很久。建城十三年後的一八九五年，台灣被割讓給日本，新執政者立即決定拆除城牆，目的是為了大力改善交通狀況。就這樣，萬華和大稻埕的往來變得方便起來。總督府之所以做出這個決策，其背後的目的是為急速增加的日本殖民者提供土地。台灣人住在萬華和大稻埕，人口已經密集到再無落腳之處，稍後來到台灣的日本人只好住進這塊重新解放的街區，並且進一步開拓面向淡水河的土地。這裡原本是無人居住的濕地，台灣人覺得此地飄散的瘴氣會讓人感染惡病，所以一直棄置不用。總督府將濕地填平，為此區做出整齊的規劃。日本人開始住進這裡，一九一一年時合併東西兩片土地，稱為「西門町」，真言宗的寺院則在前一年建立於此。

西門町主要供日本人居住，這裡是為了營造「內地」延長線上的日式生活而規劃的地區。台灣最早的電影院興建於此，百貨公司及西門市場維持了日本人的生活所需。在街頭昂首闊步的是穿著和服或西服的日本人，真言宗的寺院也是為了他們而建造。簡單來說，台灣社會的現代化源起於這個街區。即使戰後所有的日本人回到「內地」之後，這個現代的幻影仍然延續下來，一直支撐著西門町。例如日本統治時期著名的建築物八角紅樓，現在已經修復，成為觀光客必訪之地。

我曾在本書前面提到西門町沒有寺廟，但嚴格來說，是有兩座媽祖廟。很久以前我就注意到它們的存在，因為我一直很疑惑，在不信奉媽祖的日本人街區為何會有媽祖廟呢。這其實與日本統治時期的都市政策有關，簡單介紹一下我終於弄明白的事。

兩座媽祖廟其中之一是晉德宮，位於康定路和峨眉路的交叉路口附近，正對著大馬路。這間小廟供奉著觀音、媽祖，以及一位叫作助順將軍的人物。不知為何門前會出現日本神社的狛犬，仔細一看，上面刻著「濱町三丁目三十四番地」。亭仔腳變成了廟前的休息區，好幾個當地人在陰影處聊著天。

另外一座是台北天后宮。這是極為氣派的廟，我先問清楚這裡的祭典日期，也是十一月，於是在祭典當天造訪此廟。到達時剛好看到媽祖本尊乘著大轎往外出發，廟裡變得十分寂靜。我走進去，拿了一本簡介小冊翻看，才知道這裡在一九四七年之前是真言密教的弘法寺。這座廟其實與隔壁街區的萬華有很深的關係，以下簡單地介紹我從這本小冊子得到的訊息。

在昔日，萬華的龍山寺、祖師廟、媽祖宮這三座廟極有權勢。媽祖宮位於現在的青山宮正對面，占地有一百六十坪之多，但是美軍從一九四三年開始空襲台灣，總督府為了因應空襲，計畫建造筆直的馬路以達成防火效果，於是強制遷移媽祖宮。這樣的理由未免太過分。這次遷移的結果是，西園路往北開拓延伸，而原本供奉在媽祖宮裡的所有神像暫時移祀龍山寺，這件事情嚴重地傷害了以廟宇為依據的傳統共同體。在前述萬華一章裡，我曾經提到龍山寺後殿簡直是神明的巡遊匯演，就是由於這樣的經過形成的。

日本人在戰後留下所有不動產和財產返回日本，西門町的日本人走光了，到處都是空房子。弘法寺沒了信徒，形同廢墟，後來萬華媽祖廟的媽祖遷祀到此。此廟一開始是直接沿用日本式的寺廟建築，之後歷經「台灣省天后宮」、「台北天后宮」等數次改名，最後重建新廟。在台北天后宮，弘法寺時代的弘法大師神像祀於媽祖神像的前方，寺裡留下的銅鐘現在也每天使用著。聽說現在日本真言宗已與天后宮締結深厚的友好關係。此事若發生在韓國，日本寺院的痕跡應該早就被抹除得一點也不剩吧。直至今日，天后宮仍持續邀請日本真言宗的高僧及日本信徒前來舉行法會。

我耽溺於閱讀簡介，很幸運地看到媽祖率領兩位護衛神遊行結束，回到廟裡了。五個大男人從大轎裡扛出沉重的神像，送返廟中深處。媽祖和弘法大師的神像旁有一處庭院和水池，池裡並排著鋼筋水泥做的大象和獅子，說不定是日本時代就有的呢。我一直注視著媽祖，看祂平安返回原位，順風耳和千里眼也不知何時被搬了進來。

就這樣，我明白了西門町存在著媽祖廟的理由。不，應該說我明白了台灣人的寬容所形成的多元信仰，才會這麼自然地在自己的信仰中接納日本人離開之後留下的神像，將祂放在媽祖神像旁邊一起祭拜。現在的台灣社會正試著公開地尊重原住民文化，要將漢人中心主義予以相對化，我推測可能是那種天生的寬容特質在某處發揮了作用所致。不過對於這個推理，我並沒有斷然的自信。

布袋戲的結束

「布袋戲走進電視」宣布實體行業的死亡，也是舅舅在這行業的尾聲。雖然對布袋戲來說，這是一曲華麗且漂亮的尾聲。電視讓這種沒落的藝術，利用聲光化電的螢光幕，送到每個都市人的家中，使文明人在忙碌之暇，也肯一起來欣賞欣賞。奇蹟似的，一群虛構的男女主角，竟也變得婦孺皆知起來。

這是應鳳凰的短篇小說〈掌中戲〉（《孤零世界裡的書癡》，爾雅出版社，二〇一〇）裡的一段文字。

敘事者是一位女性，她在忙碌的生活之中突然想起自己的叔父，那位細瘦黝黑的老人。他已過世許久，但生前是著名的布袋戲「導演」（演出家），帶著劇團南北奔波，跑遍台灣所有城鎮。只要他們一出現，劇場馬上擠滿人潮。觀眾看到「吳〇〇導演」的布幕放下來，就會給予熱烈的回應。對於不識字的庶民而言，布袋戲就是用眼看、以耳聽的「武俠小說」。在叔父家中，劇場老闆們川流不息地前來拜託演出，每個人都送上當地的名產，以恭敬的口吻請託著。

叔父從幼年時期開始讀漢學，這在日本統治時代是很稀奇的。他尤其嗜讀《七俠五義》，心想終有一天要成為布袋戲演出家，經過辛勞的努力終於實現夢想。布袋戲演出家不但要連日連夜的演出，還要思考如何表演，一定要做到自己接受為止，否則就不罷休。但他漸漸被酒精侵蝕，隨著身體老化，終至咳血。當「我」去探望叔父時，他正在寫電視台委託的演出劇本，要我幫忙謄寫草稿。布袋戲是以台語演出的，劇本要仔細交待戲偶的每個動作，因此抄寫這份劇本真是很折騰人的工作。不過能夠和叔父聊到戲偶的一舉一動，實在很愉快。這讓我明白寫劇本就是一種創作。此時，叔父跟我講了一句話，就是標題引用的那一句：「布袋戲已經變成電視劇了。」

電視台的工作沒了之後，叔父就不再出門了。以前認識的表演師傅陸續過世，盛極一時的劇團消失了。叔父獨留於世，生活窮困，但他仍然帶著熱情談著他的戲偶演出。叔父在舞台後方操弄著戲偶的命運，但又是誰在演出他的命運呢？

作者應鳳凰跟我說，這部短篇小說裡的叔父是以真實人物為原型寫成的。應鳳凰受託要將他在晚年最後大量講述的戲偶表演技巧錄音下來。凡是有關布袋戲的口白、表演技巧或回想等，全部都是以台語敘述，而台語文字表記問題仍處於眾說紛紜的情況，要將錄音內容寫成文字，是多麼艱難可怕的工作啊。

布袋戲表演原是在各種場所演出，如廟埕（廟前廣場）、大稻埕的劇場、公園裡的廣場等。現在只要按下電視機的開關，轉到專門的頻道，就有具現代風格、以ＣＧ特效拍攝而成的布袋戲映入眼簾。表演的形式包括國寶大師的公演，以及劇團在鄉下祭典的巡迴演出。在此介紹幾次讓我印象深刻的戲台表演。

有一天，我在故宮博物院度過整個下午之後，來到附近的士林夜市。這座夜市的規模在台灣遠近馳名。當我正驚訝於這裡的熱鬧時，不經意往後方一看，發現有一座叫作慈誠宮的廟。正確地說，這座夜市是從慈誠宮廟前的廣場發展出來的。廟裡異常寂靜，一位值班的女性正在跟附近認識的女人聊個不停。好幾百盞燈籠密密麻麻地從天花板垂掛下來，媽祖神像坐鎮其中，豐腴的臉上充滿慈愛的面容。神像應該有三公尺高吧。再往裡走，有一尊裝飾得金壁輝煌的媽祖，還有無數的鮮花和水果供奉著。

慈誠宮對面的稍高處設有布袋戲的舞台，上面寫著林柏祥領導的興洲團。往後台一瞧，有三個男人正努力做著準備。戲台兩邊裝設著擴音器，正發出很大的聲音在做演出前的宣傳。但是戲台正下方有賣烤魷魚和飾品的攤販，油煙不斷往上升，四處瀰漫，我很擔心這樣會不會有問題。

表演在七點開始。坐在石階上專心看戲的沒有多少人，還有一些剛好經過的行人，因為受大聲的樂音吸引，而稍微停留一下。戲台前面仍舊賣著烤魷魚和奇特的飾品。戲開演不久，觀眾便開始聚集。

我原本以為戲台的背景是投影式螢幕，仔細一看，卻是手繪的布幕。那西洋式的風景布幕，有著紀念碑谷（Monumental Valley）的畫風，正像一幅全景相片般移動著。戲台上，武將們激烈地揮刀攻擊，皇帝與僧侶對話著，陰謀和戰鬥不斷重複上演。戲偶或飛或跳，從戲台上消失之後，立即從別的地方現身。操偶師有時探頭出來。戲偶們穿著白、紅、綠等原色系華麗服裝。燈光有強烈的照明燈及鏡球吊燈。所使用的音樂種類繁多，從交雜著槍聲的義大利式西部片主題曲到京劇梆子都有。我感覺這曲子似曾相識，原來是滾石樂隊（The Rolling Stones）的〈把它塗黑〉（Paint It

Black），以交響樂的方式演奏。刀劍互鬥的聲音被強烈的音樂取代了。這齣布袋戲從頭到尾都是激烈的演出，正與夜市食物的強烈氣味互相抗衡，真令人感到不可思議。

就在我不久前造訪台南的那幾天，一位紀錄片導演家附近剛好有一座廟興建落成，我受邀前往參觀。我走在廟附近的路上，路旁掛著表示祝賀之意的燈籠，看來我已經進入廟的勢力範圍。不過，長老教會附近並沒有掛燈籠。

明天將會進行正式的開廟儀式。廟前已設置一大片的桌台，要用來擺放大量的供品及用紙做成的祭壇、武將和神像。這些以手工製成的精緻紙製品，最後終將被燒掉。

這裡並排著布袋戲和歌仔戲的戲台。過了一會兒，布袋戲那邊的戲台開演了。台南有著台北無法比擬的暑熱。現場準備了好多椅子，但很多人仍然坐在摩托車上看戲。戲台突然冒出白煙，好幾位丑角在煙霧裡飛來跳去。我看呆了，不自覺地站起來觀看，有人怒道：「看不到了！」、「坐下！」。回頭一看，是一群當地的老人們。戲台後方的配音師以極快的節奏唸著口白，站在旁邊的人則和著口白發出聲音。這氣勢與台北極不相同。不久之後，布袋戲演完了，我到後台探頭，他們很爽快地答應讓我拍照。

另一天的下午，我在國父紀念館站下車，前往松山文創園區的巴洛克花園觀看布袋戲。我第一次來這裡，在氣溫超過三十度的熱天下稍稍迷了路。國寶級大師陳錫煌將在這裡表演《濟公傳》。因為是星期六下午，又是在戶外，現場來了很多小朋友和業餘攝影師。與我之前在士林夜市看到的完全相反，這裡是由真人樂師演奏，不但要敲鑼打鼓，還打拍板、吹嗩吶。從開演前的演講可以清楚感受到，主辦單位的信念是想要將傳統藝術傳承到後世。操偶師一邊以雙手靈巧地操作兩具戲偶，一邊唸口白及唱歌。陳錫煌大師是一位擁有精湛技藝的知名偶藝師。

戲偶們穿著藍、白、紅、綠原色系的華麗服裝。我以為他們會以跳躍的方式出現在戲台上，沒想到卻一瞬間消失在中央背後的垂幕裡。另外也有不同的出場方式，例如一個戲偶先是懸掛在高處，俯瞰下方的人物，然後緩緩地降到地面，展開對話，然後決鬥。

作為背景的城樓上畫有一個小小的窗戶，被幽禁於此的公主靜靜地看著樓下人們的糾葛，呈現了精湛的演出。作為道具之用的鮮艷長條椅或桌子會冷不防地出場，又突然被撤下去。演出場所位於戶外，那是吹著強風的下午，戲台背後的垂幕常會被吹掀了起來，可以稍微看到操偶師的臉。

我不太明白故事情節。穿著美麗紫衣的「生」和演對手戲的亮紅衣裳的「旦」。她有紅色的髮飾。綠色的獅子和黃色的老虎被「生」打退。壞人手下的臉部和衣服顏色不是綠色就是紅色。有一個白頭髮的人，看起來像壞人的頭目。最後，智慧老人做出審判，得到了圓滿的結局。「生」突然以飄在空中之姿出場（是黑衣人的黑色左手將之提起），待他躍起時，樂聲開始大作。

飛躍、漂浮、翻滾、再次回到戲台，這些是戲偶的主要動作。武將們兩刀交接，打得難分難解，這個場景是同一位操偶師兩手操作，才能夠做到這樣的動作。武士被壞人打死，屍體被運走，拋進放在桌上的棺木（？）。故事繼續開展，已經死去的武士突然復活，飛起來繼續打鬥。演出者以豪邁的動作操弄戲偶，其實不算是困難的動作，然而這種超自然的身體動作卻能引來觀眾熱血沸騰。一小時的演出結束時，陳錫煌大師出現在觀眾面前，接受大家的喝采。

「布袋戲」的中文發音是「Bu-Dai-Shi」，台語則唸為「Bo-Te-Hi」。

人偶的頭部以木頭製成，其他手腳等部位以布料做成。表演時，要將手掌插入外形像布袋的戲偶裡，一邊操作一邊說故事，由此得名。其他也有「掌中戲」、「手操傀儡戲」、「小籠」、「指花戲」等各種有趣的名稱，依演出方法及伴奏音樂的不同而分為數個流派，在此以「布袋戲」統稱。

操弄戲偶時，左手食指插入戲偶頭部，拇指插入戲偶右臂，其餘三根手指通往戲偶左臂。這是以左手操偶時的狀況，若使用右手，順序就相反。操偶師通常左右手各拿一個戲偶，一個人可以同時操作兩個戲偶，所以戲台上經常會出現兩人一組的人物面對面談話或刀劍相交的場景。

布袋戲在室內或戶外都可以演出，戲台都相當簡單。四方設柱子，中間配置一個有屏風的「大廳」，這樣就布置完成了。背後的壁面只需用螢光漆在三夾板畫上風光明媚的景色即可。這一整個部分稱為「四角棚」。四角棚的結構基本上與演布袋戲給神明看的廟宇很相似，可以說是廟宇的微縮模型。廟裡面還有一種叫作剪黏的微縮模型，在屋頂上呈現古代聖人武將故事的知名場景。四角棚和剪黏作為廟宇的附屬物，具有意味濃厚的對應關係。

隨著時間的推移，四角棚也變得精緻，以天然色調的繪圖為背景，將戲台左右加做斜面，形成更多的縱深空間，這種形式稱為「彩樓」。所有戲台都設計成可以簡單組裝、解體及搬運的形式。有的劇團會使用寬達十公尺的戲台，但大部分的戲台考量操偶師的走動幅度，都不會做得太寬。

戲團成員大致上有七個人。兩人在戲台操弄戲偶，四人負責以大鑼、小鑼、胡琴、橫笛等演奏配樂，還有一人負責調整麥克風等全場調度工作。多數的劇團會在一個區域內不斷移動，從一座廟的祭典移到下一座廟的祭典。劇團不會向觀眾收取入場費，只拿廟方提供的禮金。

布袋戲偶的角色有生、花臉、旦、神道、精怪、雜角等等。每位人物首次出場時會唸「四念白」，以吟誦的方式滔滔唸著出場詩，向觀眾說明自己的身分及性格。演出的故事相當多樣化，有《白蛇傳》、《人頭魚》（又名《蝴蝶杯》）等傳奇故事，也有《兒女英雄傳》、《楚漢相爭》等歷史故事，或《峨嵋十八俠》、《少林寺》等劍俠故事。出場人物也很多，有皇帝、公主、奸臣、武將、君主、隱士、龍王、小旦、青紅面小鬼等等。人物以華麗的姿態演出，隨心所欲地表演跳躍及舞蹈動作。

布袋戲起源於十七世紀的福建地區，當時並沒有嚴謹的腳本，只在祭典當晚以半即興的方式演出偶戲來敬拜神佛。到了十八世紀中期，布袋戲正式興盛於泉州，進入下一個世紀之後便達到巔峰之境，後來隨著移民被引進到台灣。當時大多數的台灣人與文字語言世界相當疏遠，這是少數能夠接觸《三國志》、《西遊記》等古典故事的機會，因此每次上演都相當轟動。

後來台灣受到日本統治而斷絕與大陸之間的往來，布袋戲在這個新天地有了獨特的發展。到了戰後，布袋戲嘗試各種新的作法，例如以錄音帶作為伴奏音樂、使用大型戲偶等，並且在武打戲裡加入細膩的動作，故事取材也更為廣泛。本章開頭引用的應鳳凰〈掌中戲〉裡的主角便是在此時期風靡一時。

進入一九六〇年代，台灣開始播出電視節目，使得布袋戲立即受到打擊。不過，大受歡迎的操偶師反過來利用這個新媒體，開始在電視節目演出布袋戲。進入一九七〇年代，電視布袋戲異常受歡迎，收視率甚至高達九十七％，一度讓政府不得不宣布暫時停播。

哥登・克雷（Gordon Craig）曾在《戲劇藝術論》（一九一二）針對戲偶發表了獨特的觀點。哥登克雷認為，戲偶在二十世紀的實驗戲劇具有特別的意義，不同於作為遊戲把玩用的人偶，戲劇使用的人偶是在古老的想像力之下產生的。「戲偶是古代寺廟裡的石像的子孫，現在呈現的是神明退化之後的姿態」。若以此觀點來看布袋戲，確實指出了問題的核心。因為布袋戲偶在變成人類的模樣之前，就是一種神聖存在的落魄之姿啊。

布袋戲原本只在廟埕的戲台演出，目的是為了祀奉神明，其次才是作為民間的娛樂之用。廟埕戲台的位置正體現了這種雙重性。

不論是士林的慈誠宮，或是台南新蓋的廟，戲台都是蓋在廟門對面，這意味著最初觀看偶戲的觀眾就是住在廟裡的神明們。我曾經看過一場布袋戲表演，那裡完全沒有觀眾，但仍然樂聲大作，照常上演著。不管有沒有觀眾，戲偶們仍舊威風地吟誦著四念白，表演劍術及跳躍動作，銅鑼和笛子的樂音也從不停歇。只要能演給神明看，這場演出就算值得了。其實這種為神明獻戲的表演空間結構，並非只有布袋戲獨有。泰國舞蹈劇和日本神社祭典裡的奉納能劇，在本質上都採用與布袋戲相同的空間配置。作為祀奉用的戲劇空間並非配置在與神明同一邊，而是位於神明的對面。

雖然有所矛盾，但我們不可忘記有觀眾存在這件事。布袋戲台設於廟埕時，會選擇設在入口附近。廟埕本來就是地方居民作為多目的使用的場所，所以這裡是適合民眾看戲的觀眾席。布袋戲的特徵在於具有這種奉納和娛樂、神聖儀式和慶典的雙重性質，這充分顯現於戲台的配置空間上。

在二十年前的某一個夏日，我到士林拜訪李天祿。我記得那是一個悶熱的下午，肉眼看不見的濕氣無止盡地充盈在空氣中。

李天祿已經八十幾歲了，有兩個兒子，當時住在其中一個兒子家中。我按了門鈴，一位看起來還是學生模樣的年輕女祕書出來，接著本人出現了。李天祿個子小，瘦瘦的。我們彼此介紹之後，我很快發現他是一個很健談的人。他以沙啞的台語夾雜日文單字，加上肢體動作，為我講述他的一生。他說：

在我出生的那一年，有清朝、明治、西曆三種不同的年分算法。布袋戲是從我父親那一代開始的。父親有一位師傅，綽號叫作貓婆，可能是臉上長滿麻疹疤痕的關係吧。貓婆的師傅叫作金貓，是福建泉州人。到了貓婆那一代，搬來了台灣，成立一個小小的偶戲團。

我看著父親的戲台表演長大，從小就立志要演布袋戲。當我還是個小鬼頭的時候，曾經趁著父親不在家，偷偷拿出舊的戲偶，在家門前擺上椅子，叫附近的小朋友出來看我表演布袋戲。

我七歲時開始上漢文學堂，十一歲上日本式的學校。當時小學上半天，只有上午有課。後來家人叫我幫忙家裡的工作，所以我從十歲開始就跟著父親學習布袋戲演出了。

第一次登台表演是在十四歲的時候，當然只是當父親的助手。那一天，白天演出的劇目是《魁生教猴》，晚上是《羅定良復國》。我們沒有劇本，都是父親口頭傳授，我全部記住在腦海裡。即使到了現在，表演時都不必依賴劇本。

布袋戲最重要的是發聲方法，因為一個人必須飾演很多不同的人物。小孩、男人、女人、好人、壞人的聲音，全部是同一個人發出的。

我們大多在台北一帶四處表演，以文言的口白表演。愈往南部，口語的比例就會增加。戰後不久，我曾被邀請到上海演出，但我們完全不懂上海話，也很難借到劇場。那時為了生活費，只好把金戒指拿去典當。

你要問日本時代的事嗎？什麼都可以問，沒問題。我跟電影辯士並沒有交流，但看了很多日本電影。我們將《鞍馬天狗》、《丹下左膳》、《水戶黃門》、《國定忠治》都變成布袋戲的劇目，但這不是我們自願的，而是很多協會送來了腳本，我們照著表演而已。最受歡迎的是《四谷怪談》。那時正值戰爭時期，若在街上演出的話，馬上會遇到空襲，所以我們進到山裡，專門演給高砂族人看。應該是昭和十八年（一九四三年）吧，那時南洋的戰況很激烈，有一個叫作Douki的阿兵哥以「高砂義勇隊」的名義出征後戰死。我們在高砂族居住的山裡演出這個故事，劇名取為《南洋戰爭》。每個高砂族人看到這齣戲時都會流眼淚，那樣子看起來真正可憐。

布袋戲真正受歡迎是在戰爭結束之後，我曾經在二千名觀眾前演出。自從國民黨來了之後，也跟日本那時一樣，要求我們按照腳本表演，要我們演「反共抗蘇」的戲。因為這樣，我們演過很多不同的劇目。我們演出《清算決鬥》、《國仇家恨》、《女匪賊》，只要以台灣話演出，就會很受觀眾歡迎。

電視布袋戲從一九六〇年代開始播出，李天祿率先參加，相當活躍。不論身處哪個時代，他都擅長於配合當時的意識形態來表演。到了一九八〇年代中後期，台灣興起新浪潮電影，當中的主要人物之一侯孝賢延請李天祿擔任演員。李天祿在《戀戀風塵》演出一位超然於俗世的務農老人，在《悲情城市》則出色地扮演一位大家族的老主人。這位老主人的角色設定是曾在日本統治時代坐過牢。為了保護自己的兒子被抓走，他大聲斥喝道：「我嘛是流氓的一個啦。這樣就叫作漢奸！」，充分表現出一個有骨氣老人的姿態。後來，侯孝賢受李天祿的人格所吸引，將他的一生拍成電影《戲夢人生》。

在空氣開始變得微涼之時，我和李天祿的對話結束了。

臨別之際，李天祿張開手掌，讓我看他的十根手指。那是又細又長的手指，但食指第一個關節稍微變形。整整七十幾年的時光，他的食指一直嵌在偶頭洞中不斷地表演，造成了這個變形。我以前讀過錫塔琴樂師拉維・香卡（Ravi Shankar）的自傳，讀到他自幼開始練琴二十年下來而造成食指和中指彎曲的事，覺得很感動。李天祿也是一樣。我帶著一種畏懼的情緒仔細端看那彎曲的手指。

「對操偶師來說，擁有修長的手指，是非常重要的。」老人說。他的表情好像正回想起往昔似的，還小聲地加了一句：「因為這一根手指，讓我擁有愉快的回憶。」站在旁邊的祕書說：「阿公，你又在說那種奇怪的話。」然後帶著抱歉的笑容目送我離去。

布袋戲目前在台灣依舊極受歡迎。只要打開電視，就有好幾個頻道在播出偶戲表演，都是以最新流行的技術拍攝而成。戲偶身形愈做愈大，穿著華麗的服裝，忙著跳躍和旋轉。他們被施以特殊的化妝，在CG處理的虛構空間裡，配合電腦合成音樂，展現超乎常人的演技。人物出場時不再滔滔地吟誦四念白，他們改在華格納歌劇的引導動機（Leitmotiv）下隨著高聲響起的旋律出場。題材發展到前所未有的範圍，從科幻（SF）到搞笑，應有盡有。

布袋戲原本是在廟埕為了酬神而演出的，在現代台灣高度資本主義社會裡，則完全擺脫神聖性，在任何不可能的空間大量生產故事。

布袋戲創作人廣泛地從日本奇幻文學、漫畫、卡通汲取靈感，創造出具有兩性美感的戲偶。這些戲偶在所有層面上營造出欠缺起源性的媚俗（Kitsch）神話，讓台灣的年輕人趨之若鶩。戲偶製作師傅被崇拜為藝術家，成為粉絲憧憬的對象。布袋戲的愛好者出版了同人誌，穿上手縫的戲偶服裝參加角色扮演大會。若要在日本找出能夠匹敵台灣布袋戲那樣令人狂熱的對象，大概只有動畫稱得上了。在現今的多媒體世界裡建構而成的布袋戲，是前所未有的烏托邦。當我們能看清橫亙在這個烏托邦背後的意識形態時，應該就可以明白建構出現今台灣的神話是什麼了。

現代台灣人的三種父親形象　吳念真、王童、陳映真

「說到本省人和外省人的不同，」林老師說：「小津安二郎不是有一部電影《我出生了，但……》嗎？就像裡面的孩子那樣。」

林瑞明老師是台灣文學的知名學者，詩作也很有名。他以前受邀到東京某大學客座研究，曾經在池袋專門播放老電影的「名畫座」看過小津的電影。他以當時的印象為例，為我上了一堂台灣現代史入門。

所謂本省人，簡單地說，就是本地人的小孩。就像酒舖主人的兒子那樣，手臂很有力，率領很多同伴，只要走出學校的教室，馬上衝到郊外遊玩。外省人的孩子或許比較會讀書，但是吵起架來，聲勢就差多了，而且人單勢薄。不過一旦進入大人的世

界，權力關係則完全逆轉。本省人對外省人唯命是從，一切都以外省人為中心。這就是半個世紀以來的台灣歷史。

坐在一旁的研究所學生插話道：「老師，那不就像是《哆啦A夢》裡的胖虎和小夫嘛。」林老師笑了，什麼也沒說。附帶一提，日本電視卡通《哆啦A夢》在台灣是很受歡迎的電視節目，連續二十八年收視第一名。胖虎就是ジャイアン，小夫是スネオ的中文名。

本省人占台灣人口八十六%，外省人十二%，「原住民」二%。所謂本省人，主要是荷蘭人在十七世紀殖民台灣之後，從福建及廣東地區渡海而來的漢人，即所謂閩南人和客家人的後裔，有些人與原住民混血。所謂外省人，是隨國民黨軍隊從大陸撤退到台灣的難民的後裔。附帶一提，「先住民」這個詞有「已經滅絕」的意涵，所以現在已經不用了。

日本殖民統治於一九四五年結束，接著國民黨來到台灣，這座島嶼的政治、軍事、社會、教育等重要職位幾乎都改由外省人擔任。本省人雖然占多數，卻處於邊緣位置。公共場所禁止使用台語，也被排除在教育和文學藝術領域之外，台灣人被迫使用原本屬於外國話的國語（北京話）。國語和台語在語言學上的差異，甚至超過英語和德語。政府完全沒有想要填平本省人和外省人之間鴻溝的意思。在四十年代中後期到五十年代的白色恐怖時期，本省人只能委曲求全地活著。即使是現在，這條鴻溝仍確實存在，在政治上顯露無遺。有很長一段時間，本省人子弟在學校習得的台灣史，與父母偷偷講述的完全不同。侯孝賢的電影《悲情城市》（一九八九）雖然在細部內容有若干年代上的混亂，但它的出現具有劃時代的意義，因為它描述了被視為禁忌的二二八事件，那場發生於一九四七年大規模虐殺本省人的事件。

進入一九九〇年代，多黨林立的形態已被認可，隨著民主化的進展，開始出現各種不同的政治立場。有些人傾向「台灣」獨立、不願採用中華民國之名，有些人想要回歸中國（共產黨政權）等等，已形成了百家爭鳴的情況。在文學和電影領域，針對台灣人的自我認同該如何定位之事，有了很多的討論。也出現像宋澤萊那樣的作家，將同一篇小說以台語和中文各寫一遍。全片只有原住民語及日語的歷史長片（《賽德克・巴萊》，二〇一三）也在世界上許多地方上映，受到世人關注。現在的台灣以建構多語言、多元文化的社會為目標，大眾交通設施大多以四種語言進行廣播。

自從日本殖民統治結束以來，已經過了六十八個年頭，但現在的台北街頭仍然可以看到很多日文字，例如有一家糕餅店的看板上，還大大地寫著「大正年間創業」字樣。台灣人正建構出完全不同於我年輕時在韓國看到的後殖民生活。我曾經遇到一個人，他說當時聽到日本福島發生地震時，毫不猶豫地捐出一個月的薪水。

本章我想要嘗試比較的是，作為現代台灣代表的電影導演和小說家在自傳性作品裡如何描繪自己的父親。我以三個人作為比較對象，一位是本省籍的電影導演，他描繪了一位完全憧憬日本、完全不願意講國語的父親。另一位也是電影導演，但屬於外省籍，他描繪的父親是一個從大陸遷來台灣之後，希望不斷破滅的失敗者。最後一位是本省籍的小說家，他描繪了曾經參與抗日的父親，不斷地向兒子訴說他對中國的憧憬。這三個人的出身背景都不同，也在台灣人面前呈現出完全不同、極具對照性的父親形象。

所謂殖民地主義的特徵，就是宗主國不管在任何場合都扮演著慈悲心腸的父親角色，做出保護殖民地人民的姿態。原本稱為日本的那個虛幻的父親消滅了，但蔣介石率領的國民黨又以父親之姿居臨台灣。台灣的知識分子和藝術家要怎麼做才能在自己內在確立父親的形象呢？現在的台灣，國家立場尚處於不穩定的狀態，卻建構出了極為洗練的文化藝術，對於這件事進行思考的話，應該對於理解台灣有不小的意義。這個想法一直存在我的心裡。

吳念真

在這三十年來的台灣藝術家裡，吳念真（一九五〇—）是能夠充分發揮自己本身才能的人物之一。他最早以短篇小說家及作詞家的身分嶄露頭角，後來創作電影《戀戀風塵》和《悲情城市》劇本。他不但自己當導演，不管是自己或別人的作品，也都試著演出主角。他以濃厚台語腔的國語為電影紀錄片配旁白，也演出電視廣告，人氣十足，贏得極大的名氣，就像日本藝人塔摩利那樣。所謂三頭六臂、全方位地活躍，就是用來形容他的吧。我居留台灣期間，他正自行擔任長達三小時以上的長篇戲劇的主角（編按：《人間條件（六）：未來的主人翁》）。我認識的一位研究中國文學的日本人疑惑地搖頭說，雖然我聽不懂台語，但不知為何被這部戲深深打動。

「對父親的稱呼有很多種，爸爸、老爸、老頭……但我叫他『多桑』。」

這是吳念真在他的自傳電影《多桑》開頭說的一句話。「多桑」念作「Tousan」。跟「歐巴桑」和「歐吉桑」一樣，是日本統治時代被納入台語裡的日語。片頭流瀉的音樂是以風琴演奏的日本歌曲〈櫻花〉。

《多桑》的故事開始於一九五〇年代後半期的礦區九份。主角的家裡有一台短波收音機，正在播放金門因受中共攻擊而陷入危機的新聞。父親SEGA正忙著在鏡子前用扁梳整理頭髮。到了晚上，父親帶著兒子文健前往鬧區。電影院正演出《請問芳名》第三部，電影辯士努力地以台語說明岸惠子和佐田啟二的日語口白。少年文健可以被視為作者的化身，他被父親丟在電影院，獨自一人吃著冰棒看電影；父親以看電影為藉口，其實是跟礦工朋友到酒家飲酒作樂去了。這位父親的角色設定是「昭和四年出生」、約三十歲的礦工。

礦坑的工作極為艱辛，有人因礦坑崩塌而死亡，也有人因吸入過量粉塵而誘發氣喘病。當金礦脈枯竭而停採之後，父親轉行當煤礦工人。父親帶著全家返回嘉義時，他的老母親曾小聲地述說二二八事件，那時嘉義車站前堆滿了屍體，其中一具是她兒子敬愛的醫生。SEGA心情抑鬱，熱衷於打麻將賭博，妻子受到家暴之後離家出走，父親和三個孩子在陰暗的氣氛下圍著餐桌吃飯。

SEGA向朋友們炫耀兒子文健懂得一些日文，從這件事情可以看出SEGA根本無法融入國民黨政權下的社會。有一天，年幼的女兒正在畫青天白日旗，這是學校指定的作業。SEGA動手幫忙把白日塗成紅色，還說：「日頭本來就是紅的，你看人日本旗，哪有人搽白的！」女兒用北京話頂嘴道：「你什麼都日本，你漢奸走狗！」SEGA回說：「你不要以為北京話我聽不懂！」就這樣，孩子們與父親的距離漸行漸遠。不過，當兒子看到父親在家門前吃力地推著採礦推車時，什麼話也沒說便上前幫忙推。

隨著時間過去，父親結束了三十三年的礦工生涯，身體卻開始出狀況。這是因為長期吸入粉塵而罹患矽肺病，呼吸漸漸變得困難。他等不到六十歲生日就去世了。失去父親的兒子們想起父親生前的心願：一定要去富士山和皇居看看。文健為了實現父親SEGA這個遺志，捧著父親的骨灰罈東渡日本。

這就是《多桑》的故事梗概。附帶一提，吳念真本人送我的腳本裡寫著父親的名字「SEGA」。「SEGA」是父親中文名「清科」的日文發音「SEIKA」的變形。以「SEGA」表記的作法，如實地表述了這個人物是土生土長的台灣人，距離以北京話為代表的中國文化是相當遙遠的。

文健是少年時代的吳念真，應該不會有錯。出生於一九五〇年代初期的本省籍孩子，進入小學之後會被強制學習國語，與只願意講台語的父親那一代之間在心理上產生了愈來愈大的隔閡。而父親這一代的台灣人，只能繼續以懷舊的方式追尋那已經消失不見的日本幻影。

我觀看楊德昌在二〇〇〇年發表、最後成為遺作的《一一》（日本發行名稱《ヤンヤン　夏の思い出》（洋洋的夏天回憶））時，總覺得這是在描繪《多桑》裡的少年文健長大之後的故事。吳念真飾演的ＮＪ（這也是沒有漢字的名字）經營電腦公司，是三個孩子的父親。丈母娘長期臥床需要別人照顧，妻子著迷於新興宗教而到山裡修行去了。小舅子到處跟女人亂來，受同業欺騙了之後前來哭訴。ＮＪ已變得很少跟周圍的人說話，他與妻子結婚後，發現自己竟闖入了一個外省人的大家庭，而他是唯一的本省人。每個人都可能被微小的欲望觸動而愚昧地陷入迷途，最後卻走不出來，為什麼自己卻總是那麼認真地幫他們擦屁股善後呢？讓ＮＪ煩惱的就是這個問題。其中只有兒子洋洋仍然保持著達觀的正面想法。

有一天，從美國來了一位美麗的中年女性，以台語親切地跟他講話。她是以前被他拋棄的戀人。他們在東京會面，來到山裡的神社，在靜謐的氣氛裡一起回顧過往種種。他們搭火車通過富士山下，來到了熱海（這是在台灣也極受歡迎、改編成電影的《金色夜叉》的舞台），迎接情緒愈來愈高昂的瞬間。但是這位舊情人對於ＮＪ過度的自制力感到失望，坐上飛機直接前往澳洲了。ＮＪ的太太對信仰失望，茫然地回來了。而ＮＪ回到淨是蠢事的台灣，再次扮演起洋洋父親的角色。

不管是《多桑》或《一一》，都可以看出本省人與以前的宗主國日本之間形成了緊密的心靈複合體。即使是不同的導演，卻拍出兩部故事連續的電影。日本成為一個記號，散亂地分布於這兩部電影裡，主角們穿行其間，編織出他們的故事。在二〇〇〇年之後的韓國電影和韓流電視偶像劇裡，完全無視日本的存在，宛如日本早已從地表上消失似的。台韓兩地呈現出意味深刻的對比性。

在《多桑》裡，日本人離開之後，父親SEGA對於國民黨占據台灣造成的政治變化毫不關心。讓他坐立不安的是礦坑關閉，以及女兒流暢的中國話，至於位居老百姓之上的統治者是誰，則不屬於他的認知範圍。他的想法很單純，只是想要以一個日本老百姓的身分去看一眼富士山和皇居。他也把這個希望說給孩子們聽。我們若以批判的角度來看待SEGA這個心願，可以輕易地指出，這是總督府在太平洋戰爭時期施行皇民化政策的結果。但若只是這種角度，無法全面性地了解台灣老百姓對於日本到底懷抱著什麼樣的整體意識。雖說如此，SEGA日思夜想的富士山遺志已被下一個世代的ＮＪ完美地繼承了。他與三十年未見的舊情人重逢於富士山腳下的觀光地，以台語暢談過往的戀情。就這樣，《一一》裡的ＮＪ雖然受到周遭外省人講的國語包圍，卻透過日本為媒介而使台灣（話）得以恢復，能夠以一個重生的台灣新父親的姿態站在兒子的面前。

在一九九〇年代初期的某個晚上，喝醉了的侯孝賢和吳念真突然跑來我位於月島的家裡。那時他們正在東京舉辦作品總回顧展。

當時吳念真心情極好，一一說起自己父親的事情：「我父親有一段時間曾經在金礦工作，若發現小粒的金子，便不往上報告，塞在自己的屁眼裡藏起來。在下工檢查身體時，會努力縮緊肛門，避免被查到，然後拿這些金子去玩女人。因為做過太多次，父親和同伴的肛門都變得很大……」我聽到此事不久之後，看了王童的新作品《無言的山丘》（一九九二），發現電影裡出現了相同的有趣橋段。果然，這部電影的劇本是吳念真寫的。

在那天深夜的酒敘中，吳念真又說了一件有趣的事：「我從小就聽父母多次提到我出生前三年發生的二二八事件，（指著一旁正喝著酒的侯孝賢）但這傢伙是外省人，在籌拍《悲情城市》之前完全沒聽過這個事件。」侯孝賢當時並沒有說話，但後來在台北跟我說了相同的事。他說：「我知道，在戒嚴令下的台灣發生的屠殺事件和相關記憶，只在本省人之間祕密流傳。我由此了解到這個事件的嚴重性，因為他們太過於畏懼白色恐怖，所以在外省人面前絕對噤口不提。」吳念真和侯孝賢雖然是絕佳搭擋，但由於出身背景不同，兩人之間仍然存在著歷史認知的差異。

王童

在台灣，王童（一九四二～）是作風最為踏實、最受敬重的導演。他個人相當景仰黑澤明，因而拍出《策馬入林》（一九八四），這是以群雄割據時代的中國為舞台的時代劇，是以野武士的視角所見的《七武士》版本。王童也拍過一位在共產中國遭受迫害致死的畫家的故事。當時幾乎無法取得中國文革的資料，拍攝過程相當辛苦。王童在一九八〇年代至九〇年代之間完成了三部曲，描繪日本統治結束到外省人遷入台灣這段期間的台灣故事。《稻草人》（日本發行名稱《村と爆弾》（村莊與炸彈），一九八七）是一部喜劇，描繪村民們每天都在美軍空襲的威脅中度日，有一天，一顆未爆彈掉在村子裡，引發極大的騷動。《香蕉天堂》（一九八九）刻畫國民黨低階士兵渡海來到台灣之後的故事，他們來到的是一個可以吃香蕉吃到飽的島嶼。《紅柿子》（一九九五）講述的是戰敗後的將軍帶著全家來到台灣，在失意與凋零的心情下養育下一代的故事。

王童刻畫的角色大多是被捲入激烈變動的歷史洪流裡上下浮沉的老百姓。他們脫離了學校、軍隊等原本為他們提供保護的共同組織，在流浪或逃亡的過程裡，不經意地追問自己的人生。既然無法反抗命運，那麼該如何好好地與命運相處呢？男人們總因為一些小事而困擾不已，女人們則毫不氣餒地生活下去，一心一意地保護家人。附帶一提，前面曾提到王童導演的《無言的山丘》，講述的是一個被賣到台灣的沖繩少女，她好幾次站在山丘上，想要逃離九份金礦工們帶來的紛擾，再次回到故鄉沖繩。

王童於一九四二年出生於中國蘇州，父親是國民黨的將軍，對日抗戰期間經常在外地打仗，很少回家。這是一個大家庭，總共有十二位兄弟姐妹，由外祖母治家，家中慣用的是河南話。

日本投降之後，大陸的局勢時時刻刻都在改變。這個家庭已經預先知道人民解放軍即將到來，於是前往上海避難，借住於港灣司令官邸。王童依稀記得當時還年幼，曾跟著祖母到電影院觀看《一江春水向東流》（一九四七）。這是一部描寫抗日戰爭下離散的家人再度相會的劇情片。不過，這家人即使來到上海，也很少有機會見到父親。一九四九年，國民黨軍隊已確定大陸即將失守，在蔣介石的率領下逃到對岸台灣，王氏一家也跟著過來了。七歲少年只知道要去某個很遠的地方。《紅柿子》以這位少年及祖母作為主角，是一部自傳色彩濃厚的電影。

在日本統治下的台北，省籍不同的人們分別住在不同的區域。本省人住在淡水河邊，以及很早就開發為商業地區的萬華和大稻埕，外省人則住在東南文教區至東邊郊區之間的日本人居住地。台灣光復之後日本人全部被送回「內地」，接著從大陸來的外省人就住了進來。王將軍眷屬所住的房子正是一棟寬敞的日式建築。年幼的兄弟們在木板長廊之間穿來繞去，拉著紙門四處玩耍。附近的本省人都稱這座宅邸為「王將軍的房子」，害怕得不敢靠近。在本省人裡面，只有附近醫院的醫生才能光明正大地穿堂入室。

在此先簡單介紹王童的父親王仲廉將軍。孫中山在一九二四年於廣州創立培養現代軍官的學校「黃埔軍校」，任命蔣介石為校長、周恩來為政治部副主任，王仲廉就是第一期學生。此時正值國共合作時期，面試官是當時還很年輕的毛澤東。三千位報名者當中只有三百五十人獲選為軍官培育生，剛從法國及蘇聯留學回國的鄧小平也加入其中。

王仲廉從黃埔軍校畢業之後，任第十九軍團副司令官，不久升為第三十一軍團總司令官。風聞他在一九三七年對日抗戰初期表現十分英勇。當時日軍擁有大砲、飛機，還採取散布毒氣的卑鄙手段，而國民黨軍隊只有手榴彈、手槍和刀劍。雖然在軍備上有壓倒性的差異，但少將師長王仲廉並不退卻，與三萬名的日本軍對峙。戰爭持續二十天，一度奪回的土地又被搶回去（編按：南口戰役）。之後，王將軍展開了範圍廣及十二個省分的軍事戰鬥活動。

軍隊逃來台灣之後，必須縮小規模，王仲廉身為敗軍之將，只得到「集團軍總司令」這個抽象的頭銜。不久之後，「反攻大陸」的口號被熱烈地提倡起來。但是，當人們發現已不可能反攻大陸之後，再也沒有人將此口號掛在嘴上。外省籍的低階士兵被半強迫地遷移到台灣後，在離開軍隊的下一個瞬間就被社會遺棄了，因為大聲講著台語的本省人對他們淨是投以警戒與輕蔑的眼光。如此一來，不少國民黨士兵在光復後的台灣島上淪為社會的最底層。

那麼，《紅柿子》如何刻劃這樣的狀況呢？

這部電影在最初的二十分鐘講述一家人拋下家中養的狗兒逃難的經過，從上海碼頭到狹窄的船內為止的情節，以黑白畫面呈現陰鬱緊張的氣氛。當一家人到達台灣，孩子們坐在行進中的吉普車裡，掀開車簾眺望第一次看到的台灣景色時，畫面開始轉為彩色。眼裡所見的是無止盡的綠色田園風光，如同孩子們期待的一樣似的，他們一起發出歡呼之聲。

來到這個新天地，相對於孩子們的愉悅，大人們無法掩藏失意與困惑之情。他們將行李搬進軍方提供的日式房子裡，對於不熟悉的房屋結構感到困擾，在吃飯時不禁發出牢騷：我們之前打的是日本鬼子，為何非得住日本人的房子？台灣這塊土地上，為何跟大陸有這麼多的差異？父親率領一個師團到達台灣之後，待在高雄治療傷勢，這讓家人們陷於無依無靠的情緒裡。當父親身體痊癒後，回到台北與家人團聚，但他這時已經失去作為一名將軍的威嚴，對著太久未見的孩子們，只能無力地一一叫喚他們的名字。

不久之後，以前的部屬們經常來家裡走動，與父親祕密地協商著什麼。原來他們打算反攻大陸，認真地祕密討論如何重整軍隊。但是隨著時間流逝，希望已經落空，部下們也已遠去。將軍在一陣迷惘之後決意卸下軍職。

父親拿出軍隊提供的退職金，將庭院的一部份改建，開始了養雞事業。但是這個做生意的門外漢得到的是悲哀的結果，雞隻得了雞瘟死光，虧損一大筆錢。父親改變作戰計畫，向家人提議養殖牛蛙。送進來的大批牛蛙在和室榻榻米上亂跳，家裡所有人七手八腳地忙著追捕。父親為了謀求生活溫飽而吃盡了苦頭，但所有的努力都沒有好結果。他為了兜售紅藍鉛筆，只好拜託軍中的熟人幫忙。昔日率領精銳部隊以寡敵眾擊退大批日本軍隊的青年將軍，現今已不復見精悍風采了。

飾演王將軍的是老牌演員石雋。他是個美男子，長得像日本知名演員仲代達矢，在一九六〇年代到一九八〇年代之間演出胡金銓的武俠電影，表現相當精彩。他在《紅柿子》裡出色地詮釋一位不願意淪落世俗而無法跟上時代潮流、只能不斷凋零下去的儒者式中年男子，這是一個過氣武士的悲劇。他清廉不阿，使他更加無法習慣異國台灣的環境，只能不斷喪失原先擁有的一切。我覺得，若要演出這個敗者形象的父親，再也沒有比石雋更適合的演員了。

在《紅柿子》的結尾，父親不得不變賣從大陸帶來的書畫古董等傳家寶，卻發現大部分都是假貨，讓家人們又吃驚又失望。雖然祖母珍愛的齊白石畫作《紅柿子》被鑑定為真品，可以賣得好價錢，但是若賣掉這幅畫，便意味著從此就割捨掉以前在大陸的宅邸及那裡度過的幸福生活。最後，父親決定將好不容易住習慣的日本房子租給西洋人。在出租的交涉過程中，從他的表情可以看出那種交雜著放棄、踏實及若干不安的情緒。

王童是在自己父親去世不久之後開始拍攝這部電影。他邀請兄弟們來看試映會，兄弟們甚感不滿，無法了解他的用意，質疑他為何要強調父親淪落的模樣。我看過電影上映時的新聞報導（《台灣日報》，一九九六年四月十五日），有一位見過王仲廉將軍本人的人士證實：王將軍即使在晚年時身體仍然很健壯，保有昔日軍人的風采。我在這次居留台灣期間，得到了直接採訪王童導演的機會。根據他當時的說法，《紅柿子》的父親形象是王童刻意誇張塑造的。真實生活裡的將軍並非只是一位失意的敗將。王童說，文化大革命結束之後，中國開始實行開放政策，鄧小平曾透過管道傳送祕密書信給王仲廉將軍，邀請他回歸中國一起推行新政策。老將軍當然立即拒絕，不過如果當時接受的話，現在的中台關係恐怕有所改變吧。身為鄧小平在黃埔軍校的學長，王仲廉應是足以信賴的吧。

王童說，就準確性而言，這部電影並不是我家歷史的重現，但如果我不拍這部片子，那麼外省人家庭的窮困和孤立將永遠被埋在歷史洪流裡。到目前為止，到底有誰關注屬於少數派的外省人面臨的困境呢？所以，我想親自講出這個已被封印在今日台灣社會背後的、敗軍士兵及將領的故事。王童最想描繪的，便是作為一個失敗者的父親形象。

陳映真

我遇到的人大多對陳映真（一九三七〜）的事噤口不言。雖然談論他並不會有什麼禁忌，但每個人都擺出不愉快的表情。

有一個人說，陳映真拋棄台灣到中國去了之後，不久就因心臟病倒下而半身不遂，無法重新開始創作。另外有一個人說，這只是傳聞，但有可能是中國社會的現狀讓他感到幻滅，因投訴告發失敗而遭到軟禁。這本書開頭提及的林瑞明說，雖然政治意識不同，不過陳映真以前提倡台灣文學，對他自己而言，是一個像大哥一般的人物。陳映真音訊不通，令他真的感到傷心難過。

陳映真在二〇一〇年成為中國作家協會名譽副主席。不管在這之前或之後，他都不曾發表隻字片語，一直保持完全沉默的狀態。對中國現今政權而言，延攬台灣的著名統派知識分子擔任名譽副主席，加以收買，是為了統一台灣的最佳宣傳手法，即使是政治門外漢的我也可以猜想得到。然而現實的狀況是，有關陳映真的所有消息完全被阻斷，唯有他的殘像如同幽靈似地浮游在台灣知識分子之間。

陳映真是一位國小老師的兒子，出生於竹南郡鶯歌。他比日本的小田實年輕五歲，比大江健三郎小兩歲，但若從他的反美運動及提倡第三世界文學來看，與日本這兩位作家的世代是重疊的。日本戰敗那一年他剛好滿八歲。父親陳炎興雖然是國小老師，但也是一位左翼知識分子，祕密從事抗日運動。因此，陳映真在小學時期就有機會讀到國民黨列為重大禁書的魯迅作品。附帶一提，該書的譯者是在日本統治時期以農民運動進行抗日活動的無產階級作家楊逵。陳映真後來寫到閱讀魯迅作品之事：「魯迅給我的影響是命運性的」。

從陳映真的回憶錄《父親》可知，父親陳炎興是虔誠的基督教徒，夢想早日回到故鄉大陸。台灣光復之後，他被任命為小學校長，為撤退來台的國民黨軍隊駐紮於國小的事情費盡心思。附帶一提，陳炎興在散文集《在基督裡的一得》（人間出版社，一九八九）提到，他後來成為中台神學院總務長，在神學院執教鞭長達二十五年。

一九五七年，陳映真進入淡江大學就讀，那年發生劉自然事件。那是美援物資源源而來的時期，革命實踐研究院職員劉自然被美軍顧問團軍人槍殺身亡。犯人被送上軍法會議，但沒有受到任何處罰就遣返美國。由於消息遭封鎖，在年輕學生們之間激起一股反美風潮，六千名群眾包圍美國大使館及領事館，不斷投以石頭，發展成重大事件。他們高喊「打倒帝國主義」，衝入館內毆打大使館人員，扯下星條旗。陽明山一帶開始實施戒嚴，有三名暴徒死亡，四十名被關。

這場暴動的主謀之一就是二十一歲的陳映真。他完全無視於大學方面的制止及警察的戒嚴行動，煽動高中生的學弟妹們衝入大使館。這位在大學專攻英國文學的青年受到警方問訊調查之後，確定了將來要走的方向。他開始陸續發表短篇小說，同時開始閱讀艾德嘉・斯諾（Edgar Snow）的《紅星照耀中國》日文翻譯版，祕密取得毛澤東的著作來研讀。

一九六七年，陳映真遭到逮捕，罪名是策劃反國民黨團體「民主台灣聯盟」，被送往專門關政治犯的綠島監獄。從《父親》可知，那年秋天，他的父親前往綠島面會時跟他說了一句話：

「孩子，你要好好記得，首先，你是上帝的孩子；其次，你是中國的孩子；然後，你是我的孩子。」（《父親―陳映真散文1》，洪範書店，二〇〇四，頁一四六）

陳映真因蔣介石去世而獲得特赦，總共服了六年刑期。他回歸社會之後展開了活躍的作家生活。他主張當代的台灣文學必須是第三世界的文學，並且在一九八〇年代以自行創辦的《人間》雜誌為據點，宣揚對抗國民黨獨裁政權的言論。一九八八年出版十五冊作品集，從此名符其實地成為具批判性的台灣知識分子代表人物。

陳映真曾經回憶一九四五年八月十五日發生的事，他如此寫道：

> 台灣光復那天，父親在物資極端缺乏的條件下，叫母親弄了一桌比較好的晚飯，拿著《漢和字典》，把孩子們的名字逐字找了出來，告訴我們，我們的名字，是中國字寫成的名字——因為我們是中國人。（陳映真〈中國人任人恣意侮辱的日子已經一去不返了〉，《中華雜誌》，一九七九年八月號，頁三五～三六）

不過，隨著民主化的進展，台灣獨立的呼聲愈來愈高，主張與中國統一的陳映真在論述上與獨立派之間產生激烈的對立關係。當民進黨在二〇〇〇年代初期取得政權之後，他開始親近當年將他送往綠島的國民黨政治人物，目的是為了牽制獨立派的動作。這個轉向讓不少人驚訝。陳映真甚至前往北京，到現在都不曾再踏上台灣的土地。

在讀過陳映真在一九八〇年代戒嚴時期寫下的數部作品之後，我想談談最令我感動的短篇小說《鈴璫花》（一九八三）。鈴璫花在日本是桔梗的意思。

故事舞台在一九五〇年代，以鶯鎮農村為背景，這可能是作者的真實故鄉。敘事者阿助十二歲，讀小學六年級，同年級的朋友阿順十五歲，比阿助大三歲。

阿順之所以比較晚才上學，是父親造成的。父親的一個遠親在日本統治時期被關入監牢，戰後回到家中，兩年後卻不知去向。父親的口頭禪是「讀書做讀書人，做官有分，殺頭也有分」，便不讓兒子上學讀書。不過在高東茂老師出現之後，情況改變了。高老師曾經被日本徵兵到中國打仗，但在那裡倒戈為抗日派，戰後回到台灣。只要一有機會，他就會在課堂上對著學生說中國的好處，還教學生唱中國的抗日歌曲：「太陽出來亮晃晃，中國的少年志氣強，志氣強欸……」

阿順的父親折服於這個年青教育家的熱情，允許兒子上小學。但是有一天，高老師遭到警察追捕，從自家窗口跳出去，從此音訊全無。敘事者和他的好朋友因為敬愛的老師消失，變得不想去上學了。

那一天，兩個人又蹺了課，一起到後山探險。他們來到戰爭期間曾受美軍轟炸的窯廠，在附近四處徘徊，遇到賣「客人仔蕃薯」的母女，還偷拔花生烤來吃。他們愈走愈遠，來到日本人蓋的碉堡廢墟。他們在碉堡旁的山洞發現有一人躲在裡面，仔細一看，竟然是失蹤的高老師。

高老師的頭髮和鬍鬚都變長了，形容憔悴。雖然呼喚他的是兩個曾經教過的學生，但他手裡拿著木棒，用驚恐的聲音叫道：「走！」。兩個孩子驚恐於老師過度怪異的容貌和舉止，從山洞跑了出來。

隔天，阿助準備了便當走到山洞時，發現阿順已經先到了。他無助地說，高老師走了。在這之後，阿助考上中學，與阿順分開。他從大人們口中聽到高老師被逮捕的消息，還聽說台北車站的告示板上有高老師的名字，被用紅墨勾起來。主角阿助後來考上大學工科，在三十年之後的此刻回想起鶯鎮這個村莊和阿順，以及見到高老師那一天的情景。

若是讀書愛好者，可能會發現這部短篇小說前半段其實是借用喬伊斯《都柏林人》短篇小說中的〈邂逅〉情節。兩個無端缺課的少年遇到了衣衫襤褸的骯髒少女，在野地追著野貓四處跑。少年們的目的地是郊外的發電所，卻在中途遇到一個令人感到不舒服的中年男子，感覺好像看了不該看的東西。那位男子以神祕的口吻向少年們說起不明就裡的事情。

大學時期主修英國文學的陳映真喜愛喬伊斯的作品，一點也不奇怪。《鈴璫花》自〈邂逅〉脫胎換骨，巧妙地講出了日本統治剛結束時的台灣社會裡發生的白色恐怖事件及知識分子受難的故事。阿順的遠親在日本戰敗兩年後突然消失，暗示著那年冬天發生的二二八事件，很多本省籍知識分子因警察權力及白色恐怖政策而遭到殺害。高老師的逃亡之舉，說明他是一九五〇年代前後發生的白色恐怖下的受難者。《鈴璫花》發表於一九八三年，當時台灣還在戒嚴時期，陳映真無法直接描寫本省人在二二八事件中遭到殺害的事情，不得不借用不知實情的孩子們的觀點，隱諱地寫出這篇小說。

兩個少年以摻雜著敬畏和親近感的眼神望著高老師，高老師是教師、指導者，也是理想化的父親。他對孩子們講述中國的偉大，倡議回歸大陸。學生們在老師的指導下背誦抗日歌曲，對於未曾踏上的大陸土地懷抱憧憬。但殘酷的是，他們敬畏的老師過度恐懼於白色恐怖，呈現出幾近瘋狂的悲慘模樣。在《鈴璫花》的結尾，敘事者帶著淡淡的後悔，回想起自己與好朋友阿順分開、進入知識階層之事。這個結構來自於作者熟稔的魯迅作品〈故鄉〉。面對高老師的悲慘生涯，「我」以冷靜的態度敘述。但正因為這樣簡潔的敘述，讓我們在讀完這部短篇小說時，更加受到悲傷的情緒所驅使。像父親似的、理想化了的老師面臨的是凋零和悲慘之死。這篇小說早在電影《悲情城市》獲得國際肯定的六年前寫成，它的悲痛更值得人們記住。

我居留台灣的那一年，一位研究者出版了關於陳映真的傳記研究，以銳利的手術刀解剖陳映真的神話。長年辛勤從事台灣文學研究的陳明成出版了《陳映真現象》（前衛，二〇一三）一書，以實證研究的方式揭露陳映真親手打造的、虛構的父親和家庭。

「半個世紀以來，陳映真的『精神』（spirit）／『幽靈』（spirit）一直是飄盪在戰後的台灣文學史上！」。不言自明，這個標題乃模仿自馬克思的《共產黨宣言》。在此簡潔地介紹這部長達五百頁的巨著所釐清的陳家真相。

陳映真的父親陳炎興出生於一九〇五年，通過高等小學校的教員檢定後，在桃園的小學擔任代課教師，後來當上訓導老師。台灣光復之後成為國小校長，有二十五年時間在中台神學院擔任總務長，九十一歲時蒙主召喚，就此長眠。這個看似無可挑剔的生涯，其實在細節上極為曖昧不明。以往的研究者都直接採用這個說法，但自從中日戰爭開始之後，「陳炎興」這個名字不曾再出現，無法追溯其行踪。研究者陳明成以此推測，認為陳家應該是家中也講日語的「模範家庭」，在皇民化政策下曾經改為日本姓名。那麼，這個時期的陳炎興做了什麼事呢？其實他是在竹南郡公所庶務課上班。但情況並不只有那麼簡單，陳炎興其實是以更積極的形式與台灣的皇民化政策有所關聯。

在日本開始積極侵略中國的一九三八年，台灣總督府為了鼓舞台灣人配合「皇國南進」的意識形態，決定製作一首樂曲〈台灣行進曲〉。歌詞和旋律採取公開徵選方式。徵選結果是，日本人三栗谷櫻的歌詞獲選，不過可能是假名。參加作曲部門徵選並獲選的是當時身為「月亮合奏團」成員的陳炎興。

當陽光照耀在亞洲的早晨，
觸目所及，
都將是大和島國統治紮根的領土。

毋論那騰湧的白雲，
或鎮守宮殿的靖台，
令人仰拜的護國之柱們，
這就是皇國的日本、咱們台灣。

《台灣日日新報》大肆報導這位台灣人作曲家，這首行進曲透過電台於台北放送局向全島轉播。在此同時，古倫美亞唱片公司發售的黑膠唱片也大受好評。

陳炎興利用自己在郡役所工作的特權，在戰爭期間與台灣茶葉出口控制業務也有很深的關聯。這個工作必須忠實執行總督府的方針，應該為陳炎興帶來相當大的利益才對。另一方面，身為〈台灣行進曲〉作曲者的他，與台灣放送局建立了深厚的關係，呈現出鼓舞皇民化運動的跡象。他在戰後開始出現對基督教信仰的熱情，說不定是為了想讓戰敗的失落感和苦悶在心靈上得以淨化，因而產生的急迫需求。

在陳映真的《父親》中，完全未曾提及父親在這個時期的活動。父親的形象一直是一位講述神的信仰、教喻兒子回歸中國的教育家。通過對父親的敬愛，兒子對於中國的期待日益膨脹。就這樣，「日本多桑」被隱蔽了，空出來的位置由「中國父親」填補。陳明成相當適切地將這個過程稱為「家庭羅曼史」（Family Romance）。這是精神分析家佛洛伊德提出的概念，意指幼兒的一種特別傾向，個別地將現實中的父母親幻想成至高無上的父母形象。當我們在思考小說家陳映真如何誕生時，這個概念或許是很重要的線索。根據羅勃特（Marthe Robert）的說法可知，現代小說的起源其實就是這種家庭羅曼史橫亙其中所致。前面提到的《鈴璫花》裡的高老師，確實可以解釋成一個被理想化的父親呈現的悲慘凋零形象。將父親幻想成一位榮耀在身的抗日分子、全心寄託於宗教信仰的人，這樣的虛構是陳映真開始創作文學之前的形象。為了要讓這樣的父親走入小說裡，作家陳映真運用他的想像力，扭轉變形，於是創造出一位死於非命的小學老師。

陳映真在散文〈歌唱「同期之櫻」的老人們〉（《聯合報》「聯合副刊」，一九九六年十一月十九日）提到，曾經以日本兵身分從軍的台灣人，在戰友會裡高唱日本軍歌，接著談到各種戰爭體驗。許多志願兵被審判為B、C級戰犯而遭到判刑，也有原住民出身的士兵，戰後仍然長期潛伏於菲律賓密林之中。台北街頭那些頭戴軍帽、垂掛遮陽巾的受傷軍人們，是台灣扭曲的歷史造成的「至今不曾癒好的傷口」。對於此文，陳明成尖銳地指出，這個表現的背後其實隱藏著一股濃烈的「台灣人原罪觀」（陳明成，前揭書，頁一二八）。他以對立於這種原罪的感情為基軸，對於陳映真的反美運動、以及關於中國文革及天安門事件的發言，做了細膩的分析及評價。以整體性的視野對於身為作家及評論家的陳映真進行評價的作業，已經超過我現在的領域了。雖然很可惜，但「陳映真現象」就此打住吧……

為了避免誤解，我必須附帶說明一下。我想要做的，並非想要告發從「台灣多桑」轉換到「中國父親」的陳映真，而是想要以一種後殖民地症候群的觀點來理解知識分子的存在方式。陳映真的父親陳炎興曲折的一生說明了一個事實，那就是，當殖民地主義最後走向為極端的皇民化政策時，深深地影響到他的生命史，他可以說是一名受害者。如果說，傷殘軍人或殘留叢林裡的士兵是「至今不曾癒好的傷口」，那麼對陳映真而言，父親的存在就是這樣的「傷口」。若能站在這樣的認知上，那麼這位台灣作家就可以列入我在《貴族與轉世》及《在日朝鮮賤民文學》等著作裡討論的作家系列之中。這個系列的作家有李光洙、立原正秋、中上健次。李光洙對於自己的出身保持沉默，積極地從事朝鮮皇民化運動。立原正秋將不可能存在的、虛構的父親形象寫入小說中，以此美化浪漫的少年時代。中上健次在數次審判當中持續書寫著殺父的故事。而陳映真以作家身分出發時，也讓父親活在作家建構出的哀傷的虛構中。

那麼，台灣人的父親是誰呢？宗主國日本這個虛幻的父親消失之後，台灣人召喚了何種父親形象來填補這個空隙呢？

本省人與外省人、台獨派與統一派、漢人與原住民、皇民化運動與抗日運動等錯綜複雜的二元對立的縫隙裡，台灣人創造了許多不同的父親形象：脫胎自已消逝的日本幻影裡的父親；回歸大陸的夢想已被切斷、持續凋零下去的父親；在虛構的故事裡擁有抗日運動家身分、被理想化的父親。橫亙在這些形象背後的是日本的影子，那個模仿西歐列強而對台灣進行長達半世紀殖民統治的日本。只要還能夠抵抗這個父親的影子，那麼台灣與日本的作家之間便能夠繼續對話，也應該還有很多值得分享的主題。我不禁如此想。

神話回歸與廢墟 林懷民與宋澤萊

一

距離上次觀賞雲門舞集的表演，已過了十四個年頭。懷念和期待的情緒充滿我的心中。

最後一次觀賞林懷民的舞台表演，是二十世紀即將結束的那一年的除夕夜，地點在中正紀念堂旁邊的國家戲劇院，感覺那時觀賞的作品有著濃厚的佛教色彩。表演結束之後，林懷民來到台前接受大家的提問，他當時說，為了剛發生不久的九二一大地震的受難者，他將在嘉義持續舉行戶外公演。他給人一種雲淡清風的感覺，就像一位剛完成艱辛的苦行之後的人身上才有的、完全不帶世俗執念的態度。

這次的地點同樣是國家戲劇院，舞碼是《稻禾》。書店、咖啡廳、捷運的大面牆上，台北各個角落都貼滿了海報，幾位裸身男女層層疊疊於海浪般開展的黃金稻穗裡。上面還寫著英文題名《Rice》。我毫不遲疑地邀了友人一起去，買了第一天演出的門票。這是在台灣的首演，現場氣氛相當熱烈。我買到的票位於三樓角落的包廂，雖然不是很好的觀賞位置，但可以從高處輕鬆地欣賞。

表演前先以投影片介紹雲門這三十年來走過的路。一九八四年，以史特拉汶斯基（Igor Stravinsky）為序曲演出《春之祭禮》之後，曾暫停運作數年。九二一大地震之後，開始轉為在台灣各地舉行戶外公演。映著興奮的觀眾影像下方出現一排字幕：即使傾盆大雨也會繼續演出。我上次觀看的表演，便是在這次的苦行剛結束時演出的。投影片持續播放著。二〇〇八年，排練場遭遇大火。原來是這樣啊，原來如此。我覺得，林懷民是將到當時為止不算短的時期當作歷史來回顧，並且創作出這個龐大的作品，想要重新呈現在觀眾眼前。

這場《稻禾》世界首演在佳評如潮中結束，觀眾的掌聲遲遲未停，當舞蹈指導站上舞台時，觀眾給予狂熱的歡呼聲。舞團的一位女性經紀人來到大廳跟我講話。她說林懷民今天與世界劇戲及舞蹈節的人員見面，洽談海外公演的事宜，所以很可惜今晚無法來到大廳。於是我在自己的名片寫下簡單的感想，交給了她。幾天之後，我從手機裡收到林懷民本人寫來的信。

我可能是第一個以日文寫出介紹林懷民的長篇評論的日本人。一九八八年底左右，我將第一次與他見面的印象發表於《季刊思潮》。那時的林懷民相當疲憊。引薦我與他見面的評論家蔣勳及四周的朋友們，都為他的狀況感到憂心。在接下來的澳洲公演結束後，林懷民即將解散十五年來獨立率領的舞團。他跟我說：「我看不到未來，再也不能做任何事了，我需要長期的休息。」就像要捨棄般地，在接下來的談話裡，他完全沒有提過跳舞是一件愉快的事。

林懷民確認我的意向之後，帶我去看舞團最後的排練。那是雲門在一九七三年成立兩年之後的初期代表作《薪傳》。

《薪傳》是一部具有強烈的故事性、為時九十分鐘的作品。

在漆黑的舞台上，燈光亮起，七組男女手持長香磕頭三次，以空虛的空間召喚來自祖先的記憶。這個儀式結束後，舞者們換上莊稼服裝，開始舉行為前往陌生未知的土地所做的祭典。在連續而激烈的打擊樂當中，他們圍成圓形，將手持紅布的女性迎入其中。這位女性看起來像是置於祭壇上的犧牲，同時又像是作為神明降臨之器的女巫。在女巫的啟示之下，他們展開渡海之行。他們在狂怒的海上渡行，在到達人跡未至的島嶼之前，穿白衣和紅衣的舞者一直激烈地跳躍著。

開墾、婚禮、荒野的恩澤。來到新天地的人們當中，開始有人死掉。有一個女人頑強地閉口不言，表情露出悲嘆之情。下一個瞬間，一個身穿巨大白衣的男人出現，女人們被喚醒，一起將藍布拿在手上跳起舞來。這是象徵性的動作，要去除死亡的穢氣，讓世界恢復乾淨。此時響起長久流傳於民間的農耕之歌。所有人都彎下腰，將神明賜予的種子撒在土地上。最後，稻子結實了，人們開始跳起祝賀之舞。手持長長的紅色綵帶的舞者們交互地整列及旋轉，展現優雅的曲線運動。看起來像是飄動於空中的火焰，或是匍匐於地上的巨蛇，也像是往上噴起的鮮血。

《薪傳》講述的是漢人渡海來台的殖民歷史。這個嘗試是想要透過舞蹈再次確認這個創造現代台灣起源的神話。林懷民以強烈的抽象方式表現這長達四百年的殖民史，試著謳歌大地的親和力。我在這裡強烈感受到的是，像《春之祭禮》裡碧娜．鮑許（Pina Bausch）的舞蹈動作所展現的那種熱情。女巫將沾到經血的污穢布塊纏在身上，在共同體的圓圈內接受神聖的囑託。最後，個人的死亡轉變成大量播種的形式，以此方式迎接重生。台灣古地名叫作夷洲，長期受到忽視，人們對於它的認識是「倭寇活躍的海岸對面的那座島嶼」。我可以理解這部作品是為了要替這樣的台灣確立神話性的起源所做的嘗試。

林懷民是本省人子弟，一九四七年出生於嘉義。父親就讀東京帝國大學，是行政院的重要官員。母親畢業於東京的女子大學，以草月流花道家知名。父母親為了教育年幼的兒子，提議在家裡都要講日語，不過這個嘗試沒有成功。這位少年曾經在電影院看了一部英國電影《紅菱艷》（*The Red Shoes*），回到家裡，他立刻披上袍子，學著剛才看來的舞步扮起了女主角的角色。這位後來極度沉醉於《紅樓夢》的小學生立下的志向，不是要往政治界發展，而是決意要在舞蹈和美的世界生活下去。他也是一位早慧的文學青年，在十四歲時就寫出短篇小說集《蟬》，在台灣文壇出道。

林懷民在台灣完成學業之後，馬上前往美國，在瑪莎．葛蘭姆（Martha Graham）的舞蹈學校研習現代舞，同時也在馬莎．格雷厄姆（Merce Cunningham）學校學習，獲得豐富的靈感。一九七二年，台灣退出聯合國，在國際上受到孤立，林懷民回到台灣，創立現代舞劇團「雲門舞集」。雲門之名來自於《呂氏春秋》中的一句話「黃帝時，大容作雲門」。從舞團名稱源自漢民族古代祖先——黃帝，就可以窺知林懷民的國族主義傾向了。

《薪傳》從神話的角度試問台灣的起源。林懷民選擇在故鄉嘉義的體育館首演。九十分鐘的表演順利結束，包含很多自幼認識他的朋友在內的所有觀眾都拍手喝采。就在這個時候，現場透過麥克風報導緊急消息：尼克森和毛澤東在北京進行會談，正式締結外交關係。觀眾們仍然熱烈地拍著手，彷彿想將這個消息趕走似的。

台灣社會在一九七〇年代遭遇強烈的外交挫折，台灣人在心理上受到無法形容的震撼。在這樣的年代裡，《薪傳》成為具有重大意義的舞劇。觀眾們將自己對於族群共同體的意識投射在這個被萃取成原型的故事裡，給予莫大的支持。但另一方面，最前衛的演出家們也受到毫不留情的批評。詹明信（Fredric Jameson）的譯者，同時也是彼得．魏斯（Peter Ulrich Weiss）的《馬哈／薩德》（*Marat / Sade*）的台灣版改編者鍾明德跟我說道：「我們必須認為《薪傳》呈現的只是七十年代國民黨政權的意識形態，設法克服這種虛幻意識才是台灣藝術運動的課題。」

不過，我認為這樣的批評並沒有讓林懷民受到重擊。對於林懷民而言，更嚴重的批評並非來自知識分子，而是在他的神話裡被想像為同質化的農民們。那是在《薪傳》紐約公演結束、回到台灣舉行的凱旋公演之時。雲門一行人來到位於高雄市東北方四十公里處的客家人聚落美濃，打算意氣風發地表演相同的曲目，卻受到意想不到的激烈抵抗。

美濃的農民熱情地歡迎他們。那天恰逢客家廟宇舉行祭典之日，他們受邀參加祭典，受到豐厚的款待。年長的村人們逐一地唱著民謠，雲門一位客家成員幫忙翻譯歌詞的意思。這裡為雲門準備的舞台相當簡陋，只有幕景和黑色布幕。但是平時無所娛樂的村人們全都擠到廟前廣場，想要目睹為了敬奉神明而從台北來到此地的舞團。除了國中的美術老師之外，沒有人聽過雲門的名字。舞者們期待這個聚落能夠更正確地理解《薪傳》，他們穿起了特別準備的客家服裝，準備開幕了。

但是，公演悲慘地結束了。雲門以抽象的方式重現客家祖先艱辛渡海來台的故事，客家的農民們卻完全不感興趣。他們喜歡的是雲門即興表演的喜劇風格的小品，那是早已膾炙人口的舞蹈。客家人來台較晚，只能居住於條件惡劣的土地，至今仍然對於困苦的生活環境有著很高的忍耐能力。因此，他們沒有多餘的心思去理解局外人如何重現這種艱苦的生活。對於這次美濃居民的冷淡反應，林懷民始終無法釋懷。我第一次跟他見面時看到的憂鬱和疲倦，就是這次的經驗造成的。

我在國家戲劇院觀看《稻禾》，距離上次觀看《薪傳》已過了二十四個年頭。在這期間，林懷民曾經無預警地解散雲門。經過一段不算短的嘗試錯誤，他又讓雲門復活了。他們造訪被地震摧毀的城鎮，在戶外臨時搭建的舞台上表演給難民們看，累積了各式各樣的體驗。現在聽說一把無名火將排練場燒得精光，只好暫時借用別的場所進行排練。林懷民已經超過六十歲，但仍然不停地自我鍛鍊，持續保持強烈的熱情，他就是這樣一位舞蹈家。

《稻禾》最開始呈現的是開墾和耕作的舞姿。

影像投射在舞台後方及地板上，場景不斷地變化。首先，出現河川和滿布石頭的地面，女舞者們像日本相撲力士那樣大大地張開雙腳，輪流踏地。在響亮的咚咚聲中踏著地，好像要把土地踏得緊實似的，讓觀眾知道這個舞台要以大型的架構進行農耕祭典儀式。在這當中，後方螢幕裡的稻子逐漸成長，綠色的稻穗在眩目的光線下不斷地抽長著。

綠色水田邊有青蛙在嬉戲，一對男女正在交合，他們正在植物的旺盛生命力包圍之下進行著古代的神婚儀式。

男舞者們拿著彎曲的棍棒出現了。他們是稻子的化身，棒子便是隨風搖曳的稻穗。三對男女以棍棒組起了稻草人，稻草人在風中舞蹈著。最後舞台上只剩下一名蹲著的女舞者。她打開雙腳，在痛苦之中分娩了。此時，舞台螢幕映出一整片的黃金稻穗，預告大地的豐收。

在後半段的表演，收成之後開始燃燒稻田，火苗蔓延了整片地面。大鼓敲出震耳欲聾的可怕聲響，男舞者們以手中的棍棒互相爭奪著。當大火燒盡，白煙在不知不覺之間化成霜氣，冬天到來。男女們忍耐著痛苦，以棍棒耕種大地，期待即將到來的重生……

《稻禾》沒有從大陸渡海來台的場景，主角也不是漢人共同體，而是植物——稻子。稻子在四季裡發芽、成長、結實後收成。火焰將稻株燒成灰燼，回歸大地後進入長眠，迎接即將到來的春天。人們就這樣依照著稻子的生長時間，懷著畏懼的心情生活下去。所有的時間都是畫了一個圓之後重新回歸。男人手持棍棒爭奪時，女人用力將大地踏實，與植物的精靈合而為一，完成死亡和重生的祭祀儀式。

《薪傳》是奢華纖細、充滿說服力的作品，《稻禾》也是一樣。影像之間的有機結合，整體感覺相當統一，這是林懷民的一貫作風。宗教學家依利亞德（Eliade Mircea）主張，利用大地、農耕、女性這些神話象徵，能夠使世界得以重生。林懷民則是以支撐台灣人（正確地說，是亞洲人）生命的根基——稻禾——為媒介，透過舞蹈成功地呈現出重生的概念。

雖說如此，我對此卻抱著一絲絲的懷疑。我想我必須先表明，其實我無法單純地接受這種神話式的回歸。從《薪傳》到《稻禾》將近三十年的歲月裡，日本發生福島核電廠爆炸事件，大自然從潔白無垢跌了下來，化身為可怕的威脅。人類與植物的協調關係已被破壞，無法再回到過去。在養育我長大的日本這塊土地上，已經不能回歸到一個幸福的圓圈。時間不得已必須以鈽元素的半衰期為目標，朝向幾近無限的遠方畫出一條受詛咒的直線。林懷民仍處於相信人類對於大地是無罪的境地，我對此抱著幾近羨慕的情緒。我混雜在對著《稻禾》表現出的美感不停拍手致意的台灣觀眾之間，有一種很不舒服的感受，因為我感覺到我是惟一被神話放逐的人。

II

有一部電影一定要推薦大家看。在還沒看到這部電影時，我不知道我現在居住的國家竟然是這麼美麗的國度。對於那些因為台灣是小國而嗤之以鼻的外國人，我希望他們一定要來領會這些雄偉的景色。

我居留台灣期間，有好幾個人推薦我一定要去看一部電影。那些人都不是像我這種專門研究電影的人，平常也不會以電影為話題。就這樣，我到首輪上映戲院看了《看見台灣》（日本發行名稱《天空からの招待状》（來自天空的邀請函））。看完電影之後，我走到附近的書店裡，看到店頭早已以封面陳列的方式堆滿這部作品的DVD和解說書。

《看見台灣》是一部紀錄片，侯孝賢參與製作，吳念真負責劇本和旁白，齊柏林擔任導演，合作伙伴名單裡有林懷民的名字，這可稱是目前台灣知名度最高的製作團隊。拍攝地點有宜蘭、花蓮、墾丁、阿里山、日月潭等風景名勝地區。這部電影的特色是採取鳥瞰式的構圖，幾乎所有鏡頭都是使用直昇機空拍。

電影的第一幕是毫無人跡的萬丈高山。若以英國浪漫派的說法，可以說是崇高的、「風景如畫」（Picturesque）的景色。這樣的風景在眼前一一展開。吳念真那有著濃厚台灣腔的中文旁白響起了。天氣晴朗、萬里無雲的高空中，泰雅族男性的高亢歌聲響徹雲霄。

鏡頭從雲霧繚繞的高峰漸漸往下降低，述說著自然的神奇。近年來氣候有所變化，雖然一整年的降雨量沒什麼改變，但是局部豪雨和乾旱的天數卻增加了，大地因此變得疲憊不堪。水流被水壩攔住，為了開採水泥原料而削平山頭，土石流和洪水因而頻繁發生。鏡頭從上方捕捉依山而建的聚落。這個聚落因兩邊的道路損壞而與外界交通中斷，只能任其荒廢。在某個海岸地區，地層一年以七公分的速度持續下陷中。台灣的海岸線已有百分之五十五被水泥消波塊封住，出海口的砂石堆積／流失速度已無法保持平衡。結實纍纍的稻穗。人們對著高空的攝影師揮動雙手。在電影後半段，無數人們的臉龐快速出現。在廣闊的平原上升起熱氣球的人們。吳念真的旁白：即使有多麼美麗的風景映入眼簾，「我們只是短暫的停留，我們只是過客」。這句旁白正意味著一個人終將死亡的無常感吧。吳念真的聲音是台灣本省人的聲音，正確地說，是浸泡過台灣人愛吃的滷味的聲音，給人一種親切的、深刻的感受。

最後，鏡頭再次對準高聳的山岳，回歸到崇高的影像。不同於開頭的是，二十幾位原住民少女穿著大紅色的民族服裝站在險峻的山頂上。鏡頭不斷繞著她們轉動，表現出她們的勇氣、決心和榮耀。四周的高山以可怕的速度旋轉著，但她們不為所動。在她們背後響起原住民的高聲合唱，那合唱的歌聲一點也不輸給吹在她們身上的狂風。不知何時，她們每個人手上拿起了中華民國的青天白日旗，高高地揮舞著……

我看了這部廣受好評的電影才恍然大悟，原來這裡凝聚著的，正是台灣人的意識形態啊。我在這裡不打算使用「支配性的意識形態」這種冗語贅詞的說法，因為「意識形態」在任何場合本來都是具支配性的。

《看見台灣》謳歌崇高性的精神，提出生態學的警告，彰顯人道主義及原住民文化，最後收斂於國族主義，彷彿這在理論上是必然發生似地。所以，合作伙伴名單裡有林懷民的名字，也就不足為奇。兩部作品的共通點在於那有著鮮綠色澤、即將結實的稻穗。

我認識的一位建築師跟我說，若是在從前，不可能製作這樣的電影。她說，在戒嚴時期的台灣，禁止一般人與「山地同胞」（原住民）接觸，也不可能進入他們居住的地區，更不可能取得高山的地圖。大多數的地方都基於軍事理由而禁止製作地圖，攝影則連想都不用想。這部電影之所以能夠完成，是因為我們已經能夠向世界公開表明我們是民主化、多族群的國家。我對於她的看法十分感興趣。她的興趣是登山，對於無法取得高山地圖的困擾有著深刻的感受。

凡是我遇到的人，幾乎都沒有例外地讚賞《看見台灣》。反過來說，這意味著這部電影最能表達今日台灣的意識形態。若從一些生態學家的觀點來看，應該會批評該電影只拍攝美好的一面。不過我們可以在電影中段部分稍微看到受污染的河川及被破壞的山路。若是仿效《神話學》作者羅蘭・巴特（Roland Barthes）的方法來分析的話，那其實是一種「打預防針」的修辭法，也就是說，這是一種意圖獲得「只要局部提示即可、不必將全部視為問題」這個藉口的手法。這種技法源自資本主義社會中氾濫的電視廣告。看過《看見台灣》的觀眾應該會產生一種「既視感」，會感覺似乎在哪部電視節目裡看過。但也因為如此，他們可以了解這部電影，並接受這些影像。我發現這裡也產生了一種「神話回歸」的現象。林懷民以永遠的大地作為舞台，將死亡與重生的神話當作確信之事，將之展現在觀眾的眼前。《看見台灣》則採用更清楚易懂的普遍形式，但同樣地不斷強調「神話具備壓倒性的優先地位」一事。不過，若從「發現台灣這個『小國』具有無限崇高性」這一點來看，這部電影已經超越諸多促銷觀光的電影，成功地達到某種劃時代的嘗試。

但是，在永恆的諸相下不斷地將台灣予以美麗化、神話化，這種作法真的好嗎？不論在任何場合，讓所謂的風景一直停留在意識形態的函數裡，這種作法足夠嗎？基於這樣的問題意識，作家宋澤萊進行了一連串的文學實驗。

III

宋澤萊於一九五二年生於雲林縣二崙鄉，在國立台灣師範大學主修歷史。他在讀書期間發表《蓬萊誌異》，被視為新生代鄉土文學作家。這部小說以故鄉「打牛湳村」為舞台，以日本統治時代以來廣為民眾記憶的民俗傳說故事為題材，不禁令人聯想到果戈里的《迪坎卡近鄉夜話》。宋澤萊在大學畢業之後前往彰化縣的國中任教，並且持續創作實驗性的作品，至今不輟。收錄於《弱小民族》（一九九二）裡的〈抗暴的打貓市〉已翻譯為日文，題名為〈腐爛〉（三木直大譯）。宋澤萊分別以台語和中文寫成這部作品，收在同一本短篇集裡。他勇於以弱小民族的弱小語言書寫，可謂極大膽的嘗試。

在討論宋澤萊的小說世界之前，必須先談談現今台灣正面臨台語文字化的問題。這絕對不是「一義性」的問題。不同於北京官僚正式採用的中文，台語是為了對話而形成的語言，長久以來不曾具備文字書寫的傳統。

目前用來表記台語的方法有以下幾種：

1. 使用教會的羅馬字：這是基督教傳教士從十九世紀以來採用的方法，在字母上加注聲調記號，與現在的越南語採用的方法很相似。

2. 使用台語音標：這是第一種方法的變形，以一到七的數字取代聲調記號。

3. 漢字和字母混合使用：整體上像是日文同時使用假名和漢字表記的感覺。

4. 基本上全部使用漢字，不得已的時候可以用字母注記補全。

這四種方法裡，哪一種是最適當的呢？這是很難判斷的。在台語裡，有非常多北京話（中文）沒有的發音和字彙，很難找出完美的表記方法。一般的台語生活者、台語電影劇作家、文化人類學者、語言學家會依自己的立場及語言觀來決定自己要採用何種方法。附帶一提，宋澤萊在〈抗暴的打貓市〉嘗試的是第四種方法。

在花了許多篇幅介紹台語表記問題之後，在此先以中文引用這部短篇小說的開頭。

這是一個多颱風的季節。

第一天，當李國一從千刀萬剮的疼痛中醒過來時，他聞到了一陣一陣腐爛的味道，這陣腐爛的味道打從一年前就一直讓他和四周圍的人給聞到，且是一天比一天濃厚。他自個兒心理明白，這是他自己內臟惡化的臭味，如同他身體內已生長出一萬條白色蠕動的蛆蟲，吃去了他的心，肝，脾，肺，腎，一天又一天，他慢慢的變成了一堆腐肉，無法再新生，無法再復原。左鄰右舍，市裡市外的人們看到他這模樣兒的病狀，都大聲地叫喊著說：「哇！不得了！想不到，這個人竟然爛得這麼快！」

三木直大的日文譯文如下：

> 台風の多い季節だった。
>
> 一日目、身体中を切り刻まれるような激痛の中で目覚めた李国一は、強烈な腐臭を嗅いだ。この一年来、彼や周囲の人々が嗅がされてきたその腐った臭いは、日増しに強くなっていた。彼自身は分かっていた。それは内臓の腐敗する臭いだった。体内に数万匹の白い蛆虫が湧いて蠢き、心臓、肝臓、脾臓、肺、腎臓を食い荒らし、一日一日と新生も再生もするすべのない腐った肉の塊に徐々に変わっていくかのようであった。隣近所は言うに及ばず、市の内外の

人々が、彼のこうした病状を目にして、皆大声で叫んだ。「ああ、なんということだ。人間がこんなにもどんどん腐っていくなんて」

相對於此，以作者的母語台語寫成的原文如下：

這是一個厚颱風个季節。

頭一日，當李國一對千刀萬剮个疼痛中精神起來，伊鼻著一陣一陣漚爛个臭味，這個漚爛个味自從一年前就開始給伊家已合四周圍个儂鼻著，而且是一日比一日巧重。伊知影，這是伊家內臟惡化个臭味。親像值伊个身軀內有一萬隻白色个蟯蟯趖个蟲，呷去了伊个心，肝，脾，肺，腎，一日過一日，伊慢慢變做一堆爛肉，無法度閣再重生，無法閣再復原。厝邊頭尾，市內市外个儂看著伊个病況，都大聲喝喊，講：「哇！想膾俗這個儂會爛著遮緊！」

宋澤萊在這份台語原文裡做了仔細的注釋。

例如，相當於中文「的」（日文的「の」）的台語並不存在，故使用「个」以借用其發音。「儂」這個台語代表的是「人」的意思。「合」則是「和」或「一起」的意思。此外也用了許多意思大不相同的單字，如「風颱」是「颱風」、「精神」是「醒過來」、「家己」是「自己」的意思。從這裡可以看出宋澤萊的態度，那就是，即使必須進行如此煩雜的作業，但仍想希望台語文字書寫能夠形成一種文學。我可以感受到他的熱情。對於這片孕育自己的鄉土，他不單單只是將之作為表象的主題，而是要明確地提出其語言活動的強度問題。

對於語言發出異議之聲的宋澤萊，在一九八五年發表長篇科幻小說《廢墟台灣》。在發表當時，台灣仍處於戒嚴時期。作品刊出之後，過於荒誕的想像力和怪異的末世論的觀點引發毀譽參半的評價。這部恐怖預言作品真正受到注目，是等到絕版許久之後的二〇一三年重刊之時。眾所周知，這其間曾發生車諾比及福島核災事件。《廢墟台灣》是一部具有特殊結構的框架故事（frame story）。

時值二〇一五年三月，國際政治學家阿爾伯特和地理學者波爾乘著小船，在豪雨之中企圖接近這座經常發生地震的島嶼。隔天早上，兩人看到漆黑海面上出現一片黃色大地，不禁大喊：「喲呵！Formosa！」阿爾伯特想起以前所見的個性溫厚的、很有人情味的台灣人。政府透過電視宰制這些台灣人，他們不生氣、不動搖，一味地微笑著，默默地聽從政府的命令。

教授回想到，台灣在進入二〇〇〇年之後就完全改變了。在他離開台灣的二〇〇二年，台灣街頭狂亂吹起大量塵埃，天空被烏雲覆蓋。河川枯竭，海岸被大量油污包圍。此後過了數年，台灣與世界其他國家的聯絡完全被切斷，進入了鎖國時代。外國人禁止入境，國際貿易商業活動完全阻斷，但國內的產業以驚人的速度成長，都市有了高度的發展。

二〇一〇年時，流傳著一個消息，說台灣在一夕之間毀滅了，數千萬人快速滅絕。船隻禁止航行至台灣近海，整座島嶼變得又神祕又恐怖。兩位來自西歐的學者不顧禁忌，明知危險，卻在濁水溪口的海岸登陸。他們必須防備不經意來襲的怪異動物，那是一隻受到核能輻射而變種的野貓。

以前的農村有高度的建設，樓房整齊羅列，現在卻只剩殘垣斷壁，雜草叢生。阿爾伯特一邊回憶過去的種種，一邊在荒廢的村莊角落找到一位仍活著的人。那個人告訴他們，村莊的人快要死光了，並且建議他們讀一下他那英年早逝的弟弟所寫的札記。阿爾伯特取得這份札記手稿，構成這部小說的主要內容。

札記的敘事者李信夫在開頭寫道：「不知道為了什麼，我發現，我要寫下這些札記。」李信夫是少數存活的知識分子之一，雖然很善良，但帶有傾向妥協的性格。「最大的理由恐怕是我今天在電視上看到的情形。」

電視播出數千位居民正在巨大的建築物前抗爭的畫面。他們已經衰弱至極，黑衣特種部隊受命於「超越自由黨」，以武器鎮壓、驅逐他們。敘事者無動於衷地觀看這個悲慘的畫面，想起自己的人生及社會的變遷。

他小時候畫圖時，將太陽畫成黑色，因此受到大人責備。雖然還是小學生，但他已經發現天空的浮塵一年比一年厚，讓視線都模糊起來。那是核能輻射造成的。有些特定地區被宣布為「廢墟村」，禁止人們涉足。在二〇〇〇年，一次大規模的地震使三座核電廠同時爆炸，二十萬人死於核能輻射。自殺事件及肺癌急遽增加，台灣人的平均壽命一下子縮短成五十歲。海水受到廢液污染，土壤也被破壞殆盡。

超越自由黨便是從這個時期開始加強恐怖統治。對於黨提倡的「新社會」，已經沒有人有力氣去抗議了。只要有人舉發反黨分子，黨將會馬上將他判刑，每個人都變了，變得能夠愉快地觀看電視播出的這些畫面。人們的個性和體型漸漸地惡化。黨禁止集會、信仰、演講等行為，並制訂嚴格的法律以保護官僚的祕密。洗腦、拷問、脅迫等行為無所不在。它的黨徽是「不」記號，有人猜測意指禁止的意思，也有人認為它實際是「示」字少一橫的意思，「示」就是「神」，意思是要在精神層面將人們加以束縛。上個世紀提倡人的生命和尊嚴應受到尊重，但這種想法在新世代已成為笑柄。大部分的人都停止思考，只有少數仍活著的知識分子，一邊在恐懼黨的情緒下，一邊努力追求眼前微小的目標。

在這種絕望的情況下，敘事者愈來愈懷念過去的日子。當然，也有人對於這種一黨獨裁的作法抱持懷疑的態度，但畢竟只是少數。敘事者心儀的對象小惠偷偷地收集關於泅泳、偷渡、闖關成功的剪報，計畫著如何逃出台灣島。敘事者的家族有一種遺傳基因，每一代的人活到四十歲時，就會失去一部分的感官知覺。他因為這個宿命而變得優柔寡斷，小惠則嫁給了別人。「粉腿大樓」是一棟十層樓的快樂殿堂，集結了美食、按摩院、成人樂園、藥物等人類所有享樂的東西，隨時等待人們光臨。也可以說，這是一個倒反過來的地獄構圖吧。人們一層一層往上走，來到古典音樂演奏廳時，對著演奏者投擲水果和雞蛋，以此為樂地哈哈大笑，最後音樂會以柴可夫斯基的《悲愴》作結束。敘事者頭腦朦朧不清，看著這裡發生的所有一切。

簡而言之，這部作品可說是台灣文學裡最早的反烏托邦小說。它讓我立刻聯想到喬治・歐威爾（George Orwell）的《一九八四》。但若考慮到，在盛行瘋狂行徑的社會中，只有敘事者一個人欲保持理智清醒，卻反而被當成是瘋子的狀況來看，則不得不想到芥川龍之介的《河童》。敘事者每次一有機會就提到這部短篇小說，不斷陳訴這個完全顛覆常識的恐怖社會的圖像。

如同前面提到的，《廢墟台灣》作為近未來小說而受到極大關注是始於二〇一三年。在台灣，包含恆春在內的三座核能發電廠陸續爆炸，整座島嶼都受到核能輻射污染，變成了與世界各國完全隔絕的廢墟。讀者若想正確了解宋澤萊描繪的圖景有多深刻，必須經歷福島核災的爐心熔毀事件才行。對於這個啟示錄小說感到驚嘆的，不只是台灣人。這部長篇小說所寫的事情，例如制訂祕密保護法、創造享樂大樓、社會上蔓延著的政治冷感等等，在現今二〇一〇年代的日本正真實上演著。正在寫這篇文章的我，對於這個事實感到複雜的情緒。所謂廢墟台灣，其實講的不就是廢墟日本嗎？

回憶楊德昌

對於楊德昌（Edward Yang）的《牯嶺街少年殺人事件》在東京國際影展上映，我至今仍記憶猶新。那天是一九九一年九月二十八日。

影展對於這部電影的歸屬傷透腦筋。中國大使館事先提出警告，如果官方使用「中華民國」或「台灣」名稱的話，本次影展的所有中國電影會全部撤掉，而且今後不再參展。

影展不得已只好偽造《牯嶺街》的出身地，以「日本美國合作電影」這個根本不存在的曖昧名稱上映。而這部電影仍然獲得評審團特別大獎。

在影展最後一天的頒獎典禮上，楊德昌站在台上對著麥克風沉默了一段時間，接著，像是要反擊之前所受的屈辱似地，他以簡潔的英語堂堂正正地說：「我是來自台灣的導演，而且這是一部台灣電影。」

整個會場瞬間響起歡呼聲，我對他（當時）的太太蔡琴道了一聲恭喜。會場上很多的台灣人、以及知曉這部電影上映前曲折過程的少數日本人，都拚命地鼓掌。

我第一次觀賞楊德昌的《恐怖分子》，是在拍攝後隔年的一九八七年。當時我在哥倫比亞大學擔任客座研究員，沒有做任何準備功課，就在曼哈頓中國城的新都戲院看了這部具有歷史意義的電影。

這是一部從片頭開始就充滿張力的電影。一個以攝影師為志願、年輕的資產階級男子和他的女友裸身在床上，女友正讀著一本散文集。化驗師與女小說家滿臉倦怠，以冷淡、沒有愛意的口氣交談著。一把槍從公寓窗口伸出，房間裡傳來嗚咽的哭聲。警車鳴笛來到現場，戴黑眼鏡的警長指揮逮捕犯人。但是，沒有人知道到底發生什麼事。或許是受到強烈的直覺督促，那位資產階級青年趕到現場。在槍擊戰當中，一位混血少女企圖逃走。她未及深思地從樓上往下跳，導致腳部骨折。青年情不自禁地連續拍下她的姿態，悄悄地將她送往醫院……

同一時間點在不同場所發生的四起事件，每個鏡頭沒有因果關係地串連起來，故事一直進行下去。不知所云。在美國的電影學校，一定會教導學生說這是絕對不允許的「錯誤串接方式」。非但如此，為電影故事賦予基礎性的時空整合性，在電影一開始就整個地瓦解了。

影像的殘缺片段像是兩道謎題互相拉扯、纏繞著。青年不願等候徵兵通知而四處遊蕩。痛恨母親的混血少女逃脫軟禁狀態，在街頭青澀地模仿妓女的模樣。女小說家正陷入極度消沉的情緒裡，以為丈夫有外遇而開始分居。少女拿著電話簿隨機亂打電話，這個契機讓女作家寫出一部出色的長篇推理小說。有一天，少女突然想要去看看以前住過的公寓。那裡整面牆上貼滿了少女的相片。她與那位攝影師青年有了一夜情之後，便像小鳥似地飛走了。青年回到自己富裕的家中，徵兵通知寄到了。就像模仿自己創造的小說情節那樣地，小說家被自己的丈夫射殺了。

我想要試著說明《恐怖分子》的情節，卻很不順利。其實本當如此，因為這部電影完全無視於一般電影必須流暢地講述故事的這個要求。每個鏡頭都讓觀眾置身於截然不同的空間所發生的事件裡，而且在所有事件還未結束時，又被帶往後面的鏡頭。好幾條分出去的故事線終於纏在一起，一個虛構的臉龐於焉浮現。那是一張名為台北的都市之臉，一個突然進入高度消費的社會、必須面臨軍事不穩定狀態的都市之臉。

真是一部很棒的電影。我告訴自己，為了接受這部電影，我必須忘記原本建構好的關於電影的所有體驗，才能夠對這部電影做出評價。

隔年，從紐約回到日本的我，在池袋的西武百貨公司裡一家小小的電影院「Studio 二〇〇〇」發現《恐怖分子》即將上映。經過一番緊急聯絡，我得以在上映後做一場演講。一九八〇年代末期是台灣電影開始被介紹到日本的時期，最受歡迎的主要是侯孝賢拍的那種懷念的、善良的庶民生活及由此而生的鄉愁。楊德昌那種以後現代為主題的都市風景，完全不符合舊宗主國電影迷的期待。在侯孝賢拍出住在日本房子裡的一家人面臨沉潛的命運轉變的電影之前，《恐怖分子》獲得的評價只是一部晦澀難懂的前衛電影。日本人期待台灣的，只是像小津安二郎那種關於自己喪失之物的懷舊情感，至於超出於東京之外的、具匿名性及庸俗性的，天羅地網一般開展的後資本主義社會的影像，則不為他們所關心。

就在此時，聽說楊德昌要以自己少年時代的故事為主題，拍一部史無前例的大規模作品。故事發生在一九六〇年代初期，台北的混混中學生分為本省人及外省人兩陣營，他們找到日本人離去時留下的日本刀，拿來互相殘殺、嚴重鬥毆、甚至鬧出殺人事件。當時國民黨為了反攻大陸而努力地軍事演習，少年們卻熱衷於貓王的曲子，以及和女孩們跳舞。但是陰暗處有一個少年，他在期待與失望、屈辱與孤獨的情緒中翻騰，走向毀滅之路。楊德昌選擇的故事是，台灣光復後震撼社會的第一宗真實少年殺人事件。外省籍低階公務人員的兒子來到市場，在眾目睽睽之下殺死一個更貧窮的少女，那是一位與母親相依為命的外省籍單親家庭的少女。那時，楊德昌與這個少年同為國中夜校一年級生，即使過了三十年，仍然耿耿於懷。

電影《牯嶺街少年殺人事件》於一九九一年完成，距《恐怖分子》已過了五年的歲月。這部長達四個半小時的電影是極具野心的嘗試，燈光仔細地照在眾多少年當中的一位，試著讓台灣現代史的矛盾立體化。這部電影的初次試映是在東京調布的顯像所，川喜多和子介紹我與楊德昌認識。我覺得他很有城市男孩的味道，個子很高，很適合戴棒球帽的一個人。

可能是我們兩人年齡相仿，沒花多少時間，我們就很熟了。我針對電影的細節提出了很多問題，他卻反過來要我提供日本漫畫的最新訊息。他說他是台灣第一代漫畫迷，有一段期間曾在漫畫雜誌社擔任編輯工作。他當眾聲言「我尊敬的人物是手塚治虫老師」，並且將自己開設的製作公司命名為「ATOM PRO」。這讓我想起，一九六〇年代中期日本實驗漫畫雜誌《GARO》創刊時，有一位台灣少年以日文投稿至讀者欄，他說從台灣匯款到日本很困難，可不可以改寄鳳梨酥當作訂購費。楊德昌可能跟這個少年一樣，屬於傾心日本漫畫的那一個世代的人。他很期待和漫畫家合作，畫出一部關於《牯嶺街少年殺人事件》裡每一個少年的故事。

我們最常交流意見的時期是在一九九〇年代前期到中期之間，若以他的作品來看，則是從《牯嶺街少年殺人事件》到《獨立時代》、《麻將》（日本發行名稱《カップルズ》（伴侶））之間的時期。我曾經在電影評論集《電影風雲》中用一整章介紹他的作品。《電影風雲》出版之後，他若無其事地將此書擺進《獨立時代》登場人物的書架裡。我說到此事，他笑笑地說：「哎呀，那時身邊找不到適當的日文書。」就這樣含混過去。我已無法正確記得那一陣子的對話是在何時何地進行的。雖然我們也曾經為了配合電影公司需要而做過正式訪談，但除此之外，大多是漫無目的的各種閒聊。

在東京、在台北、在香港、還有在山形，我們總是不期而遇。我們彼此發現對方，以「喲，什麼嘛，你也來了啊」的口吻，輕鬆地聊了起來。那一次，他以山形國際紀錄片電影節評審委員的身分前來。我在飯店正打算吃早餐時，已先坐下的楊德昌對我招手。他意氣昂然地跟我說，想拍一部以宮澤理惠為主角的電影，戲裡會有四位台灣男生守候著她。然後，他用有點令人訝異的聲音問我，你知道一位叫詹明信（Fredric Jameson）的美國人嗎？他說，這位美國人以他為主題寫了好幾十頁的長篇論文，發行了單行本，這本書最近剛寄到。

我向他說明，詹明信是世界知名的美國馬克思主義思想家。「耶，是這樣啊！」楊德昌回答。「但我看不懂他對於《恐怖分子》是讚賞還是批評。他的文章太難懂，即使身為導演的我也完全無法理解。」

那天下午，我偶遇一位來自菲律賓的獨立電影導演奇拉・塔西米克（Kidlat Tahimik），我和他是舊識。他也提到詹明信針對他寫了很長的評論，但看不懂在寫什麼。這位提倡後現代美學的知名思想家將兩位導演喻為與尚盧・高達（Jean-Luc Godard）同為「生活在高度資本主義社會裡的典型影像作家」，而我竟然在日本的地方型都市、在同一天偶然地遇到這兩位導演，我不禁苦笑了。他們兩人對於詹明信以艱澀的專門術語長篇大論地解說自己的作品，卻是無法理解。

楊德昌那天早上提到的電影，最後並非由宮澤理惠主演。宮澤理惠的婚姻出了狀況，對於她是否息影之事在日本引發了極大的騷動，楊德昌只好找了一位法國少女演員代替。那就是一九九六年完成的《麻將》。

楊德昌一生當中只拍了七部長片及一部短片電影，但長片電影的長度多為三到四個半小時，超出常規的長度。我覺得他沒有商業考量，不考慮是否合乎預算，這些電影是以別的目的製作而成的。再者，每一部電影的結構完全不同，新片之後又是一部新片，觀眾好像在看不同導演拍出的電影。他不重複相同的事情，總是以令人驚訝的手法不斷拍著電影。

楊德昌為電影取的題名也蘊含了重大的意義。他在建構一部作品時，總是將英文題名作為重要線索。中文和英文題名之間的差異很大，有一條鴻溝橫亙其中。這種蒙太奇手法成為理解作品結構的線索。以下讓我們來看看幾部作品的題名。

舉例而言，第一部長片《青梅竹馬》的英文題名是*Taipei Story*。「青梅竹馬」在中文的意思是騎著竹馬一起遊玩的好朋友，也就是從小一起長大的兒時玩伴。兩個題名的衝突感凸顯了一個故事結構：在台北舊市區迪化街長大的少年和少女，面對急速經濟成長的現實台北，感受到一種失落感，為期過長的春天以無法結出果實的形式告終。楊德昌曾經跟我說，拍這部電影是為了向逐漸消失的迪化街致敬。電影的結尾是，從清朝時期開始繁榮的這個地區，乾貨店和中藥行等建築物籠罩在燈光下，靜靜地映出人們的大頭照相片，又靜靜地消失而去。這是一部充滿了厚重記憶及鄉愁情懷的電影。

下一部作品《恐怖分子》（*The Terrorizers*）裡，則完全沒有任何記憶。這部電影裡的台北不再有任何人的感情，都市那種匿名的表面性已經被前景化了。出場人物體驗自我與自己影像之間的乖離感，像身分不明的亡魂四處浮游著。因為那個他們可以繼續停留在固定場所的記憶，早已被剝奪了。

到了《牯嶺街少年殺人事件》，事態更為翻轉。這是一部深深扎根於台灣現代史的電影，主題是一九五〇年代至六〇年代期間本省人與外省人之間的對立，以及這種對立被帶進社會新階級秩序時造成的傾軋狀況。導演和美術總監做了徹底的時代考證，想要透過這個方式重新呈現的是，在歷史上被忽略的這個時期裡生活在台北的那些邊緣化的少年少女們的感情。英文題名*A Brighter Summer Day*是一句文法奇怪的英文，取自當時流行的貓王所唱的情歌當中的一句歌詞。整部電影很執拗地不斷重複傍晚到夜晚之間的場景，卻使用了「更明亮的夏日」這個題名，襯托出一種強烈的諷刺性。

到了《獨立時代》，舞台又回到謳歌後現代時期的現代台北，但與《恐怖分子》剛好相反，出場人物們的形象被賦予一種強烈的遊戲性，他們欠缺鮮明的個性，像一種記號，可以被任意替換。像日本戲畫似地，他們呈現台灣的多語言狀況，交替使用台語和客語，不斷地重複庸俗的成功和沒落。英文題名是*A Confucian Confusion*，字面上的意思是「儒者的困惑」。這種兩個字音相近的文字遊戲似的題名，意味著漢人傳統共同體的觀念正急遽相對化，每個人各自的個人主義式的意識形態都沾染了庸俗的氣味。當然，其中也暗示了當時的政治狀況，國民黨一黨獨裁時代結束，民主化的進展將促使台灣獨立風潮抬頭。

楊德昌的遺作《一一》的英文題名是*Yi-Yi*（*A One and A Two*），日文題名則是取少年主角的名字，譯為《ヤンヤン　夏の思い出》（洋洋的夏天回憶），感覺是模仿《冬冬的假期》的日文題名《冬冬の夏休み》（冬冬的暑假）。日文題名應是源自台灣的夏天印象，這種簡單的命名方式應該可以忽略。這部電影講述住在台北的一家人在一整年經歷的婚喪喜慶，將世界的希望寄託在孩子純潔無垢的思考裡。作者將中國哲學起源觀念「一」及後續發展的意義加諸於中文原題。叫作洋洋的少年仰頭看著大人們的世界，並將腦中的哲學思考講了出來。在這當中，我們可以窺知他的哲學思考的原貌，因此我們可以由此推測：兩個題名之間的微妙差異，展現著的是思考的運動。

我對於楊德昌的回憶，在一九九六年他發表《麻將》之後就中斷了。我覺得這部作品像是以前日活New Action電影那種令人感動的不良少年電影。很可惜的是，楊德昌非常忙碌，已沒有機會像以前那樣漫無目的地閒聊了。而我的狀況是，在亞洲電影研究告一段落之後，開始深入探討即將進入二〇〇〇年代稍早之前的日本電影在歷史實證方面的問題，所以有一陣子不再對台灣電影進行定點觀測的作業。

那麼，楊德昌在這段期間做了什麼事呢？

他為香港藝術表演團體「進念．二十面體」編寫舞台劇劇本並擔綱演出，並表示要與成龍合作製作一部名為《追風》的功夫片。他宣布要從事長久以來的夢想——動畫片，並且由日本動畫公司出資。另外，也有跡象顯示他打算進軍電視遊戲。

他嘗試這些多面向的挑戰，意味著什麼呢？在我看來，他應該有點厭倦實驗性的電影製作工作，心中的焦躁驅使他必須找出新的作法。《牯嶺街少年殺人事件》雖然獲得被譽為台灣奧斯卡金像獎的金馬獎，但一般對於此片的評價是故事太長、看不懂等等。他之後的作品在國外的國際電影節也大受好評，但是在台灣卻無法掀起話題，因此找不到願意出資的台灣人。他長期住在美國，也是負面因素之一。楊德昌對於台灣的電影市場及觀眾感到失望，也經常批評電影評論家。也因為如此，他與台灣媒體的關係惡化，待在祖國讓他感到強烈的孤立感。他後來甚至與深受台灣人喜愛的歌手蔡琴離婚，帶著年輕的音樂家前往美國，此事讓情況更加惡化。這使得《一一》至今都無法在台灣發行上映。

我感覺楊德昌的晚年相當孤獨悲慘。二〇〇〇年拍完《一一》之後不久，他被檢查出罹患大腸癌。當時做了手術順利摘除，但三年後發現癌細胞從大腸轉移到肝臟，後來又擴散至肺部。他放棄與成龍的合作計畫，全家搬到美國，專心治療。但是努力的結果卻是在二〇〇七年六月因癌症轉移至腦部而死亡。那時的他再過幾個月就要滿六十歲。即使在醫院的病榻上，他仍每天繪製動畫的故事情節圖板。那是關於少女與小狗之間的感情的故事，題名為《小朋友》。

某天早晨，我在報紙的死亡記事欄看到楊德昌的名字。我們最後一次見面是在台北一家裝潢高雅的雞蛋料理餐廳，已經悠悠過了十年。一位負責電影節工作的朋友在東京國際電影節借了場地，打算播映他的所有作品以作為追悼。但由於楊德昌的電影播映權過度分散且複雜，以致於無法完全取得，也使得這個努力化為泡沫。DVD也一度絕版，就再也沒有下文了。台灣的情況也一樣，我的朋友們只能透過一再盜版複製的片子才能觀賞楊德昌的電影。以前喜愛楊德昌作品的人們，每當有新作品推出便趨之若鶩，在兩種層面上都失去再次接近他的機會了。

楊德昌去世六年之後，我再度來到台北，跟幾位認識他的朋友們聊起他。一位評論家說，晚年的楊德昌總是以很傲慢的態度責備工作人員及口譯員。他看起來很焦躁，但仍然很努力，想要做好導演及藝術家的工作。他可能對於台灣不抱任何期待吧。他換了老婆，又全家搬到美國，應該是這個原因。這位評論家慎重地遣詞用字，如此說道。

身兼舞台劇及電影導演的詩人鴻鴻，很坦率地談到他受到楊德昌的影響。我在本書後半段會另闢一個章節專門介紹鴻鴻，他曾擔任《恐怖分子》副導演，也曾參與《牯嶺街少年殺人事件》劇本創作。他說，他是受到楊德昌的薰陶而走入電影界的：

我和楊德昌都超愛法國新浪潮電影。台灣那時還是戒嚴時期，他得知這些訊息，並且為台灣的新電影做了很大的努力。我從高中時期就很喜歡藝術電影，夢想將來要拍這樣的電影，楊德昌是值得依靠的。

在看了《海灘的一天》這部兩小時四十分的電影之後，我就明白不必去法國學電影，只要跟在楊德昌身邊學習就可以了。當時還是學生的我自願擔任《恐怖分子》的副導演，楊德昌和我討論，幫忙修改我寫的對白，也教我電影編輯方法。我學會如何將日常生活的描寫不斷重複再重複，逐漸地予以變形、推展下去的方法。對我而言，楊德昌是一種很像父親的存在。也因為如此，我現在的課題是要設法逃離他的影響，這是一件很辛苦的事。

我從鴻鴻那裡得知楊德昌曾經有過很多計畫，但能夠實現的只是少數。其中也包括最後由李安完成、廣受世界各地好評的《色．戒》（*Lust, Caution*）。楊德昌打算將張愛玲的這部短篇小說拍成電影的構思形成於《牯嶺街少年殺人事件》到《獨立時代》之間的時期。楊德昌具有高度的熱忱，他說拍攝地一定要在上海，甚至寫出了長達十五頁的企畫書。在籌措資金方面，他也十分拚命。如果他能拍成的話，應該與現在李安拍出的截然不同吧。他應該會找張曼玉當女主角，並且會細膩描繪女主角的心理變化，片長應該會長達四小時吧。可惜當時台灣人無法在中國自由拍攝，這個計畫因而泡湯。

另外有一個人也跟鴻鴻一樣，也是跟著楊德昌學習，就是《賽德克．巴萊》的導演、《KANO》的監製魏德聖。不同於楊德昌的作風，魏德聖雖然以歷史事件為主題，但更重視娛樂性，偶爾也會訴諸鄉愁情懷。他那種不具備影迷氣質的特點，跟鴻鴻恰好相反。兩個人材從楊德昌門下脫穎而出，可以看出楊德昌在電影方面的寬度和深度。

讓我們再看看鴻鴻怎麼談楊德昌：

我第一次擔任導演是在一九九〇年代後半期，那時台灣電影景氣正降至谷底，楊德昌也是在這個時期開始對台灣感到絕望。楊德昌激進地分析時代的社會性，認為故事情節雖然簡單，但必須從政治脈絡徹底追究。我心想，這是多麼嚴苛的態度啊。因此，我反而想在電影裡追求自由。想要逃離楊德昌，實在是非常辛苦的事。現在台灣的電影市場總算有所好轉，但也無法回到《悲情城市》和《牯嶺街少年殺人事件》的時代。

有一天我突然有一個念頭，想去《牯嶺街少年殺人事件》的殺人現場看看。關於一九六一年發生的那個事件，已經有人詳細調查事件始末並且出書，由此書可以明白，楊德昌電影裡的人物與現實相關人士之間確實有所差異。

少年刺殺少女的地點是牯嶺街五巷十號。據說他當時大喊著「妹妹被殺了！妹妹被殺了！」少年被逮捕之後，最初被判十年徒刑，一度減刑至七年，最後以十年定讞。最後，他在一九七一年出獄了。

從我住的金華街後面走路約十分鐘，就可以到達牯嶺街。從我常去搭車的捷運古亭站再往前走，就會來到這條很長的街道，台北植物園就在旁邊。日本統治時代有很多日本人住在這裡，這裡設有憲兵隊總部。電影主角就讀的名校——建國中學現在仍存在，就位於附近。日本人離開後留下的大樓在國民黨時期成為美國的通信社。現在這一帶除了憲兵隊變成小劇場之外，還有四處皆可見到的公寓建築。這附近有一座郵政博物館，因此附近有幾家賣郵票和古董的小店。之所以會有古董店，或許跟以前是日本居住的地區有關吧。日本人在戰敗返回日本時將家具和古董書畫留在台灣，有的商人專門從事這種買賣生意，便在此地開設店面吧。

我很快就找到牯嶺街，但殺人現場的地址卻是不存在的。我在熱鬧街道的巷弄裡找到五巷八號，但遍尋不到那重要的五巷十號。我問了附近的居民，都說沒有這個門牌號碼。真是令人目瞪口呆的狀況。我再試著到舊憲兵隊附近走走，仍然一無所獲，只好死心回去了。

楊德昌在籌備電影期間，或許曾經追查那位少年犯後來的狀況，最後應該只是徒然浪費時間吧。不過，楊德昌確信那個少年還活著。我試著想像，說不定他移民到美國，曾經在紐約的唐人街觀看以自己為原型的這部電影呢。這個少年服滿刑期、恢復自由身之後，是否曾經重返牯嶺街呢？當然，這個想像不可能有答案。

阿爾發城的詩人　鴻鴻

尚盧・高達的科幻電影《阿爾發城》裡有一幕唯美的場景。

在這個未來社會裡，人們長期被禁止說出「愛」這個字，漸漸變得不懂得什麼是愛。埃迪・康斯坦丁（Eddie Constantine）主演的私家偵探闖進這個社會，遇上安娜・卡里娜（Anna Karina）。為了讓她了解何謂愛，他給了她一本保爾・艾呂雅（Paul Éluard）的詩集《痛苦的首都》。她不明就理地收到這本詩集，開始朗讀起來。在電影最後，雖然發音仍顯生澀，但她終於能夠說出「我……愛……你」。私家偵探帶著她逃離了即將崩塌的未來都市。

當我還是高中生的時候，第一次在電影院看到這部電影，感覺這部電影描繪的是所謂「詩」應有的理想情狀。「詩」必須在某處與希望有所連結才行；「詩」必須讓能夠將「詩」說出口的人們更往前進才行。然而，要與這樣的詩集相遇，機會是稀少的。長久以來，我早已忘卻一本詩集在《阿爾發城》發揮的作用。

當我拿到鴻鴻的詩集時，在我心中甦醒的，是那個早已忘卻的光景。我被一種奇妙的預感所擄獲：這個詩人在寫詩的時候，心裡是不是想著一個未來圖像呢？那圖像是「埃迪．康斯坦丁可能將自己的詩集交到安娜．卡里娜手上」。鴻鴻的詩作給我的印象是，在他的世界裡，詩並沒有與希望分離。我心想，能夠遇到這樣的詩人算是很稀奇的。

在日本，作為電影導演身分的鴻鴻是較為有名的。

剛開始，他只擔任楊德昌的副導演，後來終於能夠參與楊德昌的大作《牯嶺街少年殺人事件》的劇本編寫工作。在三十四歲的時候，他以《三橘之戀》（一九九八）導演的身分初次登場，那是一部具有不可思議風格的青春電影，獲得三大洲電影節最佳導演獎。後來他導演三部敘事電影，其中《穿牆人》（二〇〇七）在東京國際電影節獲得極高的評價。身為電影評論人的我，最早認識到的，便是身為楊德昌弟子的鴻鴻。他最早以詩人身分正式被介紹到日本，起於三木直大編譯的《新しい世界——鴻鴻詩集》（新世界——鴻鴻詩集，思潮社，二〇一一）。

我受聘台灣清華大學客座研究員時，其中一項研究計畫是要選擇一位台灣文學家，在課堂上與這位人物對談。對我而言，這是能夠公開對這位人物進行訪談的大好機會。我毫不遲疑地請大學這邊向鴻鴻詢問意願，鴻鴻也爽快地答應了。在對談當天，他在我的面前朗讀詩作〈母語課〉，並談到自己對於詩和語言的看法，以此作為對這首詩的說明。

〈母語課〉是背負著複雜陰影的一首詩，詩不長，全文如下：

媽
我聽不懂你說的話
被打的時候
叫聲倒是和我一樣

沒有一堂課教你的語言
沒有童話發生在你的家鄉

禮拜天也不准放假
爸爸說你又不是佣人

我恨你
讓我的國語和母語都比人家差

我在你的異鄉長大
也成了你的異鄉人

可是我偷偷愛聽你唱的搖籃曲
那裡面有水光，有市場，有奔跑濺起的泥漿

有鄰家男孩的眼睛
還有天堂

鴻鴻是一九六四年出生於台南的外省人子弟，父親是山東人，母親是浙江人。雖然同為中國話，但父母說的話在發音和語調上有很大的差異，與正統的北京話也大相逕庭。如果說他的母親在家中會壓抑自己不要講浙江方言的話，那麼對於鴻鴻而言，母語是怎樣的一種語言呢？國民黨政權的教育方針要求小學的所有學科全部要以北京話教學，情況果然就如「沒有一堂課教你的語言」這句詩所描述的。

當地本省人的孩子們在放學之後總是以台語大聲地嘻笑遊戲。當鴻鴻寫下「讓我的國語和母語都比人家差」時，絕對不是出於社會學的統計資料，而是出於個人在語言上的孤立所做的真心告白。話語上的孤立促使他轉往詩作這種書寫方式，這是不難想像的。以母親無法理解的語言進入母親無法理解的知識世界，使這首詩的敘事者「成了你的異鄉人」。他因為小時候被限制講母語而對母親說了「我恨你」這樣的話，但在此同時，他在限制之下也聽到了母親「吟唱的搖籃曲」，讓他懂得如何欣賞世界的生之歡喜和躍動。這也是一種本應到來的救贖的可能性。藉由「偷偷」「聽」著母親原本的語言，讓他得以從痛苦和屈辱之中恢復自我意識。

就歷史觀點來看，台灣是一個多語言的社會，可概略分為台語和國語的對立，後者對前者造成的壓迫成為今日漢人社會的絆腳石，此事在本書已經提過。鴻鴻這首詩從細部寫出了一個人不得不生活在不可言喻的語言孤立狀況，活生生地表現那種痛楚感。不過，並非只有本省人才體驗到那種因歧視造成的屈辱感，屬於少數派的外省人，亦仍記憶著少年時期內心留下的那道深刻的傷痕。

行文至此，我想起另一位因這種語言孤立而轉向詩作的詩人，他是皮埃爾・保羅・帕索里尼（Pier Paolo Pasolini）。我以前在博洛尼亞大學客座研究時，利用一段不算短的時間翻譯帕索里尼的詩作。這位義大利詩人被判侮辱天主教罪，在入獄之前以母親為對象寫了一首詩〈為母親祈禱〉。我想將這首詩拿來與鴻鴻的詩作個比較。「母親，您的愛讓我成了奴隸。／／我度過了奴隸的孩童時代／數不清的束縛，無法挽回的教養／／那是參透人生的唯一方法。」

帕索里尼談到母親，也提到少數語言。他的母親是弗留利人，在屬於威尼斯（Venezia）方言的義大利語和弗留利語的環境下長大。弗留利語是一種稀有的語言，保留拉丁文最古老的形態，只有義大利北方某一處鄉下地區的人才講這種語言。昔日年輕的帕索里尼曾經倡議復興這個還沒有正式文字的弗留利語，並且以弗留利語創作詩歌長達十年之久。他曾將自己的處女詩集獻給完全不懂弗留利語的父親。當他改以義大利文創作詩作之後，才開始成為享譽世界的詩人。在少數派語言的孤立性、以及將之與母親產生連結這些方面，鴻鴻與帕索里尼之間有著強烈的相似性。

與鴻鴻談了一陣子，我便發現我和他之間有著很多類似的經驗。不只是他驚嘆於楊德昌的電影並且成為好朋友這件事，而是，我這二十年來經歷過的見聞，也都收在他的記憶之中。

二〇〇四年，我在台拉維夫大學進行客座研究時，經常拜訪巴勒斯坦。在稍早之前，也就是在發生第二次巴勒斯坦人大起義的二〇〇〇年，鴻鴻也到過巴勒斯坦。我們分別以各自的語言將這段體驗寫入詩中。我在西岸看到一個手持炸彈的少年，寫下「雖然被全世界的人盯著看／卻也被所有人遺棄」的同時，鴻鴻寫了「一個孤兒敲碎奶瓶／做土製炸彈」（〈土製炸彈〉）。我曾在因分離獨立而風雨飄搖的科索沃難民營執過教鞭，鴻鴻則受到某種直覺催促而造訪面臨分裂危機的南斯拉夫。不過，最令我感到驚訝的是，他在一九九〇年代末期將帕索里尼的劇本《卡爾德隆》（*Calderon*）以中文題名《夜長夢多》翻譯出來，並且親自登台演出。

帕索里尼在日本也是以電影導演的身分知名，但他五十二年的生涯裡，其實還留下了六部劇本。每部劇本的結構都相當複雜，若不清楚一九六〇年代後半期至七〇年代義大利的政治社會脈絡的話，很難看得懂。在日本，《卡爾德隆》要等到二〇一三年川村毅成功演出之後才引起話題。說實在的，鴻鴻獨具慧眼地選了這個作品，不但獨自翻譯，還將之搬上舞台，讓我不得不為之驚嘆。除此之外，他同時還從事尤內斯庫（Ionescu）、法斯賓德（Fassbinder）、艾力克．侯麥（Eric Rohmer）等西歐戲劇叢書的翻譯及編輯工作。在我遇到他的時候，他正在排演布紐爾（Luis Buñuel）專屬劇作家尚克勞．凱立瑞（Jean-Claude Carriere）的戲劇，即將在國家戲劇院上演。他那時專程挪出時間跟我見面。我震懾於鴻鴻對於戲劇的高度熱情和那炯炯有神的雙眼，同時奇妙地領會到，原來是這樣啊，他的出發點果然有帕索里尼的存在。

帕索里尼的《卡爾德隆》，名稱取自十七世紀西班牙劇作家卡爾德隆的名字，他以《人生如夢》這部傑作聞名於世。《卡爾德隆》講述一位女性一直夢到連續性的夢境，在這當中過著各種不同階級的數種生活。作品透過這種轉生的故事，質問階級鬥爭和激進團體的恐怖攻擊行為的對或錯，對於義大利國內即將發生激烈鬥爭的不穩定氣氛進行分析。我沒有實際看過這齣戲的演出，只能用猜的，但我覺得鴻鴻可能是想要反映因統獨問題而激烈動盪的二〇〇〇年台灣局勢，才會選擇帕索里尼的這部作品。我另外有一個想法：這部戲劇表現了夢境與現實的層層疊疊、凌駕理論性的因果定律，或許會在鴻鴻後來的電影作品裡留下一些蹤跡。

鴻鴻的第一部電影《三橘之戀》拍攝於台灣電影景氣最低迷、任誰都看不清未來的一九九八年，受到法國新浪潮風格強烈影響。兩個少女和介於她們之間不知如何是好的少年，一切都未能確定的情況下，他們度過了青春時光。為了避免打破危險的平衡，還是先保持現在的關係就好。這樣的心態有可能是反映了當時台灣政治的緊張情勢。多年之後，男孩與另外的女孩結婚，他在新婚之夜想起過去的那些日子。這樣的架構令我最先聯想到的是法蘭索瓦・楚浮（François Truffaut）的《兩個英國女孩與歐陸》。這部電影的出現使台灣電影出現一絲希望。

九年後的二〇〇七年拍攝的《穿牆人》，講述了一個在現實世界與幻想世界之間複雜交錯、像是高達的《阿爾發城》及《卡爾德隆》重合而成的多元宇宙空間裡的戀愛故事。故事背景是人們因為地表過度荒廢而避難至一座名為「實境城」的都市之後的世界（這個背景設定讓我聯想到一九四九年大批中國難民從大陸遷移至台灣的狀況）。主角少年小鐵有一次參加校外教學，在附近撿到一顆奇妙的石頭。藉由這顆魔法石，他能夠在滿月之夜經由夢境前往別的世界，那是一個被草叢覆蓋的洞窟世界，令人聯想到女性的性器。他期待著，心想現在自己身處之地或許是已被荒廢棄置的原來的那個世界，但一切卻那麼不明朗。

有一天，小鐵在博物館遇到戴著助聽器的少女諾諾。她說她的耳朵戴著助聽器可以聽到聲音，但反而會對周圍的雜音感到困擾，很想要回到寂靜的世界。諾諾只對過去的事感興趣，總是一直看著存在手機裡的影像。小鐵擔心地問諾諾：「二十年後妳還會記得我嗎？」

接著，小鐵拿著石頭，潛入異次元世界的洞窟，遇到皮衣墨鏡裝扮的眼盲少女雅紅。雅紅說她要對父親進行復仇，整個人充滿著攻擊性。她遇到小鐵之後恢復了視力。小鐵拿楓糖巧克力給她看，為她說明色彩（小鐵吻了雅紅之後，原本的黑白畫面突然氾濫著色彩。我發現導演對於高達的《期待／公元二千年的愛情》及《阿爾發城》記憶散見於此部電影之中，不禁莞爾一笑）。後來雅紅跟小鐵更換身分，住進小鐵在實境城的家中，扮起了女兒的角色。另一方面，小鐵被留在荒涼的異次元世界。

在電影尾聲，小鐵從大巴士車窗向往眺望外面的荒野，看到雅紅在後面拚命追著。窗戶其實就是螢幕。他拿起從不離身的魔法石敲著窗玻璃，終於回到了實境城。小鐵回到高中上課，重複一成不變的無聊生活，老師正在講莊周在夢中變成蝴蝶的故事。時光過了二十年，小鐵成了一個平凡的上班族，參加員工旅行來到不曾去過的觀光景點。觀光區有一座巨大的鹽山，他發現這是他以前曾經到過的異次元世界。而且，那裡出現了跟二十年前一模一樣裝扮的諾諾，卻是一個日本人。主角雖然再次遇到諾諾，但是她完全不記得小鐵。他們不再能以手語對話了，電影就此落幕。

鴻鴻曾經跟我說過：

巴勒斯坦也好，南斯拉夫各國也好，如果說我能夠對世界上的弱勢族群有著深刻的認識，能夠對他們更有同理心，那是因為我是台灣人的緣故。長久以來，國民黨以「大陸才是本土」的姿態壓迫本省人，剝奪本省人以自己的語言表達自我的機會。外省人其實也是受了國民黨的騙，被帶來這個四周只有異鄉人的世界。原住民則是各方面都受到犧牲。所以啦，所有的台灣人都是異鄉人，這是由異鄉人構成的社會。我們必須將之視為是一個好的機會、一個希望、一個可能性才行。

鴻鴻曾經給我一本小書，書名叫《灰掐》。這本書是由鴻鴻的短篇小說〈木馬〉和智海的漫畫組成的作品集。香港漫畫家智海以〈木馬〉為靈感自由創作而成了這部漫畫。

〈木馬〉的敘事者不知何時開始坐上這一輛有很多節車廂的火車。每一節車廂都擠滿了人，乘客不光是坐在擺在座位上的行李上而已。有的人靠著行李箱，有人在吃泡麵，有人將車廂的窗簾遮起放起了電影，每個人都為所欲為。不過這一班火車大體上來講算是乾淨明亮。

有一節車廂供著一座聖像，有時突然會有一大群人湧過來，連站的地方都沒有。很多偶然的事在發生，一對分別很久的舊情侶突然坐到了一起，相思相愛的情人們卻各自坐在不同的車廂。

火車開得很慢，很少靠站，一旦靠站都停得相當久。有時會有乘客拿起通話聽筒向列車長抗議，但似乎誰都無法控制火車的快慢。火車上有兩種書，一種是充滿彩色照片的觀光導覽書，另一種是關於這輛火車的說明書，上面有詳細的記載，例如幾號座位椅背上有塗鴉等，但是車廂數量等重要訊息卻沒有記載。

「我」從小就依稀知道有這輛火車的存在，但是父母或老師都避而不談。可能是擔心直接提供知識的話，會使期待和好奇心萎縮、自己親眼發現的樂趣減少吧。父母似乎在預測我何時搭上火車。為何會搭上這班火車？連我自己也搞不懂。一旦上了火車，每個人會很快習慣火車上的規定，但乘客並非變得幸福，而是變得漠不關心。每一站都有人上車，但車廂裡仍可保持高密度的穩定性，聽說在夜間行車時，老人們會被拋擲到在外面的田野。這個傳聞是真是假，卻沒有定論。

有一天早上，人們睜開眼睛，看到車窗被塗上黑色和紅色的油漆。若要抹去這些污跡，必須緊急停車，讓所有人下車清洗車窗。污跡沒有被處理掉，但在下一站停靠時，第一次有很多人下了車。

以上是〈木馬〉的故事梗概。有的人可能會在此讀到卡夫卡或迪諾．布扎蒂（Dino Buzzati-Traverso）短篇小說的餘韻，而有的人可能會讀到一種苦澀的寓意：身為高度消費社會居民的台灣人的現況，就像搭上一列開往奧斯維辛集中營的列車，他們的人生觀和世界觀被徹底管理，被馴化在不容許任何背離的體制內。我們可以將火車旅行解釋為前往死亡空間的隱喻，而從列車無法脫離無限循環的軌道，只能以驚人的速度來改變窗外風景的這種描寫，我們可以發現原本就已蘊藏在後現代時期裡出現的無限性停滯狀況。不管如何，這都可以說是一部寓言性強烈的短篇小說。

與鴻鴻相遇，讓我想起好久不曾想到的「同時代人」這句話。他並不是我感到畏懼的人，也不是我研究或評論的對象。我們各自在遠方，在不知道對方的情況下造訪了同樣的地方，迷戀同一作者的作品，還因此成為創作的契機。鴻鴻不管到哪裡，都有美麗的女性朋友在一起。有一次我跟他在外面吃飯，邊吃邊談天，不知不覺到了客人都已走光的關店時間。他跟我說了一聲「拜拜」，便騎上停在店外的腳踏車，輕快地離去了。若要說我從他身上得到的一句話，那就是「希望」。

粉紅色噪音的翻譯　夏宇

我是何時、又如何知道夏宇這個名字的呢？我穿越記憶之門努力地回想，卻怎麼也想不起來。會不會在某次來台北時偶然在書店發現的呢？或者是某人覺得有趣而推薦我看的呢？先不管這些，我最有印象的是，在一九九〇年代後半，我正為了「事物會從地表消失」這個現象收集資料時，發現一本從未見過的詩集，被它的題名《摩擦・無以名狀》深深吸引。直覺告訴我，這一定是一本很有趣的詩集。純白的封面散落著各式各樣的印刷字體，紙張尺寸大於標準規格。這本詩集採用現在少見的法式裝訂方式，我用裁紙刀割開紙頁之後開始閱讀。

當時我的中文閱讀能力相當拙劣（當然現在也是），但光翻著書頁，便可知道這不是以一般書寫方式寫成的詩。零散的印刷字體以拚貼方式排列著，我試著以文法結構來閱讀它，卻馬上遇到困難。若要解讀它，可能得花時間試著譯成日文才行。於是我在家人的協助下試著譯了幾首。其中作為書籍題名的〈摩擦．無以名狀〉，是這樣的一首詩：

貓咪 今天 聽到
你叫我 回到 一個
廝混的 巴洛克式
的了解 貓咪 問題
是 我的 遺忘
像 幽靈 我的
罪惡 像 歌劇 我
的 失 眠 遠足
曠野 問 題 是
貓 咪 我的 旋轉

如果 是 無謂
我的柔軟 是
那個 惋惜 我 的
溫暖 是 這個
游離 貓咪
我的 閃爍 我的 撞擊
就是 牠
最愛 的 魚

另外介紹一首稍短的詩，詩名是〈我們小心養大的水銀〉：

穿過
黑色鞦韆廢墟
滲出邊界
延長舞蹈

逼近肉體邊廂
清晨六時
出了暗淡的月

我大致推測第一首的意思是，敘事者不再準備貓食，要將貓遺棄，卻聽到在小貓的叫聲時感到後悔，打算請貓吃牠最愛的魚。但是我無法明白為何以「無以名狀的摩擦」為題。關於第二首的意思，我想可能是在講一個女性早上醒來後量了體溫，一直盯著因發燒而不斷上升的黑色水銀柱。詩的最後提到月亮，或許是在暗示與月經周期有關聯。在每一首詩裡，由原文召喚出來的影像都呈現強烈的非連續性，很難正確地讀出文字脈絡。應該說，詩中每一處都是斷裂、迂迴的，處於半解體狀態。原本應該將文字連結起來的韌帶不見了，使得詩奇妙地處於還未形成語意之前的浮游狀態。

讀了《摩擦．無以名狀》裡的文章，漸漸能夠了解這本詩集的創作手法及結構。原來是作者將自己以前的詩集《腹語術》收錄的所有文字一塊塊剪下，重新拆解、恣意拼貼而成的。作者將事先剪好的無數文字攤在大桌子上，像是用小鑷子夾起似地，小心地排在另一張白紙上，簡直就像「小心養大」似地製作了這本書。

我記得美國一位推崇披頭文化的作家威廉・布洛斯（William S. Burroughs）有一段時間耽溺於一種名為「Cut-up」的技法，以刀片裁切寫好的原稿，再恣意地重新組合成新的作品。另外，安部公房也做過一種實驗，將寫好的長篇小說章節任意地調動，故意打亂原本的敘事秩序。夏宇的嘗試則比他們更激烈，使句子停留在被定形為句子之前的樣態。

這本詩集是自費出版的。在對作者完全不了解的狀態下，我寫信寄到版權頁上的聯絡地址，取得了回譯（Back translation）的許可。那是在二〇〇〇年，我將之發表於跟小池昌代共同刊行的同人雜誌。在那之後，作者夏宇不曾跟我聯絡過。

過了十二年的某一天，夏宇的最新詩集突然經由三木直大送到了我手上。三木直大是台灣現代詩的研究者，我一直對於他投注於翻譯的心力感到敬佩。他在台北遇到夏宇，夏宇請他轉交給我一本名為《PINK NOISE粉紅色噪音》的詩集，裡面用簽字筆署名，說明要致贈給我。

《粉紅色噪音》也是一本令人感到驚奇的詩集，不遜於《摩擦・無以名狀》。這本書用的不是一般的紙張，而是透明的塑膠片，上面印著中文和英文兩種語言。中文是粉紅色，英文是黑色，但在卷末則相反。將書放在桌上的話，所有的書頁都是透明的，從表面看來，像是無數的粉紅色和黑色的文字層疊在那裡。中古歐洲有一種反覆塗寫的羊皮紙，但這本書顯然是有意識地製作成理想的狀態。也因為如此，根本無法分辨出單行文字來讀。那麼多的聲音重疊著，整體上就像一朵巨大的音樂雲，宛如克賽納基斯（Iannis Xenakis）的音樂一般。我終於有所領會，原來如此，這就是噪音啊。

我翻動塑膠頁片，裡面記載著詩一般的文字，但不管怎麼讀，都無法讀出意思，文字好像要從塑膠片的表面滑下來，充斥著無重力的感覺，以及不斷重複的可能性。我無法在字裡行間清楚讀到人類的性格，那是一種只以輕質及平凡為特徵的語言表現。以收錄在第二段的〈我不知道它發生 我來是那麼舒適〉為例：

嗚謝：由於大家他們周到的電子郵件
備注和電話
熱的湯，軟的麵包，土豆泥和——
所有天才天才——充塞。愛曾經充塞

沒人愛充塞的嫌疑犯
溫暖，糊狀和美味
我對整件事實際上是相當急切的
恐怖故事單獨從我的星期一
早晨會議是足夠轉動我的胃和
使我認為我能與頭疼可能居住
在我有生之年如果它沒有意味跳過
在段落這個令人愉快的禮拜式
運氣和愛真正地是在我的邊
我不知道它發生我來是那麼舒適
是赤裸在陌生人前面

《PINK NOISE粉紅色噪音》在二〇〇七年初版印了一千本，聽說馬上銷售一空。我收到的這本是第二版，卷末附有一個訪談稿，有著拉岡（Jacques Lacan）式的標題：〈語言謀殺的第一現場〉。夏宇說明這本詩集如何誕生。這個收錄三十三首詩的作品是否應該稱為「反詩」或「非詩」、亦或「偽詩」呢?她從這個提問開始回答。

一切的契機起於夏宇打開了一台新買的麥金塔電腦。可能是不小心按了一個奇怪的鍵吧，電腦開始擅自動作，出現了叫作「Sherlock」的翻譯軟體。這個名稱源自十九世紀英國偵探小說，軟體以鴨舌帽和放大鏡作為標誌。夏宇對於以殺人事件來比喻翻譯一事感到不可思議，於是試著剪下一段英文貼上，軟體就開始動作了。結果出現的是奇妙的中文句子。這讓她有一個預感，這個偶然的操作或許可以創作一些新的東西。於是她在「Sherlock」貼上愛倫坡（Edgar Allan Poe）的詩，果然又出現奇妙的中文，尤其是後面的三行，竟喚起她寫詩的靈感。

不同於肉身的翻譯者，翻譯軟體對於所翻譯的文章內容漠不關心，只是一個字一個字忠實地翻譯出來。因為是逐字翻譯，每一個單字的意思是正確的，但整篇文章卻語意不明，完全無視原本文章的脈絡。在這裡被實現的，是一種根本的無關聯性。被翻譯出來的文字不會往前伸展，沒有可到達的地方。但取而代之地，它讓讀者看到一個奇妙的翻筋斗，到達那個原本需要發瘋或使用藥物才能到達的地方。夏宇認為惟有這個過程才能讓語言得到真正的解放。這並非從「無」中生有。透過人類的意識無法獲得的語言解放，卻在神學上為我們提供了，不是嗎？透過這個自動翻譯軟體，不只是愛倫坡，連莎士比亞和普希金的詩都被改寫了，想要製造龐大的語言噪音的她，感到一陣強烈的暈眩。

就這樣，夏宇開始製作粉紅色的噪音。她從英文的部落格及網頁剪下大量的文字，交由「Sherlock」翻譯成中文，再用這些中文轉譯成英文，又譯為中文。不斷重複自動翻譯的作業裡，這些文字已完全脫離原文，變成沒有語意的一堆話語。她在某本書裡看到的一句話：「真正的話語是以被暴力扭曲的形式浮於表面的。」將之作為實驗的指針。當實驗已累積超過八百頁時，她做了一些詩性的裁切，最後創作了這三十三篇作品。這些詩作以中文和英文併記，而誰是主題、誰是譯文這樣的提問已不具任何意義。就這樣，利用自動翻譯軟體讓新的故事得以創造出來的這個期待，成就了以透明膠片做成的詩集《PINK NOISE粉紅色噪音》。原本就對《摩擦·無以名狀》感到驚奇的我，再度發出驚嘆之聲。對於這個不斷測量詩的分界線、嘗試新實驗的夏宇，我心中有一股強烈的情緒，一定要找機會直接訪談這位未曾謀面的詩人。

我剛開始居留台北時，就聽說夏宇是很有名的專業作詞家，曾經為偶像歌手田馥甄及蘇打綠樂團填詞，也為趙傳寫了〈我很醜可是我很溫柔〉歌詞。但我同時也聽說她持續進行激烈的詩實驗。她和李格弟（寫歌詞的她）聯手出版雙版本詩集，題名很奇妙，叫作《這隻斑馬》和《那隻斑馬》。另外她也出版了《詩六十首》。《這隻斑馬》是黑白印刷的小本子，《那隻斑馬》則是全頁各行以不同色調印刷，而且一本書分為上下兩部分，充滿著達達式的愉悅。書中塞滿了不同於她之前發表的現代詩風格的特殊詩句。例如：

你是 我是 都是雨
相遇 變成 另一滴雨
雨總是 會遇到 另一滴雨
是雨 就是為了 要相遇

或者：

我真的還愛你
愛你的你不愛他
早睡早起

你愛的他不愛你
無聊十面埋伏
你不愛只想被愛
沒有關係

陳腔濫調的語句無止盡地蔓延。她從不同於《粉紅色噪音》的角度進行這個龐大的實驗，挑戰詩的不可能性，探究什麼是停留在詩領域內的極限狀態。即便如此，她總是否定以前的作品，絕不往後回顧，不斷地變身再變身。對於這位詩人，我衷心驚嘆她那無窮的活力。

另外有一本詩集《詩六十首》，題名中規中矩，但裝訂很特別。用手指摩擦全黑色的封面，就可像刮刮樂那樣地將墨印刮掉，然後會看到細細排滿著的文字。六十首詩全印在前後的封面上。有的詩像玩著高達風格的語言遊戲，例如〈要不要就一起加入共產黨〉，是一首偽裝成情歌的諷刺詩。書籍設計裝幀之所以能夠這麼自由，主要因為作者總是自費出版，不過也因為台灣的出版社允許發售之後立刻重新再版的作法。誠品書店是台北知名書店，店內設有一個夏宇專區，擺著她的所有作品集，方便讀者隨時購買。

夏宇身上有很多神話。

不只是因為她很少在人前露臉，好像連一張相片都沒有正式公開過。我遇到一位年輕人，他說曾經請夏宇簽名，那時有稍微看到她的臉。我問：「是什麼樣的人？」他說：「她塗著很濃的眼影，像魔女一樣，感覺怪怪的。」我也聽說她以很多筆名為流行歌曲作詞，好幾首都是很火紅的歌。但另一方面，作為現代詩人的她也很受歡迎，詩集一出版就馬上銷售一空。第一本詩集《備忘錄》在舊書店喊到很高的價格，而且似乎有好幾種盜印版本。

很久以前就聽說夏宇很難見上一面。她好像大部分時間住在法國，偶爾回來台灣，但也總是聯絡不上。我透過關係取得的電子郵箱，竟然跟《粉紅色噪音》版權頁記載的一樣。我半信半疑地寫了一封信寄到那個郵箱，向她介紹我是曾經將她的數首詩翻譯成日文的那個人，並且附上我寫的詩的中文譯文。但是，完全沒有任何回音。

在長長的夏天結束時，我終於跟夏宇聯絡上了。那時是十一月底，台北終於添了涼意。我聽說一直待在南京的她剛回到台北。終於，我們約在頂好的義大利餐廳見面吃飯。

初次見到的夏宇，該怎麼說呢，是個子小小的、黑髮及肩的女性，感覺年紀比我小很多。她講著流暢的英文，但她說自己比較會講法文。不同於她的作品給人激烈的印象，她對於任何話題都能坦率地、明確地表達自己的意見。她說最近同時在讀德勒茲（Gilles Deleuze）的《千重台》（*Mille plateaux*），同時也讀岡本KANO子，特別偏愛她的短篇小說《老妓抄》和《鮨》。她會依季節的不同，選擇居住法國或台灣，而且討厭一直住在同一個地方，所以她花了五個月時間，以徒步的方式從巴黎走到西班牙聖地亞哥。她為了謀生而成為流行歌曲作詞人的時間已經很久了。作詞是歌手、製作人和作曲家的共同作業，她很自覺地在某些框架裡創作，與面對孤獨任意創作的詩作是截然不同的行為。如果聲音夠宏亮的話，可能會唱自己創作的歌曲吧。即使現在也不討厭在少少幾個聽眾面前朗讀。她如此說道。

夏宇說，日本很厲害，詩性的東西是外露的。她在二十歲的時候曾經在日本待了一個月，這是她的直覺感受。「街角不是有一個很大的看板寫著『赤面對人恐怖相談』（譯注：語意為「臉紅恐懼症諮詢」）嗎？我一開始看到這些漢字組合，完全不明白意思，以為是前衛的詩句。」原來中文沒有「赤面」這樣的說法。因興奮而臉色變紅時，會說是「臉紅」。「恐怖」這種表現太過強烈，一般會說是「害怕」。我也記得初次到台灣時，看到牙科診所的看板上寫著「牙科」，感到十分困惑呢（譯注：牙科的日文是「齒科」）。但我認為，這種中日文之間陰影似的微妙差異，成為觸發夏宇詩性的契機。夏宇想要將翻譯軟體譯出的怪異中文組織成人類之手無法實現的詩句，在她的這種期待裡，或許存在著她在日本街頭體驗到不可能會有的漢字所留下的記憶。

她談到關於詩的第一件事是，針對我寄給她的詩作譯文提出了評論。這是我熟識的台灣年輕詩人幫忙譯成中文的，她說缺點是譯文過於流暢，感覺好像是台灣詩人寫的。若是用外文寫成的詩，在翻譯時應該會留下一些粗糙的、無法溶解的異語團塊才對。但這樣的團塊竟然被溶解掉了，真是可惜。她這個批評讓我想起納博科夫在進行普希金作品英譯時提倡的逐字翻譯，他的強辯是，既然是翻譯詩，就必須隨處留下翻譯的痕跡才行。後來，我們的話題在不知不覺中從翻譯轉向關於漢字拚貼剪輯及引用的問題。她說：

那是不久前的事。有一位年輕的新加坡流行歌曲作家擅自引用我的詩句，寫成了歌詞並發行專輯。我的詩句很有特色，即使只引用一行，立刻就會知道出處。

有人在網路上仔細地指出盜用的地方，已演變成很大的騷動，但我沒有做任何處理。我的第一本詩集也出現了好幾種盜版書，我決定不理會這些事。

但我在中國待了一陣子之後，就發現事態並非只是這種規模而已。著作權不受重視，我的詩集被大量地販賣著。不只如此。我以前的詩作裡有一句「痛並快樂著」，竟然像是成語般地流通著，甚至有一本書將之作為標題。那位作者說不定沒看過我的詩集呢。就像高達只以剪輯方式就製作成令人目瞪口呆的影片《電影史》，有些人是感到驚嘆的，但是作為一個原著作者的我，真不知該以什麼態度面對中國現在發生的那種壓倒性的事態。

我覺得夏宇這個困惑跟她同時刊行《這隻斑馬》和《那隻斑馬》的行為並非完全沒有關聯，因為那兩本絕對不算薄的詩集裡收錄的，都是無止盡連續的陳腔濫調。當然我並不吝於承認，從這兩本詩集可以窺知作為職業作詞家的夏宇那段不算短的經歷。在這裡也可以看到一個問題意識：即使是全權委託電腦翻譯軟體「生產」而成的《粉紅色噪音》，在面對語言壓倒性的騷動時，作者經手過的痕跡真的可以消除嗎？在中國不尊重作者智慧財產權、讓她的詩作被不法複製及生產的情況下，詩人能夠採取的一種策略是，將自己的作品徹底變成連續的陳腔濫調，以消滅那些不正當盜用帶來的意義。反過來說，現代詩人只有將陳腔濫調和噪音這種樣態往自己身上攬，才能夠守護「作者」這個觀念。聽說夏宇的兩冊《斑馬》的靈感來自於卡拉ＯＫ。人們只要看著目前巨大影像下方出現的歌詞，一行一行跟著唱下去，就可以確定自己是那個唱歌的主體。

我們一口氣聊了四個小時，不知不覺深夜了，義大利餐廳裡沒有其他客人。我問了最後一個問題：從《摩擦‧無以名狀》到《粉紅色噪音》的這段期間，在機械式的操作過程當中，是否曾經突然出現作者無意識的行為？《摩擦‧無以名狀》的創作方法是，將以前詩集裡的所有文字片段攤開於桌上，再恣意地擷取單字加以組成。這種方法讓我聯想到日本少女為了窺知神靈的意向，會進行一種叫作「狗狐狸」的占卜遊戲。而利用電腦操作讓超越作者意圖的詩句一一出現，這種作法不就像是十九世紀歐洲流行的降靈術嗎？

夏宇似乎覺得我的感想很有趣。她說，自己在作業時確實有感受到某種超越意識的東西在某處活動著。最後她說，將來打算試試看日本俳句那樣的東西。

臨別時，她給了我一張報紙形狀的印刷物，題名為《現在詩大字報》。很明顯，是在模仿中國文化大革命時期貼在牆上的報紙。在白底或紅底的大張報紙上，以各種字級的印刷活字印著現代詩，突顯出激烈的煽動感。這種達達式的圖像讓我聯想到《死刑宣告》的荻原恭次郎。如果說，對於能夠讓現代詩保持前衛性的台灣社會，我不感到強烈的羨慕，那是騙人的。

魏德聖與日本

一九八〇年代第一次造訪台北時，對於街頭充斥著各種日本事物，感到十分震驚。鬧區的牆上連續貼著十幾張「藥師丸博子訪台紀念」的海報（我那時第一次知道主演《水手服與機關槍》的少女名字。但這是真的嗎？）。侯孝賢和吳念真說他們少年時代最熱衷於石原裕次郎和小林旭的動作片，電影評論家張昌彥則說自己最喜歡赤木圭一郎。

我的驚訝程度應該比一般的日本觀光客還要大得多，因為我曾經有過居留韓國的體驗。我曾在一九七〇年代到韓國當了一年的日語教師，當時的韓國還是軍事獨裁政權。在首爾，日本的歌舞及音樂完全被禁止，大學也不能公然設置「日文系」，只能以「外文系」掩人耳目。若要寄明信片到日本，必須貼上印有獨島（竹島）圖案的郵票才能寄出。各地名勝古蹟的導覽立牌一定會附注：「十六世紀末被加藤清正和小西行長的軍隊摧毀，之後重建修復而成。」若要在咖啡廳和酒吧講日語，三次裡一定會有一次，某個醉漢衝到你的桌前，怒叫道：「講韓文！」也曾經有人問我：「聽說日本人的腳指頭只有兩根，是真的嗎？」這種情況是因為韓國人沒有機會了解戰後日本的狀況所造成的。

我曾經遇到一位自稱美國留學歸國的女性電影研究者，我向她問了一個問題：「韓國的現代化是從什麼時代開始的？」她淡然地回答：「有兩種說法：大韓帝國末期，或者光復後大韓民國成立之時。」由於這個回答過於淡然，我很是驚訝。「在日本殖民統治時期開始現代化」這句話在這國家是一個禁忌。韓國人被教育成要憎惡日本、攻擊日本。這是韓國給我的印象。當時還未出現像「後殖民主義」這種方便好用的現代思想專門術語，而韓國已經從殖民地的心靈傷害發展為一種獨特的國族主義。不過，當時世界上沒有人關心韓國的國族主義。

在首爾，我在這種緊張氣氛下度過一整年的時間，因此剛來到台北時，那種差異感實在過於強烈。我心想，我是不是沒看到某些重要的東西？眼前這個街頭應該是為了日本人而設的觀光地，真正的台北應該在別的地方。我這麼想著，並且開始四處走動。最後我終於明白了一個很普遍的事實：台灣從來就沒有將日本視為禁忌。原來一直是我自己一個人在唱獨角戲啊。

之後過了好幾年，我的印象始終沒有改變。台北氾濫著日本的各種元素，台灣人完全不以為奇。我住的公寓附近一家糕餅店的看板上寫著「昭和〇〇年創業」字樣。若是翻閱建築史的書籍，總會看到附加「大正〇〇年建築」的注釋。便利商店販賣許多日本食品，很多餐廳或咖啡廳也堂而皇之採用日文店名，例如「松青超市」、「麺の黑平」、「築地市場」、「ライムの店」等。

走進書店的漫畫專區，大部分都是日本漫畫的翻譯書。偶爾發現台灣畫家的漫畫，卻是題名為《台北高校物語》的青春懷舊故事。我曾經跟一位叫作哈日杏子的女性散文作家說過話。她透過日本的次文化提倡「哈日」運動，熱中的程度可能更甚於我。她有一部小說寫一個傷心的女人在記憶裡往返於京都和台北之間，懷想著失蹤的女友們。這部小說光明正大地以純文學之姿刊行，但我讀了開頭的內容，馬上就知道是模仿布托爾（Michel Butor）的《變化》（*La Modification*）及帕維斯（Cesare Pavese）的《美好的夏天》（*The Fine Summer*）。這讓我想到另一位女性作家的小說，竟以《古都》作為題名，更讓我目瞪口呆這個玩笑似乎開得太大了。

不過，我並不想輕易地採用「反日」和「親日」這種二分式的觀點。韓國反日、台灣親日，這種說法對進一步的討論並無助益。這種貼標籤的方式只會將每一個韓國人或台灣人，對於日本抱持的複雜感情過度簡化，強制推入刻板印象的框架中。我們必須承認這種作法帶來的危害。對於一個與自己不同出身或來歷的人，企圖將他分類為兩種人之一，這種態度不就是在侮辱這個人嗎？我的想法是，韓國人也好，台灣人也好，若硬是將生長於日本殖民地的人們以二分法來區分，那麼只能分為「知日」或「不知日」（或者不識日）兩種。當我們在關心這個人是否定或肯定日本之前，更重要的問題是，這個人對於日本有過何種體驗？具有何種程度的了解？基於世代的差異、意識形態的差異，或者布迪厄（Pierre Bourdieu）的「文化資本積累」之有無，每個人在這方面都會有很大的差異。很明顯地，只以民族的差異來進行判斷是不可能的。我覺得應該冷靜思考的問題是，被視為東亞最新流行的反日情結裡，有多少知日人士存在呢？我認為，那些天真地說出「台灣是親日國家，可以很放心」的日本人，才是對歷史無知的人。

我很早就聽過嘉義農林棒球隊打進甲子園的事。我在大學教過的學生裡，有一位叫作范健祐的留學生，他是嘉義人，老是把一句口頭禪掛在嘴邊：「總有一天我要回去將嘉農的故事拍成電影！」他回台北之後，從事電影《1895》的製片工作。《1895》講的是台灣義勇軍和前來接收的日本軍之間的戰爭，年輕軍醫森鷗外對戰爭抱持懷疑的態度，電影故事就是以他的觀點看待這場戰爭。范健祐後來沒有拍出嘉農的電影，而是由魏德聖實現了。魏德聖是以《海角七號》及《賽德克．巴萊》知名的導演。可能是因為不太懂棒球，而不知如何拍攝較好吧，魏德聖將《KANO》的導演工作交給曾經在《賽德克．巴萊》演出的Umin Boya（漢名為馬志翔）。題名為《KANO》的這部電影長達三個半小時，二〇一四年二月在台灣上映以來，每星期都不斷刷新票房紀錄。這個現象與魏德聖的其他作品的狀況是一樣的。

我認識的一位女性研究者，她總共看了這部電影四次。第一次是為了及早觀察這部話題之作，第二次是為了仔細確認對白，第三次是為了自己的殖民地研究，第四次是為了剛過世不久的祖父，想要代替祖父去看看那個他經歷過的時代。當我正為她這番話而感動時，收到太陽花學運（後文介紹）的學生們傳來的訊息：我們的熱情與嘉農是一樣的。我上網查了之後才弄懂狀況，在學生占領的立法院裡似乎放映著

《KANO》。那個充滿榮耀之光的嘉農神話至今仍然強烈地存在著。

「KANO」是「嘉農」的日文發音，這是一間位於台灣中部嘉義地區的嘉義農林中學的簡稱。發音為什麼必須是「KANO」不可呢？在現今的台灣社會，應該會有人認為應該採用中文發音，稱為「JIANON」吧。在討論這部電影之前，必須先思考這個問題才行，因為這攸關於製片人及導演對歷史的態度。

《KANO》講述的是日本統治台灣、以日語推行教育制度的時代。當時在嘉義農林中學的課堂上，當然只使用日語，而且學生和一般老百姓也習慣以日語「KANO」稱呼這個學校。學生在棒球比賽時穿的制服上也寫著大大的「KANO」字樣。日本統治時代結束，嘉義農林中學改成以中文授課，但一九三〇年代學生們在甲子園留下的成就，以「KANO」之名被神話化了。

魏德聖在製作這部電影時的企圖應該是，在呈現故事時必須考量當時的狀況，避免以現在的眼光扭曲殖民地時代的事實和神話。我認為他想要客觀地讓觀眾認識到，日本統治時代的人們在公開場合都使用日語這個事實。這部電影裡對白使用的語言，除了若干台灣話、客家話及阿美族語之外，八成皆為日語。電影裡完全沒有講中文，因為當時的嘉農並沒有這種語言。

《KANO》的故事是這樣的：

一九二九年，一位叫作近藤兵太郎（永瀨正敏飾演）的日本人來到嘉義任職會計工作。他曾經看過嘉義農林棒球隊的練習，對於那麼隨便的練習感到驚訝。後來他接受教練一職，在下定決心的隔天，馬上展開嚴格的訓練。棒球隊隊員們一開始無法接受這個意想不到的魔鬼教練，但漸漸能夠了解他的熱情，不斷地提升自己的實力。近藤的理念是，將對跑步很有天分的「高砂族」（原住民）、擅長打擊的台灣人、守備能力優異的日本人這三種民族組合起來，就可以創造無敵的球隊。但嘉農校長並沒有支持他的理念，而且學生們的父母都是農民，只顧著煩惱接連不斷的洪水及旱災，沒有多餘的心力去了解棒球這個運動的意義。在這種艱難的狀況下，隊員們的實力不斷增長，不久就與嘉義中學對戰。兩年之後，嘉農成了全台灣最強的球隊。以往代表台灣去日本比賽的機會，總是由只有日本人可以就讀的台灣商業學校獨占，但嘉農打破這個慣例，成為真正的台灣代表隊，踏上了甲子園的球場。

參加甲子園比賽的不只是內地的學校，滿洲和朝鮮的高中也能來參加。嘉農九人的隊伍太晚來到開幕式，受到觀眾的嘲笑。一位態度惡劣的新聞記者向他們提問了很多意帶羞辱的問題。但是，隨著他們英勇的表現，觀眾開始關注他們，開始搖著日本國旗為「天下的嘉農」加油。在與中京商業學校爭奪冠軍的決定性戰役中，投手阿基拉（Akira）不幸右手指受傷，在過度疼痛之下投出連續暴投。近藤原本打算更換投手，但是其他選手尊重阿基拉的意願，允許阿基拉繼續投球。結果是嘉農輸了，但由於他們挺到了最後一戰，還是意氣風發地返回台灣。在電影片尾字幕，交待了九個人後來的發展。日本選手全部戰死，台灣人及原住民選手活了下來，各自過著不同的生活，而那位年紀太小無法參加練習的少年吳波，後來活躍於巨人和阪神球隊，甚至入選日本棒球名人館。

這部電影並非依照故事情節依序展開。整部電影由錠者博美的回憶所構成，他是札幌商業學校的王牌投手，在甲子園輸給了嘉農。電影開始的畫面是日本即將戰敗的一九四四年，地點是台灣基隆港。在雨下不停的日子，錠者少尉搭火車往南，目的地是菲律賓戰場。火車在嘉義暫停時，他往街上走，造訪曾經與他在甲子園競爭的嘉農練習的場地。戰爭時期下的球場已經荒廢，雜草叢生。錠者站上投手丘，無限感慨。這時畫面開始「閃回」（Flashback），鏡頭回到十五年前的同一場地，嘉農球員們正在勤奮地練球。長長的三小時的故事結束時，舞台又回到一九四四年的嘉義，錠者將球放在投手丘上，出發前往戰場。

就電影語法而言，這個「閃回」是錯誤的。回想的主角不是嘉農球員或近藤教練，而是初到嘉義的錠者少尉。借用錠者少尉的立場講述一群人的故事，而這群人對他而言卻是他者，以電影語法而言，是不可能做到的。然而《KANO》無視於這類的規定，講出了一個熱血的故事。

《KANO》刻畫一群少年的憂鬱與熱情，就這一點或許可以聯想到楊德昌的《牯嶺街少年殺人事件》。事實上，魏德聖曾經擔任楊德昌電影的副導演，受他的影響極大。不過，與纖細的《牯嶺街少年殺人事件》相比，《KANO》顯得粗糙很多，但也受惠於此，讓它成為一部出色的娛樂電影。

棒球隊共有十二人，川原、小里、福島、齋藤、大江等五人是日本人，吳、劉、蘇等三人是漢人，平野、東、真山、上松等四人是阿美族。這裡值得注意的是，漢人都有自己原本的姓氏，但所有原住民都使用日本姓。主角投手姓吳，大家都叫他阿基拉，其他人都是配角，以各民族的出身背景為框架作了大致上的設定。

有三個扮演重要角色的日本人，那就是嘉農棒球隊顧問濱田老師、魔鬼教練近藤、以及土木建築師八田與一。

濱田老師致力於研究木瓜和香蕉的品種改良，為了讓木瓜結出更豐美的果實，他想出一個作法，就是在木瓜樹上釘釘子，激發它的危機感，以此促進生長。他的理論是，若有一顆木瓜樹如此長大的話，旁邊的木瓜樹也會受到刺激而長得更好。

近藤教練是一位受挫的英雄。他雖然現在從事會計工作，但以前是高中棒球教練，曾經將松山商業學校送進甲子園，只是以敗北飲恨。不過隊員們之間流傳另一個說法，說他因毆打裁判而被高中棒球界放逐。近藤的夢想是將嘉農的孩子帶進他一度放棄的甲子園。他的信念是，只要三個民族團結合作，一定可以造就內地學不來的理想球隊。

八田與一則是為了治理嘉義地區的水利問題，致力於建設巨大的水壩。水壩工程過於龐大，工程進度延宕不前，使他受到各方的責難，但他的信念卻不曾動搖。最後水路灌溉成功，為農民帶來極大的恩惠，當他接受嘉農棒球隊員的祝福時，也反過來鼓勵他們：「為了台灣農民，你們要好好努力！」

濱田老師和八田與一對於台灣殖民地的經營事業懷抱著熱情，為此奉獻一生。另一方面，近藤教練懷抱的期待是，他在內地曾經的失敗或許可以在殖民地挽救回來，於是加強了嚴苛的練習。棒球隊員們原本只能打出鬆散的、拙劣的成績，最後卻通過了嚴格的試煉。他們在高中棒球界原本只是邊緣性的角色，沒想到這支由數個民族組成的球隊竟然打到了冠軍賽。

由這個分析脈絡可以看出，《KANO》有著與《七武士》和《末代武士》共通的主題：弱者因團結而獲得勝利，以及受挫的英雄期待重拾自我的夢想。自從黑澤明的電影成功之後，以韓國為首，包含泰國、印度在內的亞洲諸國在拍攝娛樂電影時，總是將「弱者因團結而獲得勝利」作為固定採用的主題。我以前便在《《七武士》與現代——黑澤明再考》（岩波書店，二〇一〇）指出了這個事實。完全無誤地，《KANO》便屬於這一系列。先不討論電影裡有日本人存在這件事，單就漢人和原住民的團結使得多元文化社會得以實現一事可知，此處顯現的意識形態是，台灣人為了使現在的台灣與中國有所差別，必須對這件事加以讚賞才行。

但就主題來講，更重要的是「受挫的英雄期待重拾自我的夢想」這個主題，其重拾自我的舞台必須是殖民地才行。這裡我只想提出一個問題：宗主國的男性為何想要在殖民地扮演父親的角色呢？在中文的說法裡，「老師」有時會被戲稱為「孩子王」，而近藤教練一有機會就說，學生是他的「孩子們」。為何他和濱田老師在孩子們面前表現得像一個絕對權威的王者？而為何「孩子們」能夠心甘情願地接受呢？

作為一個受挫的武士，近藤教練展現了一個極度理想化的日本人形象。他的性格設定是：在行動時深思熟慮，在生活上保持禁欲，失敗時仍會冷靜觀察敵情，對著已確定能夠前往甲子園的「孩子們」，斥責他們流於感情。面對無法理解他們的記者，不隱藏自己的憤怒，並在冠軍賽前一晚，與以前任職學校的上司見面，化解了長年的仇恨。他雖然懷抱著外人無法理解的孤獨感，但仍不失作為父親的魅力。

相對於此，球員們一直是天真無邪、充滿歡樂的模樣。當八田與一的帽子被風吹走時，他們一起衝到水田裡幫忙拾起。他們看到水道開始放水灌溉，高興地又叫又跳。不不，充滿歡欣、渾然忘我的，其實不只是他們。《KANO》裡的所有人物都以各種不同的形式患了「欣快症」。在深夜，阿基拉騎腳踏車載著心儀的女孩穿越漆黑的田園時，被強烈的幸福感包圍著。腳踏車的快速前進，與選手們在球場上的衝刺感，都被肯定為一種平行的運動。聽著收音機報導著嘉農賽況的嘉義市民；甲子園觀眾手中揮舞著的旭日旗和國旗；選手們即使輸球但仍流下感謝之淚，四周的人們溫柔地注視著他們。就這樣，歡喜的光景無止盡地反覆著。在電影的結尾，他們站在返回台灣的客船甲板上，在夕陽餘暉下認出台灣島的輪廓時，這種歡欣的情緒一直持續著。

這種歡喜的景像，與隨時可以映出人們臉部表情的「水」這個主題，有著密切的關聯。

一開始，水以無法統御、不合理的暴力姿態展現。突然降下的豪雨讓嘉農和嘉中的棒球比賽變成一場悽慘的泥水戰，為主角們帶來困難和痛苦。雨水不僅中斷比賽，帶來無可言喻的屈辱，還變成了颱風，將他們關在電影院裡。那時正好上映上海的黑白默片《桃花血淚記》，台語辯士在現場解說。運氣真差，嘉農棒球隊的隊員們與嘉義中學的球員們碰上了，理所當然大大地打了一架。這個災難也傳染給他們的統帥——近藤教練。在颱風的夜晚，近藤教練與濱田老師參加校長的宴席，喝得酩酊大醉的他，莫名奇妙地浸在水田裡過了一晚。就這樣，水轉變成泥水、雨水和暴雨等不同的姿態，繼續扮演不祥的妨礙者。

八田與一之所以被召來此地，便是為了控制水的暴虐。他建設水壩和灌溉水路，預防水患發生，也讓水田免於乾旱的威脅。在此同時，嘉義圓環的噴水池蓋好了，為勤於訓練的選手們獻上祝福。噴泉的水也隱喻了他們的年輕活力。農民們面對意想不到的水的恩惠，在感謝八田與一的同時，也對球員們的棒球夢有了理解。八田與一搭著小船沿水路而下，對著圳邊向他揮旗的選手們大叫：「為了台灣農民，你們要好好努力！」水從此轉變為歡喜的記號。錠者少尉在戰時初次來到這個小鎮時，噴泉從乾涸的水管中噴出的那一瞬間，水象徵的便是世界的幸福。

那麼，球員們對於以父親之姿對待他們的近藤教練，是否每個人都表示恭敬順從之意？關於這一點，《KANO》有細緻的安排。仔細琢磨阿美族和漢人選手的對白可知，他們隨時都將對近藤的懷疑掛在嘴邊，這與台灣被迫成為殖民地的境遇有著微妙的關聯。舉一個容易了解的例子，他們對濱田的香蕉打釘理論有著什麼看法呢？

一位阿美族的選手直接從濱田老師口中聽到這個理論時，馬上偷偷說道：「濱田老師也像騙木瓜那樣地騙我們。」另一位阿美族選手則問：「那我把家裡寄來的檳榔籽拿到學校的椰子樹裡面種，它會不會就以為自己是椰子？」但是這樣的發言馬上就被打斷，因為批判近藤教練是禁忌的，選手們不知不覺中壓抑了自我的想法。極端而言，在推展殖民地現代化時，濱田老師的理論有助於將殖民地主義予以正當化。然而，在被殖民者受到規制的情況下，若對於這種狀況產生疑問而且表現出來，就會產生嚴重的問題。

在電影最後劇情高潮的瞬間，木瓜樹的比喻再次被提起。冠軍賽來到第八局下半場時，阿基拉承認右手指受傷。由於過度疼痛，造成暴投連連。近藤教練發現這個狀況，一度打算更換投手。這裡的重點是，嘉農棒球隊雖然宣稱是三個民族完美組合創造的理想球隊，但是實際上揹負痛苦的人只限定於阿基拉，也就是漢族台灣人。

阿基拉感到的不愉快，有一部分來自甲子園觀眾為嘉農加油時揮舞的是日本太陽旗。很明顯地，魏德聖想要透過嘉農與札幌商業學校的對決，將日本最南端和最北端做出對等呈現。或許很多人並不記得，早於沖繩、台灣、朝鮮，北海道其實是日本最早的殖民地，在以開拓為名的統治下，原住民遭受蹂躪。在這裡可以做出一個再解釋：所謂殖民地棒球隊在甲子園的比賽，其實是新舊殖民地子弟在宗主國大人面前進行的一場對於日本歸屬度的競爭。

在比賽之前，曾經對戰過的棒球隊的日本人主將送了一顆幸運球給阿基拉。阿基拉一度想要收下，但想了一下，簡短地回了一句：「你的幸運球不一定是我的幸運球。」便將球丟回給這位對手。雖然這只是少年之間的對話，但可以看出其中對於殖民主義的強烈批判。這個場景的意義是，對於宗主國的子弟無意識間顯露出那種由上而下的態度、即所謂的 patronizing glance，殖民地子弟已敏感地察覺到，並且靜靜地予以拒絕。這裡產生的問題是，異民族協力共創勝利這樣的願景，不過是宗主國一廂情願的傲慢罷了。

再回來談談冠軍賽第八局下半衝著阿基拉襲來的痛苦。近藤教練原本勸阿基拉換下來，他一度想要接受，卻發生意想不到的情況。其他八名選手反對阿基拉被撤換，他們保證做出最好的防守，讓阿基拉繼續投下去。情節若只是如此而已，就會變得與日本電視連續劇或動畫裡常見的熱血運動劇大同小異。而《KANO》引人興趣的是，在此又再度將木瓜樹的話題提出來。一位選手說，阿基拉就是那顆被釘上釘子的木瓜樹，請務必讓他繼續投下去。近藤教練原本料想不到這個狀況，最後也接受了，他將阿基拉的傷口包紮好，允許他繼續上場投球。阿基拉忍受萬般的痛苦投到最後，最後嘉農慘敗給對手。

《KANO》的故事除了一個虛構情節之外，其餘全都是真人真事。這個虛構情節便是這個部分。

在甲子園一九三一年的這場球賽裡，其實有更換投手。當電影公開之後，代投選手的遺族立即嚴正譴責魏德聖竄改事實，差一點就鬧上法庭。但魏德聖無視於這個責難，執意將已完成的作品正式上映。他的判斷是，阿基拉若沒有忍受痛苦繼續投下去，木瓜樹的寓意就無法成立。這意味著這個場景在《KANO》裡是最重要、最中心的主題。

當選手們說阿基拉是木瓜樹，他們也都是木瓜樹時，表示他們已經自行將殖民者提出的理論予以內化了。他們順從這個理論，通過對它順服的宣言，成功建構足以反抗近藤教練的主體性。但其結果是使嘉農的最後一戰敗北，這樣的結果處於近藤教練預期不到的次元，再次重複了近藤教練的訊息。近藤教練不斷地向選手們灌輸一個想法：要一直想著贏，甲子園才是努力的終極目的。當選手們忠實信奉他的教誨，甚至將自己視為受傷的木瓜樹時，最後卻導向了失敗的結果。近藤教練打算更換投手的這個冷靜判斷，被他的「孩子們」的感傷式的自我認同給超越了。

當故事到達這個不舒服的反諷之後，以錠者少尉的「閃回」總括了《KANO》所有故事情節，這種結構所帶來的無可預期的意義便顯現了。《KANO》講述的是一個以終極的勝利為目標、即使犧牲自己也要往前邁進的故事。打進甲子園這件事，若與八田與一的水壩建設視為同一次元的事業的話，便可發現它最終成了台灣現代化的隱喻。這是無償的高尚行為，克服試煉、勇於忍耐以追求機會的行為，才能被視為美德。棒球和殖民地主義都是日本從歐美引進的，正因為如此才稱得上是現代化。嘉農的勝利就是台灣農業的勝利，就是台灣現代化的勝利。在返回故鄉的輪船甲板上，近藤送給選手們最後一句話：「回去之後，迎接你們的會是一片隨風搖曳的黃金稻穗！」。然而，欲達成現代化的熱情和努力卻因悲慘的易傷性（vulnerability）而以失敗收場。那麼，嘉農前進甲子園以失敗告終，是否也意味著台灣殖民地化徒勞無功呢？

就因為《KANO》中段充滿無止盡的歡樂，也因此讓結局呈現出極度不吉祥的氣氛。錠者少尉前往菲律賓戰場之後會發生什麼事，相信觀眾們都能猜到。包含他在內的大量日本兵戰死，日本不久便宣布無條件投降。在這裡，甲子園的痛苦和忍耐被承襲了下來，一切都往失敗的方向發展而去。殖民地被放棄，發展現代化的夢想也受到挫折。片尾字幕殘酷地打出了這些選手後來的狀況：日本籍選手悉數戰死、台灣人及原住民選手在戰火裡活了下來。那個無法參加練習和比賽的年幼少年，只有他後來繼續代表嘉農出征甲子園，在戰後活躍於日本棒球界。唯有這個事實讓觀眾感到安心和期待。嘉農雖然輸了，但仍為嘉農帶來榮耀之光。在這個曖昧的判斷下，電影閉幕了。

二〇一四年《KANO》在台灣電影界創造了前所未有的票房成績。雖然有些影評人基於電影有八成使用日語這個理由，將這部電影評為「親日電影」，但大多數的觀眾並不認為有什麼問題。一九七〇年代作為國民黨國策電影而拍攝的反共抗日電影裡，日本士兵和將領每個人都講得一口流利的中國話，演出刻板的壞人角色。比起這種荒唐無稽，由魏德聖擔任監製的這部電影，為了真實呈現殖民地時代的語言狀況，必須使用大量的日語。《KANO》的時代背景是一九二九年至一九三一年之間，地點是台灣中部。這與魏德聖的前一部作品《賽德克．巴萊》描述的霧社事件，幾乎是在同一時期。我們必須了解，就像描繪日本人被殺害的《賽德克．巴萊》不是反日電影一樣，描繪台灣人對於甲子園的熱情的《KANO》也不可能是親日電影。在此可以明顯看出，魏德聖看待這兩部作品就像是鏡子的內與外。他將《KANO》的導演一職交託給曾經演出《賽德克．巴萊》的馬志翔，便是最大的證據。

魏德聖這位電影人的出現，是二〇〇〇年以降台灣電影最具特色的現象之一。侯孝賢和楊德昌這兩位導演重視表現纖細的文體，以國際電影節為目標，持續拍出高度文化素質的藝術電影。相對於此，下一個世代的魏德聖貫徹了娛樂電影，讓素人也可以參與演出，使觀眾體驗強烈的、煽情的感動，將台灣電影再度帶往高峰。

魏德聖第一部大獲好評的電影《海角七號》，是一部回溯塵封的過往時光的電影，幾封寫著日治時期舊地址的信件無法投遞，那是數十年前寫的情書，年輕人開始進行調查。那些送到收信人手中的信件，意味著日本統治時代的記憶。人們在這些信件的導引下，再度踏入那個甘美懷舊的庭院。

《賽德克．巴萊》則是對於一段歷史的考察，要談的是統治者日本人與被統治者原住民之間所發生的糾紛，造成了極為悲慘殘酷的結果。這裡沒有一絲絲《海角七號》的甜美情懷。但兩部電影的共同點是，即便發生任何悲慘或矛盾，台灣的現代化是在成為日本殖民地的過程中實現的，沒有人能夠不去正視這件事。《KANO》更徹底地貫徹這個態度，這是無人可否認的。這裡呈現諸多複雜狀況的糾纏，例如台灣人對宗主國日本的憧憬、被殖民的痛苦、現代土木技術的引進帶來對於安定生活的期待、只有台灣人被迫陷於苦境的不合理狀況等等。對於日本的殖民統治，《KANO》不予肯定，但也不否定。它只不過是要毫不隱蔽地直視這段歷史上曾經發生的事實而已。

為了更明確地了解台灣電影的傾向，試著比較日本另一個鄰國，也就是曾經被日本殖民統治過的韓國在電影製作方面的現況，應該是最適當的。在一九九〇年代後半期，日本電影終於可以在韓國上映。在這段期間，出現了一種稱為「新韓國電影」的現象。在這個趨勢下，年輕導演們陸續發表許多引人爭議的作品，不但在國內叫好又叫座，在國際電影節也受到關注。這裡面有幾部作品充滿了看似快要超越好萊塢的娛樂性，同時還向觀眾追問：韓國是什麼？韓國人是什麼？奇怪的是，這些電影裡完全沒有關於日本的影像。對於韓國而言，日本彷彿是一個不存在的國家。但是，目前日本電影最熱議的，卻是居留日本的韓國人的問題。兩者真是強烈的對比。台灣電影能夠真誠面對日本時代，思考台灣的認同問題，而韓國則欲依循「日本不存在」此一認知，來回答「韓國是什麼」這個問題。我認為，若要跨越電影的框架來探討台灣人及韓國人對於日本的看法，這個在電影製作上的明顯差異其實相當重要。魏德聖的電影不曾在韓國受過歡迎，但我希望韓國人能夠看看這部《KANO》。

太陽花學運　大學生占領立法院

我以訪問學人身分居留台北期間，台灣曾經發生一件重大政治事件，那就是大學生占領立法院的事件。

事件發生在二〇一四年三月，始於馬英九總統率領的國民黨在立法院強行通過海峽兩岸服務貿易協議。抗議的學生們在三月十八日晚上占領了立法院，要求立法院院長在審議協議之前必須制定監督條例。當政府接受他們的要求時，所有人從立法院退場。這場為期二十四天的無預警行動，是對於逐步往中國靠攏的馬英九總統喊出的一聲完美的：「No！」。學生們主張無暴力、非破壞的行動，給人很好的感受。在一位從事研究的朋友協助下，我得以進入立法院，與其中一位領導者對談。而在四月十日下午，我也目睹了學生退場的實況。以下是我當時的印象及之後的思考。

三、四月是台灣南部向日葵開花的時節，學生們將自己的行動稱為「太陽花學運」。關於引發這個運動的台灣政治情勢和社會狀況，以及此後可能造成的影響，在日本已有若干報導。我回國之後發現日本媒體的報導與台灣實際狀況有所差異，日本在整體上的論調直接承襲中國的觀點：「擔心會影響中台統一」。在北京的台灣留學生的響應運動也完全沒有被報導。日本的媒體總是在意中國的意向，根本不願意正視台灣的實情，這一次又很遺憾地讓我們看到了。我住在台灣，親自走進立法院看到的印象是：這不是針對社會體制差異所做的抗爭，而是對於大國的霸權與追隨其後的小國所構成的卑微圖像，人民感到憤怒而想要恢復正義的要求。附帶一提，學生們之間的相同點是：對於社會主義不抱持任何幻想。

青島東路是一條我很熟悉的街道。

與東西橫亙於台北車站前的忠孝路成平行走向的這條路上，有一座國家電影資料館。我常常來這裡欣賞一九六〇年代的台語電影，或者跟電影人約在這裡碰面。在附近的成功高中裡，一棟建築物三樓的昆蟲紀念館，展示著高中老師陳維壽的大量收藏，他將自己一生全奉獻在研究台灣昆蟲。每當電影看得累了，我會來到這間昆蟲展示室，欣賞那些美麗得令人暈眩的彩虹鍬形蟲和瑠璃帶鳳蝶標本。

青島東路的氣氛開始轉變，是從三月十八日晚上開始的。在立法院前靜坐了一陣子的反服貿學生們，趁著天黑一個一個溜進立法院裡，不知不覺中大批的學生便占領了議場。他們自稱「黑色島國青年陣線」，大部分的人都穿著黑衫，作為抗議兩岸協議的協商過程被黑箱操作之意。

鎮守於此的警察發現而欲加強防備時，已經來不及了。占得勢頭的學生們突破警察的封鎖線衝入院內，以膠帶和繩子將桌椅綁住，在所有出口設置拒馬，只留下一扇門。雖說如此，他們裡面並沒有人事先學過如何設置拒馬，而是從《悲慘世界》（日本劇名《レ・ミゼラブル》）這部音樂劇模仿來的。在這部雨果原作的音樂劇電影裡，一八三二年六月巴黎街頭逐漸被堆高的椅子，讓多數的學生們留下深刻的印象。

隔天十九日，學生們向馬英九總統提出訴求，發表占領立法院的宣言。馬總統沒有回應，還譴責學生們是「暴民」。兩位運動領袖林飛帆和陳為廷提出抗爭原則：「和平、非暴力」。支持學生的大學教師們紛紛集結於立法院前，向政府做出抗議。後來帳篷製造工廠免費提供帳篷，不少教師便入住其中，在現場守護著他們的學生。

詩人鴻鴻立即在網路上發表詩作〈暴民之歌〉，指出學生們的行動是正確的。他親赴青島東路，在眾人面前朗讀這首詩。這首詩可以說是這場運動的基調，全部內容如下：

我們來了，夏天也來了
我們的腳步，可以溫柔也可以堅定
我們的聲音，可以優美也可以嘶啞
我們的拳頭，可以揮向天空也可以揮向不義
我們的心，可以是血的紅也可以是青草的綠
我們越過圍牆占領這條街、這個廣場、這個堡壘
當別人把這裡當作提款機、當作傳聲筒、當作逃生梯
我們把這裡當作溫暖的搖籃，當作哺育稻米的農田，當作未來之歌的錄音間
我們歌唱，對，我們歌唱
我們用歌唱占領一個原該屬於我們的國家，原該保護我們的政府，原該支持我

們生存的殿堂
把它從墳墓變成子宮，從垃圾堆變成果園，從地獄變成天堂
甚至我們不奢求天堂，我們垂下眼睛，把這裡當作自己的家
今夜，原不相識的你我，在這裡多元成家
今夜，我們甘願做愛的暴民
就像五二〇訴願農民那樣的暴民
就像六四天安門學生那樣的暴民
就像把美麗島當號角的那樣的暴民
就像用野百合、用茉莉花改變世界的那樣的暴民
就像以自焚為武器的鄭南榕那樣的暴民
不過今夜，我們不焚燒自己
我們焚燒這嚴寒的冬夜
讓夏天一夜之間，來到我們眼前！

我感覺，鴻鴻這首詩是像雅可夫斯基效應般一口氣寫成的，深刻地道出了當事者們的期待與熱情。順便簡單解釋一下：「五二〇」是一九八八年的農民抗議運動，欲保護國產農作物而反對貿易自由化。「美麗島」是一九七九年同名雜誌相關人士被同步起訴的事件。「野百合」是一九九〇年的學生運動，要求廢除動員戡亂臨時條款、解散國民大會，最後李登輝總統出面接見，做出改革承諾。

鴻鴻在詩中貫徹的姿態是：將當下發生的學生運動定位為台灣現代史民主化運動的一環，要從中發掘其強烈的連續性。鴻鴻與作家楊索都是反服貿協議的連署運動發起人，向文化部部長龍應台提交一份公開連署書。我去見他的時候，他告訴我，為了支持學生們的行動，他已守在藍色帳篷（後文說明）好一陣子。

三月二十三日，馬總統在記者會上再次指責學生的違法行為，無視於學生們的要求。由於總統沒有表現誠意，數千名強硬派學生企圖衝入行政院。學生們在隔天早上被強制驅離，在警方清場時很多人都受了傷。這一陣子大多數台北的大學已無法上課。學生們全部來到立法院，在青島東路靜坐，與一般民眾持續進行抗議集會。南部的農民用卡車將大批的太陽花（向日葵）運來了，每個人都在衣服上配戴這花朵，穿上印有太陽花圖樣的衣服，這場抗議運動不知不覺地被稱為「太陽花學運」。一般市民和公司行號陸續提供食品、藥品、睡袋和帳篷，學生們收到這些物資之後成立醫療及救護處理小組，並組成翻譯小組以因應外國媒體的採訪。三月三十日，五十萬（警方公布的人數是將近十二萬人）示威民眾聚集在總統府前的凱達格蘭大道上，聲援學生們的行動。學生們同時閃爍智慧型手機的小小光源，高高舉起表達示威之意。無數光點在黑暗之中閃爍，這種夢幻般的情景就這樣被展示出來了。

四月一日，綽號白狼的黑道分子欲前往挑釁，但被民眾包圍後離去。五日，學生終於開始舉行「人民議會」，重新審議《兩岸協議監督條例》。六日，對這場運動抱持善意的立法院院長王金平進入議場，承諾一定將這個條例法制化。七日，學生發表「轉守為攻，出關播種」聲明，表示將於三天後走出議場。他們依約在十日傍晚齊步走出立法院，並在青島東路就地召開大型集會。

以客座教授身分居留台灣的我，原本計畫進行的演講日程一直無法確定，也驚嘆事態變化之快。同僚的教授們表示學生們都不來學校上課，於是便陸續前往藍色帳篷，大學校園變得空蕩蕩。我向一位朋友、也就是文藝評論家應鳳凰教授詢問，可否讓我進入立法院。深受運動家學生仰慕的她說，應該可以。於是我們在四月五日前往青島東路。

當我們跟計程車司機告知目的地青島東路時，他很熱切地講了起來：「前不久三月十八日晚上，我在無線電聽到消息，說是學生占領立法院，警察馬上就要出動。我馬上呼叫同行出動五十台計程車，在立法院四周不停地繞著，讓警車無法靠近。」一應教授拿起智慧型手機，讓我看一張相片。那是在京都大學的大型教室裡，所有學生都穿著黑色上衣，這是向黑色島國青年陣線致意之舉。

青島東路的氣氛整個改變了。

學生們靜坐的範圍已經延伸到電影資料館那一帶了。好幾十個睡袋晾曬著，糧食堆在厚紙箱上。一對男女學生正以「人民國會開講」為題表演雙人相聲，談到關於馬總統的笑話時，聽眾們同時發出爆笑之聲。也有人快速地舉起手發言。每個人都是神清氣爽的表情。有人在發放食物，一邊叫著：「燒餅！燒餅！燒餅！」，一邊將食物發給靜坐的人們。立式看板上寫著「台灣非地方政權」、「觀光立國救台灣」、「政院把筆收起來」等文字。

立法院被占領以來的兩個星期，學生們陸續設置臨時性的設施，如沖澡間、廁所、診療所、返鄉便宜火車票販售處等等。這些為了支援長期抗議靜坐所設的設備整齊地設置在街角。便利商店也提供協助，設置了手機充電站，在店門前寫著「免費充電站」。

兩位女大學生正在將「反對服貿條例」的文字印刷在T恤上，很多人想買T恤，排成一列長長的隊伍。有的衣服則印著「我們不是香蕉」。附近有一個學生搬來一張小桌子，正在賣中古書，上面有一本阿列克謝耶維奇的《鋼鐵是怎樣煉成的》。我心想，原來這本以俄羅斯革命為舞台的社會主義現實主義小說也已經能在台灣翻譯出版了啊。有些學生圍成一個圓圈唱著歌，有的學生則是認真讀著像是功課的英文講義。他們來參加靜坐好像不是抱著鑽牛角尖的想法。感覺他們很放鬆，在這個解放的空間裡依自己的心情做自己想做的事。雖然如此，這仍是一個管理良好的空間，從醫療小組巡邏和路上沒有任何垃圾這些情況可以看出端倪。

我們穿過四處正在進行的各種集會，終於來到立法院前。立法院白色外牆被噴上「當獨裁成為事實　革命就是義務」幾個大字。

一位學生很快認出應教授，引導我們進入裡面。立法院的走廊鋪著紅色地毯，到處都是面無表情、靜默不語的警察及便衣刑警。一旦我們踏入議場，卻展開了另一個世界。約有五百位學生在這裡度過了兩個星期以上。

議場後方牆壁掛著一幅很大的孫文肖像，但學生們完全不去注意它的存在，他們的原則是原本在這裡的東西都不可擅動。但另一方面，牆壁上貼了很多他們為了諷刺當政者而製作的海報。一個很大的看板上貼著立法院所有議員的大頭照，下面標注「凶」或「吉」。反對服貿協議的議員都保留原本的相片，但是贊成者的大頭照全部被換成馬英九的臉。有的人則被標注為「小吉?」。我看到每一扇門前築起的拒馬。椅子被團團綑在一起，用膠帶將門上的把手固定住，令我想起現代藝術流派之一的「貧窮藝術」。一旁則掛著「台灣魂　永不退縮　誓守民主」的白布條。

很多攝影機和腳架被帶進來，可以看出學生們非常重視如何向媒體發出訊息。占領活動開始不久，就有人透過網路捐助六百七十萬元款項，其中一部分用於刊登《紐約時報》陳情廣告。學生們立即組成八十人的翻譯及口譯小組，建立了可以因應三十五國語言的組織。

議場內雖然「住著」很多人，但卻相對地安靜，秩序井然。有人裹著睡袋躺在議員席位之間的地板上熟睡，有人站在講壇上演說，有人正低著頭，有人圍成一圈討論著，有人正用膠帶將以外文書寫的紙片貼在牆壁上。這個情況與一九六〇年代後半期日本大學校園裡築起的拒馬有點相似，卻有所不同。他們很小心地不做出任何破壞行為。不但議場內沒有一絲絲髒亂，連牆上都沒有任何簽字筆或油漆的塗鴉。馬總統事後說學生破壞議場而要求學生支付龐大的修復費用，我可以作證這是多麼虛假的言論。若要形容我親眼所見的景象，那麼可以說是，一群高中學生為了迎接隔天的園遊會而留在學校徹夜不歸地準備著的景象，簡直就像是押井守在《福星小子（二）綺麗夢中人》（*Beautiful Dreamer*）描繪的無時間性的解放狀態。

我與本次占領活動的領導人之一陳為廷談了話。他是清華大學社會研究所的學生，曾經上過天安門事件中心人物王丹教授的課。時值二十三歲，有著開朗的表情，雖然大部分的人都穿著黑衫，但他卻穿著藍色衣服，原來自從占領活動以來他都沒有換過衣服，所以電視上的他總是那一件藍衣服。

我問他，你們占領這裡時有沒有訂出什麼規定？

陳為廷回答道，完全沒有，我們不要求統一各種意見，也沒有禁止事項，很多規定在無言之中漸漸自然地形成：不弄髒建築物，不留下垃圾，即使機動部隊衝進來，也要以非暴力的方式抵抗到最後。民主主義已經遭到破壞，我們只是為了守護民主主義而來到這裡。在陳為廷的語氣裡，看不到日本學生運動家身上常有的傲慢自大以及領袖氣質似的演技。他只是淡淡地陳述他們的情況與目的。

在議場裡待了一陣子之後，我走到外面去。立法院的迴廊仍然一片靜寂，沒有任何改變。中庭也沒有人。警察跟我說，必須回到原先的入口才能出去。於是我又走回去，再度被園遊會的熱鬧氣氛包圍住。在支持學生的人們靜坐的地方，數十名警察絲紋不動地站在一旁。

好幾頂藍色帳篷排在一起，上面都寫著「老師接力挺學生」。我探頭進去，聽說是大學教師們前來聲援學生的。他們說明道，如果連老師也贊成這個運動的話，會讓住在鄉下的學生家長們感到放心，也可以減輕學生們的心理負擔。這在日本是不可能的。一位教音樂的年輕教師以筆寫出「安田講堂」，問我日本那時是否也一樣。我簡單解釋道，一九七〇年代反安保的運動家已經不信任教師，還打算破壞包含教師研究室在內的大學設施。這不是開玩笑的話喔。

在青島東路和濟南路的交叉口正在舉行名為「公民憲政會議草根論壇」的大型集會，聽眾裡看不到一般市民及只為看熱鬧而來的民眾。一位像是大學教授的人以很快的速度演講著，當他突然下台之後，接著出現的是交響樂團，他們演奏貝多芬的〈快樂頌〉。聽眾用手打拍子熱烈地回應。我問旁邊的學生現在演奏的是什麼歌曲。她告訴我，有台灣老歌〈望春風〉，還有最新的學運歌曲，〈晚安台灣〉和〈島嶼天光〉很受歡迎，大家聚會時都唱這些歌。這些都是「滅火器」樂團的新歌。

路邊展示著很多嘲諷馬總統的藝術品，有一張漫畫海報上畫的是長了鹿角的馬總統。北野武訪談集《馬鹿野郎》前不久才翻譯出版，中文題名保留日文原字，或許「馬」和「鹿」組合而成的笑話已經流行起來了吧。有一個藝術裝置是一顆紙糊的紅色馬頭從白色馬桶探頭出來，好像隨時會被沖進馬桶似的。這個作品只寫著「馬的」，與中文最難聽的髒話「媽的」有點諧音，思及至此，感覺這真是一個驚人的黑色幽默。

這一天，我在青島東路待到傍晚，懷著舒爽的心情回到了大學宿舍。

四月十日下午，學生們依照約定走出立法院。多數的學生穿著黑衫，手裡拿著向日葵花，在兩千名群眾的看顧下，沒有任何抵抗，也沒有做出任何暴力行為。就在前一天，九十三歲的前國民黨黨主席李登輝發表「學生無罪，他們不是暴民」的談話。他回顧二十四年前接見野百合學運學生的情況，並且說太陽花學運的功勞很大。

學生們退場時很自然地唱起歌來，那是音樂劇《悲慘世界》最後的經典曲目〈你有聽到人民在唱歌嗎？〉。每個人都會唱「你敢有聽著咱的歌」這句歌詞。學生們從這齣音樂劇學習如何設置拒馬，在最後也受到這首歌的祝福。

教師們入住的藍色帳篷很快被撤走。立法院正門有很多警察站崗，威嚇著群眾，但建築物前面又出現新的展示物及布條。一個女高中生拿著寫有「謝謝你們　辛苦了」的告示牌，一位老人正在散發一本名為《我們是台灣人，不是中國人》的小冊子，年輕人身著印有「我不服」的黑色衣服。還有一個畫有巨大向日葵的立式看板，人們輪流站在看板前拍照留念。最令人印象深刻的是一幅巨大的紅色布條。

我有一個請求，
你今晚驅離學生時，不能流血；
若有學生流血，我要跟你拚命！

布條如此寫著。熟悉台灣現代史的人應該能很快地察覺。在一九四九年，一千多名台大及師大學生包圍警察局抗議警察施暴，事後，警察在四月六日進入大學校園逮捕這些「叛亂分子」。在逮捕之前，當時的台大校長，也是當年五四運動總指揮的傅斯年，在悲痛之餘向警方提出的訴求就是這句話。附帶一提，這起「四六事件」之後，在國中以上的教育機構裡，學生的思想傾想開始受到徹底的監控。這幅布條上的文字，將正在發生的太陽花學運置於台灣現代史抵抗運動的延長線上，欲強調兩者之間的連續性。

從立法院退場的學生們馬上前往青島東路上臨時架設的舞台，開始展開集會。三個大型螢幕進行實況轉播，讓坐在道路遠方的群眾也看得見。學生們在台上齊聲朗誦〈再見，台灣民眾的朋友〉，接著述說他們的抱負，今後將巡迴全台，讓草根論壇更加蓬勃發展。

舞台上發生意想不到的事，陳為廷脫下了身上的黑色T恤。那一瞬間，他的上半身裸露在眾人面前，閃光燈閃個不停。他丟掉的上衣被民眾撿到，當天晚上就放在網路拍賣，兩天後我看到的競標金額已達十二萬元（約四十萬日圓）。聽說義賣收入將捐給學生們景仰的社會運動家，作為今後運動的活動資金之用。

太陽花學運的占領立法院行動經過二十四天、五百八十五個小時之後落幕了。根據四月十一日《蘋果日報》的報導，集結人數共有七十八萬人，三月三十日創下五十萬最高人數。另外，台灣留學生在全世界十七個國家、四十九個都市也舉行了響應的示威活動。

學生們在國會占領這麼長的時間，沒有做出任何暴力或破壞行為，貫徹他們的訴求。日本學生運動根本無法想像的狀況竟然在台灣發生了。他們堅信自己認知的政治正義一定能夠實現，讓走偏了的民主主義有重生的機會。將來史學家在書寫台灣現代史時，應該無法忽視太陽花學運的存在吧。

極端地說，學生和支持他們的台灣民眾要反對的，就是第三次國共合作。以前的國共合作是為了抵抗日本軍事侵略而組成的共同戰線，但這一次的性質卻大異其趣。這次是中國和台灣的富裕階層聯手掠奪台灣弱勢人民的行為，更強烈地說，這是馬英九總統親手將台灣賣給中國的行為。

國民黨將學生們視為「暴民」、不願正面接受他們的要求，這是事實，但即使是在野的民進黨，也無法取信於學生們。有一些議員被送進那個被占領的空間裡，但仍然無法攏絡學生們的心，因為學生們明確堅持第三勢力。這一連串的事件當然會使中國國民黨受到動搖。以我個人的私見，中國遲早會因馬英九總統欠缺統御能力而將他切割掉。但是，以往中台關係的二元論就此變成了三元論，台灣已經來到了無法往回走的境地。無論如何，學生們已經實現了白布條上的信念：「台灣魂　永不退縮　誓守民主」。他們以五百八十五小時的時間挽回一度陷於危機的民主主義，實現了完美的非暴力運動。

（附言）

我正在校對本書原稿的當下，是二〇一四年十一月，這時太陽花學運的火苗燒到了香港，學生們強烈要求中國政府確認香港的自治權。「阿拉伯之春」的民主浪潮在各地都遭到困難的局面下，台灣和香港學生主張的弱勢者的抵抗將會如何發展、波及至何處，是值得關注的問題。

第二部

尋找黑面女神

黑面女神 媽祖

一 黑面女神

住在台灣一陣子後，我才發現每個村子裡都蓋有廟宇這件事的意義相當大。台灣各地四處都有廟宇。有的是從大馬路轉進狹窄彎曲的小巷子後突然映入眼簾的那種若無其事蓋在那裡的廟，也有在人聲沸騰的市場後面威嚴、靜寂地矗立著的廟。也有悄悄蓋在大樹下的廟，有的甚至將大樹變成祠堂。有的廟有絡繹不絕的觀光客，有的廟卻無人問津，任憑枯朽而去。

廟前的廣場稱為「廟埕」，附近居民搬出椅子坐在這裡聊天，有時也有小吃攤在這裡作生意。若是大型的廟，正門之外還會有好幾個側門，建築空間有前殿、正殿、後殿，有的還會有幾間側堂。有的廟很簡樸，只有一個正殿，但有的廟卻跨接到隔壁的廟裡面。有些廟卻像是停車用的車庫，在寬廣空間裡擺著數尊神像。

廟裡很寂靜，有一點陰暗。若遇到看似管理人的人物，向他詢問，他會告訴你祭典的日期或給你關於這間廟的說明小冊。廟裡的某個角落也會放置彩色插圖的佛教教義說明書或正式的經典書籍，免費供人取閱。在附近四處張望的話，一定會有人過來跟你講話。他會很得意地跟你說明這間廟的歷史，有時會拿鋁箔包的果汁給你，並請你在祭典那天一定要過來。廟裡一定會有無所事事、坐著發呆的人。更精確地說，除了那些走進廟裡就急切地拿香拜拜的人之外，人們全都進入了一個沒有時間感的靜謐空間。這裡之所以給我不同於日本神社或寺院的感受，應該是除了肅穆氣氛之外，還有一股更濃厚的閒適氣息吧。廟的側邊或內部一定設有廁所，對於我這個旅人而言是珍貴的寶地。

台灣廟宇數量目前為止仍不斷增加中。根據劉枝萬的《台灣道教與民間信仰》（風響社，一九九四，頁一二五）可知，一六九九年只有五十五間寺廟，日本開始統治的一八九五年增加為兩千八百六十三間。到了戰後，隨著日本皇民化政策的結束，一口氣蓋了兩千間新廟。一九八三年統計到的數量是五千六百七十三間，若包含小祠堂在內，推估有一萬一千間左右。以「宮」為廟名的約占半數，其他名稱的數量從多到少依序是「廟」、「堂」、「祠」、「殿」。神明據說有兩百七十六位，但要精確算出是有難度的。

廟宇可以說是一種綜合美術館的形態。不但有以金、綠、朱紅色顏料畫成的門神，還有刻著功德的碑謁（石碑）。屋頂是燕尾般往上翹起的形狀，以層疊方式建成。還有一種稱為「剪黏」的拚貼工法，將福祿壽或《三國志》知名場景重新呈現出來（此待後文細述）。走進門，廟裡掛著很多匾額，揭示著該廟的基本理念。龍形雕刻的石柱、神獸形狀的木雕、長相可怕而體形魁梧的人像，都成對排列著。不論哪間廟都一樣，若仔細遍訪廟中各處，研究每一件陳列物的來歷和圖像學，恐怕就可以寫出一本書了。至於廟裡最令我感興趣的，當然是坐鎮其中的神像了。

在昏暗的空間裡，為數眾多的神像不分日夜地被裊裊的香煙給包圍住。祂們是城隍爺、水仙尊王、觀世音菩薩、四海龍王、太上老君、神農大帝、關聖帝君等道教的神明，也有佛教的菩薩和大師。有自然現象的化身，也有歷史上的名聖先賢，甚至有臨水夫人、註生娘娘等保祐安產及生育的民間俗神。眾多神明裡最吸引我的是一尊名為「媽祖」的女神。

媽祖有一個別名，叫作「天上聖母」。在明清時代被正式授予「天妃」、「天后」稱號，但民間都暱稱祂為「媽祖婆」，或者簡單地叫祂「姑婆祖」，大致上是先祖婆婆的意思。

這位「老婆婆」是保佑航海平安的神明，是「媽祖廟」的正神，祀奉在正殿裡。媽祖通常不會單獨一尊坐鎮，而是有很多長得一模一樣但小一號的分靈神尊，最多時甚至有好幾十尊堂堂坐鎮在中央。侍衛在媽祖兩邊的是「順風耳」和「千里眼」，祂們是忠實的侍從。順風耳可以聽到任何遠處的聲音，千里眼的視力好到可以看到千里之外。祂們肌肉突出、長相猙獰，負責輔佐航海女神的工作。

不同於臨水夫人或城隍夫人，媽祖不曾結過婚。祂是單身的處女神，只是將自己的分身無限地繁衍下去。神像大多以木頭或石頭雕刻而成，有時會用黏土、陶土或金屬做成。我聽說有紙糊的媽祖像，可惜沒有親眼見過。

媽祖是一位有著豐滿體態的女性。柔軟圓潤的臉龐下方有著膨起的腹部，雙腳在寬鬆的衣服下面打開著，大大的臀部端坐在椅子上。手肘放在椅子扶手上，一雙小手高雅地伸出衣袖。有的媽祖神像是只有左手放在膝蓋上。祂的衣服極為奢華高貴，繡有一整片龍宮或官殿的圖案，胸腹部位裝飾著好幾十條絹絲吊穗。最具美感的是那頂稱為「九龍冠」的頭冠，正面裝飾金色珠鑽，黃金頭飾有著複雜卷草圖紋，上方有著無數的紅色小珠。正因為如此，媽祖的臉很不容易看清楚。不過，在廟宇微亮的光線中，若凝神注視的話，就可以發現祂那柔和又無比親切的表情。

媽祖的顏色有很多種，有一種是白色臉龐的媽祖，也有全身以黃金鑄造、金光閃閃的媽祖，甚至有像是剛做好、施以粉紅色珐瑯的媽祖。但讓我最有感覺、也最能給人強烈畏懼感的是臉部黑漆漆的媽祖。

有些新製的分靈媽祖會塗成淺黑色的臉，但坐鎮正殿中央的那尊老資格的媽祖則是全黑的臉。信徒奉獻的香油錢會用來更新媽祖的服飾，但是媽祖的臉依舊是漆黑的。若是在快要倒塌的小祠堂裡，媽祖不只是臉很黑，連衣服也被煤煙燻得很髒。有些廟裡的所有神像，臉全部是散發著威嚴光芒的黑面。

為什麼女神的臉是黑色的呢？居留台灣這段時間，這個問題一直纏繞在我心中。多數的台灣人從小看慣媽祖的黑臉，一點也不會有疑問，所以大部分的人都說不知道為什麼。有幾個人說可能是使用了黑色木材，或者為了防蟲蛀而塗上黑色顏料。我四處查資料，發現媽祖並不是一開始就是黑臉的。剛做好的臉是白色或粉紅色，一兩百年來在信徒的線香煙燻下，煤煙不知不覺地依附在臉上了。由最後形成的漆黑光澤來看，這個說法應該是最大公約數的事實吧。媽祖黑臉的程度正是民眾對該尊媽祖信仰虔誠度的量尺。

這個說法雖然很有說服力，但在象徵性的層面並沒有得到完全的解決。我試著將眼光轉向西方世界。在基督教裡常可發現黑臉或黑色四肢的瑪麗亞神像，有許多地方因為「黑色瑪麗亞」特別靈驗而加以崇拜。黑色瑪麗亞大多是在十二世紀羅馬式時期同時大量製作而成，集中於法國中央高地。馬杉宗夫在《黑色瑪麗亞和惡魔之謎》（講談社學術文庫，二〇〇七，頁八七〜一一〇）一書中推測，在基督教傳入之前，此地可能是德魯伊教信徒的聖地，存在著聖水和聖石的崇拜。馬杉宗夫還以古埃及伊西斯女神，以及土耳其以弗所的亞底米神廟裡的黑神像為例指出，專司大地與死亡的女神都是以黑色神像作為表象，因此《舊約聖經》的「雅歌」這位敘事者，應該是一位黑皮膚的美女。

所謂的黑面媽祖，在祂正式受到認可而獲得「天妃」、「天后」稱號之前，這位女神的意義應該是來自於人間的土地。就因為是黑面女神，才能具備媽祖的本質。在祂被轉化為天上世界的神格、成為已淨化的存在之後，才會在近年出現粉紅或金黃色的媽祖吧。

現在的我還沒有準備好能夠展開這個推論的方法論，也無法走遍台灣的媽祖廟進行實證調查，若被批評為這只是一個美術愛好者（假設日本有這樣的人）所做的詩性夢想，也只能到此為止。不過，我在一位創作不輟的台灣詩人的作品裡偶然地發現了相同的夢想，心中浮現一種感動的情緒。

以下是台南詩人林梵（後文介紹）寫的詩〈神聖的母性〉（《海與南方》，印刻出版社，二〇一二），他寫的是從他老家走路就可到達的大天后宮裡的媽祖，茲抄錄如下：

從小出出入入
境界依然停留於
色即是色
空即是空

我來台南大天后

竟不識姑婆祖
本來真面目
大殿堂前，臉擦金粉
嘴點胭脂的媽祖婆
不是熟悉的
黑面姑婆祖啊

長年煙燻也好
歲月的痕跡也好
情感寄託也好
橫渡台灣海峽風浪而來
坐鎮古都三百多年
還原媽祖婆的原樣
給我的姑婆祖吧
神不要像人摩登化妝

個人的生命有限
從來社會的大染缸
一樣風波險惡
我們每個平凡人
都有媽、有祖、有婆
安靜陪在身邊
道成肉身的女性
羽化昇天，化身
為大家的媽祖婆

神聖的母性，昇華
后德配天而長存
信人也要信神
三支清香膜拜
偶爾指點心中迷津

忐忑不安的心
才能安神哪

這首詩充分寫出媽祖作為女神的本質——母性特質。我因此受到驅策，要將地中海世界的聖母瑪麗亞拿來與媽祖做個比較。媽祖和瑪麗亞都是處女神，在無時間感的世界裡很淡然地被稱呼為老婆婆，一直都體現著永遠的母性。媽祖和瑪麗亞，都是以M音開頭的專有名詞，這只是一個偶然嗎？在悠遊於詩性夢想之前，我想要探究這個在台灣深受民眾信仰的媽祖的起源和來歷。

II 媽祖的傳說和信仰

在台灣的民間信仰裡，媽祖絕對算不上高階的神明。祂既無呼風喚雨的能力，也不是以佛道儒教為背景的聖人，不過是民間的俗神罷了。即便如此，祂仍然是東南亞沿岸各地最受民眾信奉的女神，祂的慈悲和靈驗無所不在。

福建話的「媽祖」意指態度謙恭的老婆婆，由此可以窺知一種家庭氣氛的親密感。我覺得應留意林梵那首詩提到的，人們有時會親暱地稱祂為「媽祖婆」。

媽祖是歷史上真實存在的人物，是宋朝人。太多人寫過她一生的故事，因傳說的過度包裝，已經很難探究真實程度為何。我在此參考元代寫成的《三教源流搜神大全》，簡單追溯祂的言行。（過偉，《中國女神的宇宙》，君島久子監譯，勉誠出版，二〇〇九，頁三七五起）

媽祖於七四二年（唐朝天寶元年）三月二十三日生於福建湄洲（編按：關於媽祖生卒年有多種說法，這裡引用的是《三教源流搜神大全》），成為林家的女兒。父親任兵馬使，也曾任都巡檢。母親陳氏夢見南海觀世音，吃下優曇婆羅花後懷了身孕。媽祖出生那天，村子裡飄起一股不可思議的香氣。她出生到滿月從來都不哭，因此取名為「默娘」。

林默娘在襁褓時就懂得對著神像雙手合十，五歲會唸觀音經，十一歲會以婆娑曼妙的舞姿敬悅神明。最令人驚嘆的是，她能預言他人禍福，善於為人治病，尤其在海事方面發揮了優秀的能力。

有一次，四兄弟出海打漁，遇到可怕的暴風雨。此時的默娘在雙親家中進入深度冥想狀態。父母看到她的樣子，感到擔心而將她喚醒。這時她很怪異地說道，為何自己無法保護兄弟。後來兄弟們的船回來了，長兄一人不幸遇難。哥哥們口口聲聲道，當刮起風那一瞬間，他們看到海上出現一位少女，死命地拉著船柱的纜繩，船身如履平地似的渡海回來。如果雙親沒有將她叫醒的話，或許可以救起長兄。類似這樣的事件頻頻出現，林默娘的名聲愈來愈響亮，湄洲的漁民和商人紛紛祈求她保護他們航海平安。她總是望著海上，預知何時會有海難，因此獲得「神女」、「龍女」的稱號。

林默娘在十五歲誓言單身不嫁，二十七歲去世。村人為她建了一間小祠堂，希望她在死後也能繼續顯靈。後來人們漸漸親暱地稱她為「媽祖」。就我所知，最早祀奉媽祖的紀錄是由南宋福建人寫成，書上記載湄洲有神女一事。

從明朝末年到清朝期間，湄洲民眾乘船渡海來台灣時，為了祈求行船平安，會在船底安置媽祖神像。這是可以想像的。平安抵達台灣的人們懷著感謝和敬畏之心，為媽祖蓋了簡單的祠堂。祠堂成為同鄉人士的聚會場所，在無依無靠的殖民生活裡，這裡是作為確認自我認同的精神倚靠。在南明永曆時期，鹿港、台南、高雄等海岸城鎮已蓋了開基廟。媽祖廟的數量在清朝急速增加，在乾隆時期達到巔峰。就這樣，生於湄洲的無名女巫成為生根於殖民都市的女神。

媽祖原本只是單純作為漁民及航海人的守護神，後來在國家的智識整合及治安目的下，在政治上受到利用。我們在這裡必須檢視一下這個過程。隨著時間的流逝，媽祖的稱號變得愈來愈多。早在宋朝時期，詔賜「順濟」廟號，受封為「靈惠夫人」、「靈惠妃」。到了元朝，因對於海上運輸有功而受封「護國明著天妃」。最後在清朝，康熙皇帝認為祂有助國家統一，遂加封「護國庇民　妙靈昭應　仁慈天后」這個長長的稱號。就這樣，媽祖從「夫人」、「妃」、「天妃」晉升至「天后」，登上女性的最高位階。原本只是安置簡陋的木造媽祖神像的媽祖廟，到最後竟轉變為受國家正式認可、畫棟雕梁的天后宮。

我曾到鹿港造訪全台最古老的媽祖廟，清楚感受到這個變化。一六八四年在鹿港最早建成的古廟興安宮，位於郊區狹小的巷子裡，很小、很樸素，屋頂也沒有什麼特別裝飾，廟裡甚至沒有柱子。媽祖穿著金黃色的袈裟，臉部當然是全黑的。聽說這間廟剛開始是作為興化人同鄉會館之用。

回到大馬路上，再走一陣子便來到天后宮。這裡與興安宮真是明顯對比。天后宮是鹿港第二古老的媽祖廟，有著龐大且多層次的結構，香客絡繹不絕。不過此廟一開始並非這種華麗的建築，應該是歷經三世紀的改建及重建，才有現今的規模。我駐足於三川殿，觀賞天井的精緻木工。蜘蛛網模樣的造形是特別延請福建泉州師傅前來製作的。屋頂的裝飾色彩鮮艷且趣味橫生，還點綴著龍、魚等各式各樣的動物偶像。順風耳和千里眼露出精瘦卻強壯的肌肉，一副猙獰的表情。媽祖的臉是淡黑色，靜靜地微笑著。祂面前的桌上擺著許多鮮花和供品。再往裡走，可以看到一個龍形噴水池，有鯉魚在裡面游動。雖然名為天后（媽祖）宮，但祀奉的並不只有媽祖而已。後殿是兩層樓建築，祀奉一個小小的女媧像，旁邊是地藏王菩薩。我造訪之時，廟的側邊房間裡有十位女性正默默地製作平安符。清朝初期的媽祖廟和之後的天后宮，兩者的差異竟是如此之大。

移民到台灣的漢人是否真心喜悅媽祖這個變化呢？這很難判斷。但是，至少可以知道，媽祖登上天后位階之後，一定會成為國家統治人民的道具。根據清朝歷史學家趙翼《陔餘叢考》的記載，在航海旅程中突然遭遇風浪時，若向「天后」祈求，天后必須整頓衣冠後才能現身，會花上一點時間；但若是呼叫「媽祖」之名的話，祂會頭髮也不綁地馬上趕到，幫忙解決困難。這是媽祖和天后兩者決定性的差異，也可以明確看出媽祖變化的過程。隨著媽祖透過國家權力逐漸登上天后位階，祂從為民眾治病及保佑航海安全的女巫，變身為護國安泰的最高級神明（前揭書，頁三九二）。

福建和廣東的華人盛行在東南亞沿海進行交易，隨著居住地的擴大，媽祖廟和天后宮也在外地被蓋了起來。在海南島、西貢、曼谷、馬來半島、新加坡、仰光，甚至香港、琉球等地，都祀奉有專司航海安全的女神。聽說澳門這個地名由來即是取自「媽閣」這座廟的諧音，實在很有趣。在十七世紀，這個媽祖信仰圈最北端遠達日本長崎。在長崎唐人區舊址有一間小小的媽祖堂，並在以崇福寺為首的數間廟宇裡，安置著媽祖及七爺八爺（雖然祂們原本屬於城隍廟）的神像。

現在的我正在寫這本書，桌上有一本二〇一二年舉辦的國際媽祖學會的研究報告。二〇〇九年，媽祖文化被聯合國教科文組織（UNESCO）列入「人類非物質文化遺產」。這本學術論文集（江寶釵主編，《媽祖信仰文化暨在地人文藝術》財團法人北港朝天宮，二〇一三）便是因為這個契機，在北港朝天宮支持下誕生的。發表人（即執筆人）來自世界各地，除了台灣當地之外，還有中國、澳門、日本、新加坡、英國、加拿大等。我讀過這本超過三百頁的論文集之後重新認識到，媽祖信仰區域真的很大，對於東亞民眾的歷史觀、世界觀、政治行動有很大的影響。

中國福建省沿海地帶住著少數回教徒，雖然他們是嚴格要求惟一神明的教徒，但不知何時開始將媽祖信仰納了進來。相對於此，在海外華人從事商業貿易相當繁盛的新加坡，近年來發生宗教上的變化，已可隱隱看到媽祖信仰。

關於媽祖信仰在地理上的擴大及盛衰的狀況，有兩篇論文讓我非常感興趣，研究的是琉球王國和東日本沿岸的媽祖信仰。根據天理大學藤田明良的研究（〈於江戶時代東日本天妃信仰的歷史展開〉）可知，在東日本奉祀媽祖的地方有：茨城縣水戶市祇園寺、大洗町弟橘姬神社、北茨城市天妃神社、青森縣大間町稻荷神社。祇園寺祭祀媽祖之事似乎跟水戶光圀尊崇媽祖沒有關聯，不過根據藤田氏的調查，發現其他三間神社都是在水戶光圀的授意下供奉媽祖的。每一間神社都位於一眼即可望見港口的地方，在晚上成為漁船的燈塔。尤其令我感興趣的是，旅行家菅江真澄的《天妃緣起》一書，曾記載位於下北半島的稻荷神社有一位少女媽祖在海難時施行奇蹟，與本稿前述的故事幾無二致。當我發現在這個日本供奉媽祖最北端的地方，繼承了湄洲的傳說，心中十分感動。附帶一提，根據藤田氏的研究，二〇一一年三月十一日東日本遭到地震和海嘯的侵襲，但是這裡提到的幾間神社，大都免於重大災害。這或許是來自於女神的看顧吧。

令我更感興趣的是，琉球王國興建媽祖廟竟然遠遠早於台灣。大約於十四世紀建立的琉球王國受到明朝冊封，在洪武帝和永樂帝時期接收很多閩籍移民。根據國立彰化師範大學黃綉媛的研究（〈海神媽祖信仰在東亞海域的流布〉）可知，琉球最古老的「下天妃宮」廟內一片舊板書有「永樂二十二年」（一四二四年）文字。這比台灣鹿港天后宮建成的時間早了兩個世紀，這個事實對東亞地緣政治學投下新的照明彈。琉球王府以正式祭典禮讚「天妃」，漁民們則暱稱祂為「海菩薩」。

閱讀至此，我已經了解媽祖（天后）與日本史及琉球史是有關係的，但我思考的是，這個女神媽祖的信仰，對於今日台灣人的社會意識及世界觀有什麼影響呢？關於這個問題，我讀到兩篇很感興趣的論文，那是卓佳賢的〈媽祖接炸彈神蹟之研究──以日治後期嘉義周邊為例〉及施芳瓏的〈回歸媽祖──宗教與公民社會在台灣〉。

在太平洋戰爭末期頻繁受到美軍轟炸的台灣，民眾之間流傳著與媽祖有關的口傳故事，前者針對這個現象進行了分析。在北港，一位六十多歲的老太太突然騰空而起，接住美軍投下的炸彈，丟到溪畔的砂地上。原來那是朝天宮媽祖的化身。在嘉義地區，當空襲開始之後，村民努力祈求保佑，突然有一位白衣女性在空中接住炸彈後不知去向。這也是媽祖的化身。在戰爭這個非常時期，這種口傳故事同時發生在好幾個城鎮，可以看出其原因在於民眾們對於媽祖有著強烈的、集體性的想像。

不過，媽祖並非屬於過去式的人物。進入二〇〇〇年之後，台灣各地自主發起反對建造核能發電廠的運動時，這位女神也發揮了團結當地居民的影響力。根據施芳瓏的研究可知，原先由民進黨主導的貢寮反核四抗議行動，逐步轉為遠離政黨的自主反核運動。澳底的媽祖廟在這個過程中發揮了決定性的影響力。當地居民先到廟裡以月牙形的筊向媽祖請示是否應該興建核電廠，媽祖做出的預言是，核電廠可能會完成，但萬萬不可啟用。時值戒嚴時期，當地居民抬出媽祖進行示威遊行，以媽祖廟為據點的區域共同體所形成的團結力量，在這裡出色地展現出來。貢寮核電廠雖已興建完成，但至今仍未啟動。這段軼聞讓我想起六十幾年前台北大稻埕發生二二八事件時的狀況（本書前面已經提過）。對於警察的專橫感到憤怒的民眾，在流氓大哥提議下偽裝成廟宇祭祀的預演活動，在清晨展開示威遊行。

從這樣的研究可以看到，以媽祖為根據的民眾共同體與現今的社會歷史產生了密切的關聯性。在十世紀的福建小島去世的一位女巫，就這樣轉生再轉生，成為今日庇護民眾的慈悲女神。在整個東亞的廣闊區域裡，竟存在著一個肉眼看不見的身體。

III 進香

媽祖信仰文化裡最特別的是，一整年祭典當中設有「進香」這樣的儀典。所謂進香，簡單地說，就是台灣現有六百間以上的媽祖廟前往謁見祖廟的活動。規模最大的進香活動是台中附近的大甲鎮瀾宮到嘉義新港奉天宮進香的巡禮之行。在媽祖生日農曆三月二十三日即將到來之時，以八天的時間完成所有的儀式。之所以要在即將到來之時，是因為大甲媽祖要以透過謁祖獲得的新靈力，來迎接神聖的生日。

進香的主軸是媽祖坐的那頂大神轎。神轎前後站著很多人，各司其職，以日本戰國時期大領主出巡那樣的行列前進。通知媽祖即將駕到的報馬仔（或稱探子馬）、持旗人、樂師、護衛媽祖的女性親衛隊、手持各種武器的執士、稱為布袋或太子的丑角、作為媽祖耳目功能的魁梧部下順風耳和千里眼、吹奏著細長樂器的號角隊。手持令旗和涼傘（或稱神傘）的人出現，終於看到神轎了。行列的長度超過五百公尺。不不，若加上霓虹燈光的巨型藝閣花車的話，長達一公里的行列亦不足為奇。

參加這個儀式的信徒稱為「香客」（進香者），大多人都是跟著團體一起加入，不分晝夜地往前移動。全程一百多公里，要以三天四夜走完。在新港參加祭典之後，再花相同的天數往回走。這是一支來回兩百多公里的強行軍。同一個進香團體的香客會穿著相同的上衣或背心，舉著專屬的旗幟，秩序井然地持續前進。路上遇到大大小小的廟宇時，會進去參拜，並且休息、用餐或住宿。進香團體的規模從十人到數千人不等，有人全程徒步，有人則中途搭上汽車或公車，也有人騎腳踏車，各式各樣的方式都有。長長的隊伍走過鮮綠的水田、鄉村小路，一路行進而去。

就因為媽祖是神聖的存在，讓巡禮者得以自行分取那份神聖。在香客行經的村落裡，為他們準備飲水和食物，讓他們好好享用，是一件榮譽之事。進香期間的飲食和住宿是免費的，這在供應者及接受者是共通的默契。住在道路邊的人家在巡禮客到來之前，會先去除不淨的事物，在門前備上香案和供品。他們不厭其煩地天天在村子口等待香客的到來。待香客到達時，會大肆舉辦熱情的祭典。提供自宅給香客住宿的人家是很普遍的，因為這意味著自己的家會得到媽祖的祝福。進香客若是沒有經過這個村子，每個人的臉上就會露出隱藏不住的失望之情，但他們也會努力思索如何在明年吸引進香客過來。

進香活動的最高潮當然是目的地新港奉天宮的祭典。遠自大甲的媽祖神像會在這裡被抬出來，由奉天宮的媽祖迎接入內。不，不只是這樣而已。由於全台灣媽祖都來謁祖，這個小鎮會同時湧入數萬名信徒。來自大甲的進香團會在嚴肅的氣氛下誦經，展示華麗的表演，呈現一個巨大的祭祀空間。第二天信徒們開始踏上歸途。回程也一樣受到各地的款待，每一座廟都要重複參拜。我居留台北期間，曾經看到電視的介紹，說這個活動與梵蒂岡耶誕彌撒、麥加朝聖行並稱世界三大宗教活動。

這種大陣仗的巡禮和祭典並不是一開始就有的。我讀了媽祖遶境進香指南書，黃敦厚、洪瑩發所寫的《台灣瘋媽祖》（博陽文化，二〇〇九）才知道，在十九世紀到二十世紀期間經過了很多變遷，最後才形成現在的形態和規模。

在十九世紀之前，進香活動並非每年定期進行。甚至有口述歷史指出每十二年才進行一次。為了貿易往來而從台灣出船到大陸時，媽祖神像會搭順風船前往湄洲。神像在祖廟待了一段時間之後，會被送回台灣，但是返回日期並沒有嚴格規定。這可能與回台灣的船班日期有關吧。根據目前可見最早的資料——大甲《金萬和郊帳簿》——在一八九八年，前往湄洲的進香活動從農曆三月二十五日開始，七月二十四日結束，費時三個月之久。

日本統治台灣之後，從大甲前往大陸的進香活動就此停頓。目的地只好變成台灣島內極為靈驗的北港朝天宮。朝天宮興建於一六九四年（康熙三十三年），祀奉湄洲祖廟的媽祖神像，其占地之廣及建築之威風，是其他廟宇無可比擬的。

大甲鎮瀾宮開始到奉天宮進香之後，許多廟宇紛紛模仿，在大正時期前後形成兩年一次的局面。之所以能夠形成每年都舉辦的活動，應該是殖民政府認為這對於殖民統治有一定的效果，並有助於社會安定及經濟成長。進香活動逐漸吸引愈來愈多信徒，到了一九三一年，不只是大甲，連附近的新竹、台中、甚至嘉義的信徒都遠道而來，規模超過一萬人。

進香活動因戰爭時期的皇民化運動而一度停辦，但到了戰後馬上恢復。不過光復後剛舉辦時，只有四間廟參加，跟著神轎一起走的只有數十名信徒。人們的生活困苦至極，能夠連休八天來參加的人，實為少數。進香活動若要恢復到往昔全盛時期的榮景，社會安定及生活寬裕是必要條件。進入一九五〇年代之後，參加人數每年逐漸少量增加。到了一九五九年，原本全程七天七夜的活動增加一天，變成了八天八夜。關於天數增加的事，流傳著一則有趣的逸聞。

聽說有一天，一位西螺的議員前往大甲途中，因為車子汽油不夠而請鎮瀾宮協助，卻沒有得到回應，沒辦法之下只好返回西螺。這位議員說今後都不招待來自大甲的香客，使得大甲的神轎只能改在北斗停留。那一年西螺農作物欠收，媽祖發出神諭告知事態嚴重。西螺的信徒於是懇切地請求媽祖務必跟以前那樣在西螺停留一晚。但原本停留的北斗也必須前往，於是媽祖決定兩地都停留，行程因此改為八天八夜。

進入一九七〇年代之後，進香行程的即興色彩仍然相當濃厚。建築師郭中端曾寫過一本名著《中国人の街づくり》（中國人的城鎮景觀）（與堀込憲二共著，相模書房，一九八〇），這是第一本針對媽祖遶境進香結構進行分析的日文書。她曾跟我說，神轎的行進路線及走法全部由媽祖決定，即使眼前有一座橋，但若媽祖神諭指示要涉溪水而過的話，進香客全都得下水走過去。夜裡睡覺也很不安穩，因為如果半夜媽祖出示神諭，就必須立即啟程。當時進香客跟現在一樣，接受沿路信徒提供的食物，但是住宿地點大多在廟宇屋頂邊緣下或走道，有的人則在野地過夜。

在進香歷史裡，一九八七年發生了一起決定性的事件，適逢天上聖母誕辰第一千年。中國共產黨政權和台灣國民黨政權長期處於對立關係，但是大甲鎮瀾宮繞路日本大阪，成功抵達媽祖出生地湄洲祖廟。此事的結果是，鎮瀾宮媽祖的威嚴及靈力變得凌駕於朝天宮媽祖之上。

這件事對於全台大小媽祖廟有了決定性的影響。鎮瀾宮向所有廟宇做出聲明，宣稱自己的媽祖不是北港朝天宮的分靈，而朝天宮以歷史的發展為依據提出了反駁。經過一陣你來我往之後，次年的進香目的地改為新港奉天宮。這個決定對於台灣所有廟宇造成的動搖是很嚴重的，因為這迫使他們必須去確認自己廟裡的媽祖的起源及母廟。由此開啟了飛越台灣、直接到大陸的廟宇溯源、重新向祖廟迎回分靈神像的可能性。

在一九八八年開始的新體制，除了更改目的地之外，還有一個重大變化，那就是廢除「刈火儀式」。原本大甲鎮瀾宮媽祖訪問朝天宮時，依照慣例會進行刈火儀式。其作法是，在朝天宮的萬年香爐旁邊並置鎮瀾宮的香爐，雙方的香煙交合之後，舀取朝天宮的香灰放入鎮瀾宮的香爐中。鎮瀾宮的神轎將這個香火帶回大甲，倒入各個神像的香爐中合火，以此增強神像的靈力。隨著大甲鎮瀾宮威信的增強，刈火儀式被廢掉了。似乎因應這個變化似的，進香活動搖身一變成為創造龐大商機的經濟推廣計畫。中產階級人口增加造成台灣國內旅遊熱潮，也使得進香人數有驚人的成長，而為進香活動主辦地及中繼地帶來莫大的觀光收入。

在二〇一四年春天，我參加某個進香團體，展開從大甲走到新港的進香之旅。以四天的時間走完一百多公里去參加祭典，絕對不是簡單之事。但我想要以此作為更接近台灣老百姓的機會，期待更了解他們。在這樣的期許下，我毅然參加了進香之旅。

進香日記

二月十六日

台灣師範大學的學生寄來電子郵件，告訴我今年的進香活動是四月七日從大甲開始，最高潮是十日在新港的活動。我開始做準備，得先買好睡袋和防曬乳才行。

四月三日

從進香的前三天，必須開始進行齋食，不可喝酒，也禁止說他人壞話，以保持身心潔淨。剛好月經來的女性或喪家不可參加。注意事項寫著參加時應更換乾淨的內衣褲。從日常熟悉的空間暫時離開，進入神聖的空間和時間，這樣的心理準備是必要的吧。

出發前一天終於知道明確的時程。我在很早以前就向「教師研習團」提出參加申請，許可通知終於寄來了，要我隔天晚上七點到大甲瑞安宮集合。這個研習團以大甲當地的教育人士為中心，招募學生和研究者參與調查與體驗進香活動，是很認真的團體。通知書上寫著，為了保護地球，請自備餐具，不要用保麗龍容器盛用免費提供的食物。

我跟應鳳凰教授在台北的素食連鎖店「春天」吃飯。看到琳瑯滿目的菜單，真的被台灣人對於飲食的熱情感動了。我已經不會為豆腐料理、青菜熱炒的品項之多而感到驚奇，但竟然有蒟蒻和香菇做成的生魚片拼盤，又讓我吃驚了。雖然是素食，不過明天就要出發進香，今天卻吃得這麼奢華，不知道妥不妥當呢。

四月六日

下午兩點，我在台北車站和堀込憲二會合之後，搭上自強號。台灣有相當於日本新幹線的「高鐵」，可以快速抵達台中。但是若要前往進香地點大甲的話，花三小時搭一般的火車，一邊眺望右手邊的台灣海峽，是比較方便的。我們搭的這輛火車是臨時加開的，連對號座的走道都擠滿了人。有人在後背包插著旗子，上面用細繩綁著護身符。看起來大多數的乘客都要在大甲下車，目的都是要去進香。

堀込憲二是一位建築師，在台灣教書二十年以上，聽說現在專門教授風水學。上一章有稍微提到的《中國人的城鎮景觀》，是他在三十幾歲時與夫人郭中端女士合著的作品，我重新讀了一遍。對我而言，這可是一本關於台灣文化的聖經。書中深刻地介紹廟埕、廟宇建築分為南方和北方兩派、商店街亭仔腳的功能、台灣社會裡的空間意義及功能等等。關於媽祖進香的事，也是看了這本書才知道的。

這本書寫的是台灣人的生活空間，但為何書名會有「中國人」字眼呢？我曾經問過作者才知道，在一九八七年之前的戒嚴時期，只要有「台灣人」題名的書籍在日本發行的話，便會受到國民黨政權關注，甚至有可能無法返回台灣。我真心希望這本名著將來能夠以《台灣人的城鎮景觀》之名重新出版。

這次能與最早以日文分析進香活動的研究者共同參加巡禮儀式，實在是太幸運了。對於我這個只會講幾個中文單字的人，堀込先生的存在真是太重要了。不過他很謙虛地表示，當地的廟宇都講台語，他也聽不太懂。他第一次參加進香已是二十幾年前的事。他在曾經工作過的建築事務所，原本提出要在進香路途上設置進香客休息處的設計企畫，但進行設計時，必須先行確認的人事問題過於複雜，最後只好作罷。不過，這次進香時他針對上次的體驗做了比較，能夠聽到他的評語，真是太珍貴了。從台北出發的列車穿過水田、湖沼之後，經過一整片風車轉動的荒地。接近黃昏時，便看到海岸了。水邊群生著潮間帶植物，我感到空氣中一絲微涼。

進香客使得大甲站變得擁擠混雜。大馬路上掛滿好幾排的紅燈籠，攤販與攤販之間被人潮擠滿。我覺悟到，要穿過這一帶可是一件大工程。該如何憑藉簡單的地圖找到會合地點瑞安宮呢？

在此我想引用以前寫過的備忘錄。其實我早已設想會有這一天，所以在前一年的年底，我就先試著走了一趟，目的地是進香起點鎮瀾宮。先來說一下那時廟裡的氣氛。

在大甲，只有廟前面那條路極度熱鬧，特產品店一家又一家，也有現在已看不到的路邊修鞋攤。我買了菱角。第一次吃菱角，吃起來有一種像慈姑又苦又甜的味道。從厚厚的外殼裡將菱角整個拉出來，很是有趣。

從一整排特產品店轉個彎，就可看到廣場那邊有一間氣派非凡的廟宇矗立著，那就是鎮瀾宮。好幾台汽車停在那裡，在進行祓祭儀式以求行車平安。引擎蓋上面擺著供品，一位細瘦的老人唸著咒語，單手拿著點了火的金紙，讓煙氣纏繞汽車。他好像被什麼附身似地不停地繞著汽車轉動。

可怕的鞭炮聲突然響起。廣場上排著像火車鐵軌似的鞭炮，點燃之後發出一連串的聲響。以燃放鞭炮予以神聖化的廣場上，響起敲鑼打鼓的聲音，一隊巡禮行列到來了。先導的台車上放著樂器，插著很多旗子。一群人穿著清一色印著「桃園」字樣的紫色上衣，走到廣場中央之後停了下來。廟那邊有一個白衣人物向他們接近，而這邊有一位年輕女性開始跳舞。她沿著燃燒過的鞭炮屑往前，逐漸接近廟裡。仔細一看，她好像處於微閉眼睛時的恍惚狀態。她直接登上廟裡的石階，等待下一個人物到來。

第二位出場的是一個精壯的三十歲男人。穿著黑色褲子，腰際綁著一條紅布，突眼厚唇。他自信地看向四周，彷彿在說：好好看吧，我要開始跳了。然後，他慢慢將腳伸向前。那是柔軟扭曲卻很有力道的動作。我從他的動作看到一種強烈的表演欲望，他有著熱切的情緒，想要將自己充滿餘裕的舞蹈表演出來，也可看出他終於可以在抵達巡禮目的地的正式舞台上表演給眾人觀看的情緒。他在廣場上跳了一陣子之後，慢慢地進入廟裡面。男人不知何時脫掉上衣，單手拿著事先準備好的香束，兩手一分，用力一甩，朝向祭壇拜了起來。在他柔軟扭曲的舞蹈中，香束有時打到他的背，火苗濺到身上，但他卻渾然未覺。他彷彿要藉由這個動作將自己逼到某種恍惚狀態。

我在廟裡給了一百元香油錢，拿到十二支線香，他們教我站在想要拜的神像面前各插三支香。可能是相當靈驗的媽祖廟的緣故，參拜信徒絡繹不絕，每個人都虔誠敬拜著。就像剛才那個進香活動一樣，廟方會事先公布進香團的到達時間，作法跟機場在排定飛機起降時刻一樣。

媽祖位於最裡面，充滿著明亮慈愛的表情，被一片光明包圍住。順風耳有著濃豔的紅色，千里眼則塗以黑色和綠色。媽祖面前擺著無數的鮮花和水果供品。向媽祖祈求之前，必須拿起旁邊的兩個聖筊擲在地上，確認是否允許祈求。一束束的金紙厚厚地疊得很高。他們說這是陰間使用的紙幣，不能拿出去廟外面，必須在廟裡燒掉才能送達冥府。

我很慶幸，當時還好是趁十一月分信徒較少的時期來到鎮瀾宮，真是再好不過了。因為在進香前一晚，根本無法仔細觀看媽祖神像。那天只是一般日子，沒有祭典活動，但仍然被各地前來的進香團擠得水洩不通，廟埕那邊正在表演類似女巫祭儀的舞蹈。如果說我沒有感受到這間廟的強烈靈力，那是騙人的。

無論如何，現在的我必須設法鑽過黑壓壓的人群，抵達研習團的集合場所瑞安宮才行。馬路兩旁擠滿了小吃攤，有章魚燒、芋頭糕、大腸包小腸、蚵仔煎、胡椒餅等。雖然這裡是祭儀場所，卻有撈金魚和綿花糖的攤位。走過鎮瀾宮側邊，可以看到掛著好幾排的紅燈籠，廟埕特別架設了舞台。擴音器不斷地廣播，通知大家今晚要進行媽祖起駕（神轎出發）儀式。宗教音樂及廣播聲無時無刻播放著，全部都是台語。人潮多得令人害怕，身上帶著行李的我已經無法更接近鎮瀾宮了，我放棄前進的念頭，轉往瑞安宮前進。離開因祭典活動而熱鬧不已的道路後，再走一小段路，街頭已無行人，天色變暗，靜悄悄的。

瑞安宮是鬧區外的一間小廟，有許多人在三樓聚集。大甲托兒所所長雷老師是主要人物，他長期以業餘攝影師的身分拍攝進香活動的相片。還有幾個體格健壯的年輕人，都屬於攝影組成員。有一個身材魁梧的人，綽號叫作「強大」。一位姓賴的青年剛離開電視台，正在摸索人生的方向。還有一位是陳姓司機，另一位是幼稚園女老師。兩位女大學生Vicky和Linda。Vicky是個長得很像以前《伊豆舞孃》女主角內藤洋子的美少女，雖然年紀輕，但這次是第三次參加進香，還邀了同年級的Linda一起。雷所長公布行程安排，將於深夜零時坐車出發，先參拜幾間廟之後在大肚休息。距離我們出發還有一段時間，可以回到鎮瀾宮觀看起駕儀式。

我將行李寄放在瑞安宮，只剩一身輕裝。他們說要幫我的背包做祓祭以去除不淨。我再次試著前往鎮瀾宮。接近鎮瀾宮，路邊排列著更多的藝閣花車，正在做出發前的準備。廟埕特別設了舞台，有攝影師在裡面。無數王瓜形狀的燈籠高高吊著，我穿過燈籠下方，努力擠過人群，終於進入廟內。一束束的金紙堆得像山一樣高。信徒們拿著好幾根又長又粗的線香，朝著神像拜了又拜。白色煙霧從巨大香爐升起，又往身上纏繞過來。紅、黃、白、黑、藍，各種顏色亂舞。順風耳和千里眼今晚終於要出巡了，看起來意氣風發的樣子。這兩位將軍胸前戴著紅花，無數的黃色紙片像頭髮似地從頭頂垂下來。

信徒們手裡拿著點了火的線香和前端尖銳的旗子在眼前晃來晃去，我感到有一點害怕，但是廟裡每個人好像一點都不以為意。研習團指示要準備耳塞和口罩，我終於了解為什麼需要了。有那可怕的喧鬧聲和煙霧，可得保護耳朵和喉嚨啊。但是眼望四周，卻沒看到戴口罩的信徒，原來如同「進香」這個名稱，線香的煙霧就是神聖的象徵啊。我遠遠地看著媽祖像，九龍冠的細金球垂了下來，看不清楚臉部的膚色。

我掙扎地爬到廟外時，煙火突然升起，群聚於門前的人們發出響徹雲霄的歡呼聲，終於要開始了。藍、綠、紅、白……廟裡的霓紅燈突然全部亮起。我站在馬路邊，想要設法越過人群黑壓壓的頭頂看清楚狀況，但我被夾在興奮的人群當中，完全沒辦法動彈。

看到了，期待已久的祭典行列出現了。穿著公仔娃娃造形人偶衣的人們站在卡車花車上，少年在台車上敲著大鼓，拿著寫有「感恩」大字掛簾往前走動的人們，電燈裝飾得閃閃發亮的金龍跟在後面。接著有一台車頂載著巨大桃子的卡車，冰淇淋、大海豚、母雞和雞蛋……每樣擺設在花車上的物體都相當龐大。接著是豪華遊輪造形的卡車，上面坐了好多人。像是遊樂園火車的車子出現，醋瓶、芝麻粒、魚兒等卡通造形的人物通過我的面前。穿著制服的老人們專心地吹著嗩吶。車體上畫著Hello Kitty、哆啦A夢、小熊維尼、松本零二等卡通人物圖案的花車跟在後面。所有車子都插著進香的旗子。穿著黃衣的十個小孩舞弄著一隻小龍，然後跟大人們的大龍會合表演。清一色女性的銅管樂團步伐整齊地往前走，我看著她們紫色和白色的制服隊伍一陣子，廟埕那邊發出強烈的爆炸聲，應該是在燃放鞭炮。煙火也陸續施放至黑暗的天空中，粉紅、綠、黃、紅、白，五色煙霧疊合著出現了，但下一個瞬間又消失不見。

彌勒出現了。先是一個，又出來一個、兩個。他們雙手撥開人群，兩手用力地左右晃動，踩著踉蹌的步伐，像是喝醉了的模樣。人聲沸騰。彌勒們一派自由自在的模樣，旁若無人地走著。粉紅色的圓臉堆滿著笑意，嘴巴張得很大，好像再也沒有更開心的事了。在三個彌勒神後面，出現兩列前進的錦旗隊，他們表情嚴肅，以整齊的步伐舉著神聖的錦旗前進。沖天炮筒噴出色彩繽紛、羽毛狀的煙火，往黑暗的夜空射去。我望向大馬路對面的廟埕，看到巨大的火焰突然往上竄燒。從佛教音樂卡帶流瀉出來的佛教誦經聲。穿著卡其制服的男人們將哨角高高舉起，吹奏著莊重悠長的開場樂。紅綠兩色的順風耳和千里眼這對好搭擋，在陰暗之中顯現出龐大的體格。

廟埕正進行熱鬧的祭典，群眾個個欣喜若狂，不過這時廟裡應該正在進行嚴肅的儀式，主祭官和陪祭官正不斷地叩首禮拜吧。為了祈求媽祖遶境進香活動平安順利，不但供奉鮮花和水果，還有女信徒朗聲吟誦《天上聖母經》。正爐媽、副爐媽、千年祭湄洲媽三尊神像終於被抬到拜殿，放進玻璃櫥後安置於神轎裡。這就是所謂的「起駕拜廟」。可惜的是，當時我人在廟外被群眾擠得無法動彈，無法親見這個儀式。

晚上十一點了。倒數計時的聲音透過擴音器廣播出來，數到零的那一瞬間，好大的煙火打上天空。煙火過後，天空出現很多像細蛇般的煙霧，像棕櫚葉擴散似地朝向黑暗的天界逃竄而去。廟埕響起漫長的鞭炮聲，施放量實在太多了，原本的白煙變成了黑灰色，緩慢地往上升起。在轟隆聲和煙霧之中，隱約看到一把轉動著的涼傘。接著出現的是，祈求一路平安的「風調雨順」、「天上聖母」彩牌、發出驚人音樂的銅鑼及號角，扛著三尖刀、方角杖、銅大刀、銅龍頭等數十樣武器的儀仗隊。最後，媽祖神轎突然出現了。群眾興奮到極點，爭先恐後地想要第一個觸摸到神轎。神轎起駕了，長長的人龍跟在後面。

我返回廟埕一看，地上盡是大量燃放後的鞭炮紙殼及彩色紙片，也有好幾十個施放過後的沖天炮筒被丟棄著。不久前將這裡塞得滿滿的群眾全都跟著媽祖走了，眼前可見的只有深不可測的黑暗。剛失去緊張感的廟埕上，已有人開始打掃起來。現在我必須回到瑞安宮準備出發了。

剛才即將起駕時，國民黨籍副總統和台北市長到了現場，在同一時期發生的太陽花學運受到學生施加壓力的馬英九總統果然沒有現身。這件事暗示著國民黨想要透過進香活動來博得民眾的歡心，也企圖與廟方建立深入的關係。聽說廟方的經營與黑道之間素來淵源很深，但那種俗氣的政治操作世界似乎與進香是無緣的。因為進香活動不只與民眾形成一個共同體，還為這些地區帶來莫大的經濟效益。

四月七日

凌晨十二點，進香的第一天開始了。我們的計畫是，先搭車超越長長的媽祖進香行列，參拜幾間寺廟之後先行抵達大肚。看到進香客們一步一步地走著，心中感到愧疚，但如果一開始就留在隊伍裡，恐怕無法掌握進香的整體狀況。我問道，我們走在媽祖前頭，會不會失禮。所長回答道：「不會啦，不用擔心。」因此，我們會先到達大肚等待媽祖一行到來，然後一同走到彰化。這就是今天的行程。

我們搭上廂型車出發了。大甲到清水這一段路，車行速度很慢，在黑暗的省道上前進。左手邊出現一間小廟，可以看到二、三十人聚集在這裡。這間廟是媽祖從新港回來之後，在返回大甲之前最後停留的廟宇。媽祖預定在九天後來到這裡，但附近的信徒為了等候媽祖，儘管深夜時分卻仍聚集於此，著實令人驚訝。

我們參拜的第一間廟是清水朝興宮。在這間小小的廟裡，人們看起來很興奮地忙著準備迎接媽祖的工作。那裡掛著一張紅色和黃色的電燈泡串成的燈網，銅鑼和大鼓鳴聲大作。第二間保安宮也是小廟。我們參拜後走出來時，有好幾個人等在那裡，拿著紅豆麵包叫我們吃。我正謝謝他們送的食物，沒想到他們卻對我深深地鞠躬。參加進香的信徒都懂得將媽祖的神聖與別人分享。信徒們以施捨食物的方式祭拜媽祖。這讓我想起以前聽說去進香時完全不用花錢的事。第三間玉皇殿是稍微大一點的廟，掛在屋頂上的跑馬燈顯示著「歡迎大甲鎮瀾宮天上聖母」。屋頂左右兩邊有反翹的燕尾，是南部典型的巴洛克式建築。廟方準備了玄米茶、豆漿、油條、大麵羹，已經有很多人在吃了。所長很老練地說，大家很早就開始走了，在起駕時才開始走的，都是進香新手；真正的進香老手從昨天就開始出發了。Vicky聽了就說，現在那邊走著的學生大部分只走一天就會放棄，無法堅持下去。所長熱情地拍著照，連廟方提供食物的樣子及鍋子內側都拍下來，像是要把眼前所見全部收入相機之中。

每一間廟都提供護身符，黃色的紙條上寫著複雜的咒語，細細小小地摺起來。有帶旗子的人會把它結在旗竿上。廟方也提供紀念戳章，我趕緊拿出筆記本蓋上廟章。

我們正在吃油條、喝豆漿時，廟埕上有一群年輕人正和著敲鑼的聲音開始跳起八家將舞。臉上畫著特別的臉譜，有白底虎面、蛇面以及黑底雞面等。他們手持白色羽扇，兩人一組面對面站著，一陣迅速的動作之後突然靜止不動，這樣的動作一直重複著。真是不可思議的舞蹈。每個人的頭上都高高地插著昆蟲觸角似的細長翎毛。一個才五歲模樣的小孩子模仿大人的樣子活潑地表演著，有些步伐踏得不太穩。八家將之所以稱為將軍，是因為祂們本來是城隍爺手下的陰神。他們的工作是在地位崇高的神明出巡時，負責驅除邪靈惡鬼。不過，最近都由一些好勝心強、愛搶風頭的年輕人負責演出。

進入大肚地區，會發現睡在廟旁及走道上的人數漸漸增多。有的人靠在牆壁上假寐，有些人則躺在石階上。Vicky說她去年睡在萬興宮的地板。雖然第一個晚上特別興奮，但到了凌晨三點還是感到疲乏了。最後我們離開大肚，到彰化永安宮休息。這間廟二樓有通鋪房間，我們將拆開的厚紙箱鋪在地上，鑽入睡袋準備睡覺時，已經凌晨四點半了。

早上七點半，我聽到團員們收拾睡袋的聲音而醒來。可能是情緒緊張吧，雖然睡覺時間很短，但睡意馬上消失，我匆匆下樓去。很多住在廟附近的女性正忙碌地煮食，朝氣十足。有人拿著菜刀快速切著蘿蔔和高麗菜，有人正在指揮煮食，在大鍋之間轉來轉去，有人盛了三大盆水，快速地洗著碗筷。筍子、菠菜、米粉、滷白菜等菜色，一下子就煮好端了出來。進香客們正在等吃飯。在晨光裡，我抬頭看著永安宮的屋頂，上面有漂亮的剪黏，藍雲裡升起火燄般的旭日，綠松上的青龍，昨晚卻是沒有發現呢。

研習團成員正將免費的明信片發給進香客。他們在廟裡設了簡易櫃台，開始將進香圖案的明信片發給人們。不久之後，他們開始收集寫好的明信片，準備集中投遞。我漸漸了解到，將這種彼此提供不計酬勞的服務視為進香的本質，似乎是這個團體的立場。我問明信片可以寄到國外嗎？他們的回答是，當然沒問題。於是我試著寄給住在紐約和北京的朋友們。

媽祖神轎遲遲未到。原本預定中午抵達永安宮，但似乎沒有到達的跡象。進香客陸續湧入廟裡，號角響起高亢的樂音，鞭炮聲轟隆大作，但媽祖仍然未到。等著迎接的人們臉上掛著靜不下的表情，有的轉著長竹竿，有的扛著當地神轎在練習。一位知名男演員出現了，開始進行試吃促銷活動。一個長得像模特兒的女子在發放撒隆巴斯。我和堀込做了一個決定，打算往回走到連接彰化的那座大橋去等媽祖。

我們走在農田和養魚池之間，一張小折疊桌上擺滿西瓜、鳳梨、枇杷等附近農家自種的水果，不但鋪上護身符，還在中間插著一根線香。對面有一群人急急走來。背著背包的學生，脖子綁著黃色手帕、戴著大草帽的女性，穿著相同的上衣、拿著紅色旗子的老婦人。我發現其中一個人的裝扮十分奇特。

那個男人戴著大大的黑框眼鏡，留著鬍子，戴著有紅色裝飾的草帽。大熱天裡卻穿著皮襖，胸口掛著菸斗，手裡拿著錫壺，用一支破傘扛著銅鑼。仔細一看，傘的另一端掛著一把韭菜和豬腳。光這樣的裝扮就十足特異了，但最奇怪的是左腳穿著草鞋，右腳卻赤足。

他應該不是一般的進香客，很明顯地，他應該是在進香活動裡擔任某種職務的人。果然如我所猜測的。我問了所長，原來這位人物叫作「報馬仔」，負責走在遶境隊伍最前面，查看前方有無不淨事物，同時通知大家媽祖即將來到。他身上的每一樣東西都有感恩或惜福等特別的意涵。之所以只有單腳穿草鞋，是表示質樸心清的意思吧。我在這裡第一次遇見他，之後也曾再見過他幾次。

看到報馬仔，就表示媽祖即將到來。我們在鐵橋這邊等著，不久便遠遠看到省道上有一台昨晚看過的宣傳車，以相當緩慢的速度往我們這邊駛來。大型泡麵造形的車子、有一隻大魚的車子、載著全身金黃色大型媽祖神像的車子、載著佛祖神像的車子、載著廟宇縮小版的客船造形的車子……大部分的車子都以極大的音量播放著各自的音樂。摩托車隊跟在後面，接著是戴著三角尖頂草帽的女性們，約有三百人的陣仗拖著長長的隊伍往前走。

順風耳和千里眼終於來了。身長三公尺，有著紅色和綠色的可怕形相。祂們大力甩動雙袖，在鞭炮爆炸聲及白煙之中昂首闊步走來。看來祂們是很可靠的媽祖守護神，問題是天氣真熱，頂著神像走路的年輕人應該很辛苦吧。在這兩尊怪異神像後面，十名黃衣紅腰帶的男女扛著的媽祖神轎終於出現了。

神轎激烈地搖晃著，這應該是媽祖在傳達旨意吧。不同於日本的村莊祭典，這裡不喊出聲音。不過取而代之的是以擴音器播出「大甲媽……大甲媽……」的宗教歌曲。這音樂從昨晚開始就一直聽到，我連旋律都會背了。在旋律的包圍下，扛轎的人們配合著旋律晃動身體。

我們一路跟著神轎走，行經省道回到永安宮。媽祖跟前燃起了大量的鞭炮，一陣白煙升起。有兩位年輕人在廟埕上，他們沒穿上衣，露出刺青，插著五色旗，手持金黃色的矛和劍，表演互砍的舞蹈。也有人圍上有著美麗刺繡的肚兜，豪邁地轉身揮舞釘著好幾十根釘子的刺球、以及刀身有著北斗七星圖案的七星劍。有人墊起左腳腳尖，手裡握著一束香。這個舞蹈表演看起來像是模仿派遣將士時的儀式，而每個表演者的身材，與其說是體格好，不如說是身材厚實。旁邊的人告訴我，仔細看看吧，他們叫作「童乩」。

堆在地上的金紙被點燃、火往上升時，童乩們拿劍指向火焰，祈求火燒得更旺。他們不以為意地踩進火舌燃得很高的火堆裡，拿劍用力刺自己的背部，那位領頭人物的背上已是傷痕累累。這個行為的目的好像是為了迎接聖神而借用火和聲音的力量來驅除惡鬼及現場的不淨。

童乩一定會出現在媽祖進香活動中，但也會從王爺、關帝爺、觀音等其他諸神那裡得到神助，以其法力進行分靈、加持祈禱、治療疾病。驅除惡鬼的這個能力與八家將很像，但童乩大多由經驗豐富的年長者擔任，他們呈現出的重量感是八家將們無可比擬的。

童乩進行了一連串的苦行儀式之後，地主廟永安宮的全黑神轎被迎入，等待下次行動的時刻。於是，媽祖神轎終於到了，進香道路前方同時施放數十支沖天炮，形成一道火焰簾幕，每個觀看的人都必須從下面鑽過去才行。還好煙火很快就停了，大馬路上的人們可以繼續往前走。接著看到的是，十幾位像是當地居民的群眾迅速跑過來，雙手合十、平身低頭，等待神轎的來臨。他們面露愉悅的表情排成兩列，剎那間排出了兩百公尺長的人龍隊伍。神轎悠悠地從他們身上經過，人們鑽入媽祖轎底後再出來。

我沿著河堤走著，眺望對岸的神轎。這裡是美人蕉、一串紅等植物亂生一片的田園地帶。鞭炮及沖天炮的聲音一直可以聽到，可能是媽祖所到之處都必須透過火焰來予以聖化吧。沿途事先放好的鞭炮，像是細細的蛇形官印被灑在地上似的。點火之後，火苗以極快的速度沿著這個鞭炮鎖鏈燃燒而去。不知是誰將這個鎖鏈全部纏在一起，發出比平常更響亮的鞭炮聲。

我們在淡淡白煙的空氣中走過了寶安宮、明鳳宮、長安宮的廟前。真是閒適的廟宇啊，池塘裡開著睡蓮，蓆子上的辣椒放在廟埕上曬乾。我們進入住宅區，從高速公路涵洞鑽過去。可怕的是，堆得老高的鞭炮山正在等我們。不久，轟隆聲響起，我還不曾聽過這麼大聲，感覺耳朵快被震聾了。以前曾經聽說農曆三月的大甲遶境進香會用掉台灣一年鞭炮八成的生產量，我原本以為是胡說，現在終於相信了。說到彰化，我想起就在最近看了一位叫作卓立的女性導演拍的一部電影《白米炸彈客》。一個年輕人擔心政府的農業政策造成農民無法靠務農為生，為了抗議政府的農業政策，而在網路上學習製造炸彈。他用飲料紙盒做成炸彈，裡面放了一小包米，在台北行政院、教育部等地引爆。後來他出來自首而入監服刑，但他的抗議行動受到很多擔憂農業未來的人們的支持，後來被特赦出獄，並且出版了自傳。我問負責腳本的鴻鴻，他說這部電影全部是真人真事，主角曾表示對於前日本赤軍女頭目重信房子的思想感到共鳴。沒想到我若無其事地走過的這一片彰化平原，竟然隱藏著這麼一段憂鬱的故事。

彩鳳庵北辰宮是一間大廟，我們在這裡稍事休息，並且吃素食晚餐。吃飯時響起一陣不尋常的聲音，在銅鑼和大鼓敲打聲中，福德彌勒、土地公、濟公、太子、彌勒三兄弟陸續出現。福德彌勒留著很黑的鬍鬚，兩眼睜得老大。彌勒三兄弟不但踩著隨時可見的踉蹌步伐，還捧腹大笑，用右手的羽扇拭掉因好笑到流出的眼淚，表演動作相當細膩。不過，這個粉紅色的大圓臉上，似乎泛著某種異樣的氣氛，連太子也是一個樣子。那一雙粗厚的眉毛下方睜大著的眼睛，一直往群眾那邊看過去。我跟站在旁邊的Vicky說，感覺氣氛很不對勁。她說，或許從小就看慣的緣故吧，感覺沒什麼異常。在一連串滑稽的神偶炒熱氣氛之後，媽祖乘坐的神轎出現在廟埕。一行人向北辰宮媽祖拜過之後，就匆匆抬著神轎往下一個目的地出發了。

這次的活動進行得很順利，但每當大甲媽祖到來的時候，進香隊伍常會跟地主廟的媽祖起衝突。當然不是神明之間在吵架，而是隨行的那些血氣方剛的年輕人，總是找機會對拚起來。前面也提過，媽祖廟與流氓之間歷來就保有密切的關係，兩個對立的團體經常互丟鞭炮，以此向對方展示自己的勢力。

今晚的行程還沒結束。開化寺、關帝廟、三山國王廟、鎮南宮等彰化的廟宇都得一一參訪，然後在大廟南瑤宮做短暫休息。一大早就開始走路的我已經感到相當疲憊，但雷所長說還要再去一間廟。於是我們走入大馬路對面的鈺鳳宮，那格調簡直就像酒館一樣。廟裡只有一間小祠，但一旁卻備了一大鍋滷菜。所長說，之所以每年都來這座廟，其中一個原因是這鍋食物實在太美味了。鍋裡茶色湯汁發出滷味的香氣，裡頭有油豆腐、蔬菜等食材。旁邊一位中年女性正將高麗菜及胡蘿蔔切塊丟入鍋中。天色漸暗，有人在廟附近發放免費拖鞋，說是當地居民估計進香客差不多要走出水泡了，所以專程準備的。我們又去了三間廟，晚上十點多來到所長借來的公寓，全團人員下榻於此。

四月八日

昨晚熟睡了五個半小時。我在練習大鼓的聲音中醒來。今天預計的行程是，離開彰化，進入北斗，再走過橫跨濁水溪的長橋後進入西螺。

我們依序拜訪永靖永安宮、客家系統的三山國王廟、北斗華嚴寺。我們決定在這裡吃早餐，那成排而立的大王椰子正迎接著我們。我已經漸漸習慣寺廟提供的招待，但是不斷端上來的素食品項實在太多，而且都有精緻的調味。豆腐料理種類豐富多樣，真的很佩服。

參加進香真的完全不用帶錢。我以前就聽過，不管是飲食或住宿，道路沿線的當地人會免費提供。原本半信半疑，沒想到是真的。後來我也明白了食物供應的方式有三種。

第一種是較有規模的廟方特別設置的煮食場所，當地的女性會義務來幫忙，將裝在大鍋大盆裡滿滿的食材煮成一道道菜色。第二種是在路邊設置小桌子，擺上水果、炒麵、果汁、礦泉水，等待進香客前來領取。第三種是人們拿著燒餅或粽子，發給沿途遇到的人，有時還有人發放檳榔、拖鞋或防塵口罩等。總之，當地人發現我們的行蹤時，就會笑容滿面地送上食物或飲水，希望我們一定要收下。我們若收下時，他們會顯得很高興，但若沒拿的話，就會出現很失望的表情。

說實在的，我在進香活動中從來不曾感到肚子餓。因為除了會在大規模炊事區吃飯之外，沿途也會吃些東西。有時一次拿了兩瓶礦泉水放在背包裡，後來無法拒絕又收下一瓶，只好背著沉重的水繼續走著。我停下來不經意地看著行進的隊伍，一回神卻發現有很多粽子被放到我手上。若是在日本，不可能提供這樣的免費食物。很久以前曾經在和歌山市的公共場所免費供應咖哩飯，飯裡卻被加入砒霜，這個事件造成很大的問題。自此以後，日本人就無法放心收下不認識的人給的食物。

從北斗前往東螺的路上，在老舊的商店街一角有一間電影院遺跡，現在已經變成傾頹的日式房屋。轉進田間小路之後，看到結實纍纍的綠色木瓜樹，也有開得很漂亮的紅花和黃花。走在灌溉水渠旁邊的路上，可以看到白粉蝶和黃蝶。再走一段路，突然一陣聲響，竟跳出一隻戞蝗出來。

東螺開基天后宮又小又窄，但由於是開基廟，有很多信徒來此誠心祭拜。人們將手上的進香旗子和掃把放在冒煙的香爐上繞圈，跪在正殿誠心祭拜。

來到溪州聖安宮時，偶然發現一間氣派的宅邸。房屋的配置像是將庭院包圍在中間似的，有很多房間，其中一間的地板是日式榻榻米。中央大廳是祭祀祖先靈位的地方。庭院裡有紅色百合花盛開著，也放著大蒜在曬乾。壁上的紋理磚可能特別從「內地」運來的。完全感覺不到有人在這裡居住。建築學家堀込邀我入內看看，因此有機會與年老的屋主談話。屋主說：「我們世代都是這裡的鄉長（村長），在祖父那一代花了十年時間建好這間宅邸。我妹妹長年住在東京，親人也都移民到美國，只剩下我們夫妻兩人守著這屋子。」

我們在聖安宮稍稍休息之後，神轎便抵達了。一大群神色嚴肅的進香團經過我們前面。可能是天氣悶熱的緣故，順風耳和千里眼被放在卡車上，整個攤軟在那裡。待來到廟裡，年輕人又鑽進神偶裡開始跳舞，氣氛一下子又炒熱了起來。接著出現滑稽的神偶團。最後是媽祖的陽傘「涼傘」抵達了。涼傘最上面寫著「大甲鎮瀾宮天上聖母」幾個大字，中段部位繡著八仙，底部則繡著兩隻龍形圖案。涼傘若是轉動起來，表示媽祖在顯現靈力，轉得愈快就愈有福氣。

神轎在開基廟前轉了一圈之後停下來，群眾一湧而上，有人伸手想要摸神轎，有人想鑽到轎底。儀式結束之後，神轎悄悄離開，前往下一間廟。大鼓又開始連續敲打了起來。

於是我們打算再次繞路先到天后宮。廟很狹窄，左右兩旁均有建築物連接，屋頂有美麗的反翹燕尾，鬍鬚般細長的剪黏裝飾其中。在這裡，又再次看到昨天那個報馬仔。他走在很前面，遠遠超過順風耳和千里眼，步伐極其悠閒。一路上總是看到小蛇纏繞似的鞭炮堆放著，但附近卻若無其事地曬著大蒜。有一個布袋戲台，道人和奸臣正在密謀害人的奸計。因連日行進而受損的順風耳躺在路旁，五位年輕人正在幫祂更換手臂上的五金零件。這個身材碩大的將軍無力地躺在那裡，讓人感到某種傷感。

日沒時分將至，往茂密的棕櫚樹那邊望去，可以看到西螺大橋。即使很遠，仍然可以清楚看到紅色的鐵橋，一直往前方延伸而去。只要走過這座橋，表示已過了一半路途。在映著夕陽的雲朵下方，人們的祭典看起來異常安靜。

濁水溪的寬度應該有兩公里以上吧。水流又細又慢，河床幾乎都被當作農地使用。西螺大橋因進香客隊伍、藝閣花車而變得極為吵雜，每一台車都盡其所能地將音量開到最大，我們必須設法走到沒有花車的地方，才能避開過度響亮的樂音。西邊滿天雲彩裡，偶爾有夕陽探頭，但遲遲未見下沉，時間彷彿就此停止了。

我們在紅色鐵橋上走了將近三十分鐘，總算看到終點。在橋的那一邊，一個巨大的塑膠公仔娃娃正往我們這邊看。相當多的人群正站在那裡等待進香客進入西螺，像是馬拉松終點的光景。人們向我衝過來（雖然我已經無法再拿了），將礦泉水和水果遞給我。一位歌劇歌手裝扮的女性正以女高音感性地唱著歌。太陽終於下山了。過橋後一直往前走，就來到夜市地區。到處都有人在賣西瓜切片。吃了西瓜，走了一整天的身體感到很舒暢。

我們努力穿過夜市的人潮，來到福興宮。整間廟的橫寬及縱深都很長，巨大的媽祖像是以茶褐色的木頭雕刻成的。兩個手持大扇的侍從站在兩側，全身垂掛著細絲形狀的飾條。鞭炮放得很響亮，音樂吵雜地流瀉著。腳穿四輪滑冰鞋的小孩子在表演特技。台灣人忍受噪音的能力似乎比日本人強很多。或者是說，為了炒熱祭典的氣氛，這是當然之事。一直不見人影的Vicky又出現了，她說今晚大家要住在她媽媽的朋友家裡。竟然有機會洗澡，原本是不抱期待的。晚上十點就寢。

四月九日

凌晨三點半起床。走完今天的路程，就可以達到目的地新港。我在腳底貼上新的OK繃，再次整頓心情。

在我們假寐期間，原本停留在福興宮的媽祖神轎已經朝前方出發而去。雖然抬轎工作採取輪流方式，但抬轎人到底在哪裡休息呢？無論如何，我們必須在黑暗的天色之中趕往西螺朝興宮。

參拜客零零落落，大部分都還在廟裡面睡覺，不過路上已有女性在燒金紙了。沿路各家準備的供物雖然簡樸，卻很整齊地擺在桌上。香蕉、石榴、芒果、鳳梨。若不去想這裡的南國風景，這景色簡直是一幅朝鮮的民畫。

過了不久，道路往二崙方向蜿蜒而去，完全是鄉村小徑。我們在昏暗的水田和旱田之間小心地走著，看到一點小小的光源時，就知道廟快到了。整座賜福宮看起來很黑，到處都是煤煙。神像的臉及帽冠被煙燻得黑漆漆的。在大部分的廟裡，雖然神像變黑，但至少會換上信徒捐贈的新衣服；但這裡的神像身上的金色和紅色布料已經嚴重泛黑。我們接著造訪的是元祿宮，也是一間半廢棄狀態的廟，不見人影，也沒有供品。在這座小村莊裡的小廟，頂著大冠的媽祖們一視同仁地挨近著，為人們提供祝福。協天宮剛翻修過，看起來比較新，看到我們到來，趕忙打開音樂歡迎我們。

在經過一間只祀奉一尊小型觀音像的廟之後，我們進入了虎尾。雲林有好多奇特的地名，如西螺、虎尾，還有一些不在進香沿途上的地名，如馬光、石龜溪等。會不會是像北海道的情況呢？北海道有很多原住民習稱的地名，是直接以類似發音的漢字作為地名。不過，我感覺這一片田園地帶有著一種強烈的泛靈論（animism）氣息。在虎尾廣闊的田地裡，我發現一間祀奉福德正神的福德宮。雖然是祀奉著常見的神明的平常小廟，但是對於住在這片土地的人們而言，應該有著重要的意義。

來到這裡，開始聽到鞭炮聲，看來我們即將追上媽祖的神轎。連發而出的煙火，以大音量播放跟別人不同的歌曲的汽車。我們超過這列車陣，在釋元堂趕上了神轎。

穿著純棉短袖上衣的國中生像棋子似依序跪在地上，低頭等待媽祖到來。他們認為，媽祖神轎若從自己頭上經過，就能得到功德。進香客將廟方提供的黃色護身符綁在手中的旗子上，那旗子已經綁了好幾十個護身符了。人們在路上將金紙放進汽油桶裡燃燒，作為迎接之火。報時的雞啼聲從某處傳來。

像是突然想到似地，雷所長講起兩天前在永和宮前表演驅邪狂舞的童乩。雷老師回想道，那人是他以前就常見到的童乩，是一個認真老實的男人。有一陣子沒看到他了，現在卻已一頭白髮。愈往南，廟宇燕尾的傾斜度愈來愈大，感覺整個建築物彷彿都在聽著華麗的音樂，給人一種開闊的視覺。龍安宮的媽祖不但臉很黑，連后冠和神衣都被線香燻黑了，散發著一種魔術般的威嚴。垂著黑色鬍鬚、雙眼被眉毛蓋住的其他神像也是一個樣。他們被祀奉於此已久，應是一段足以令人敬畏的長時間。我在這裡蓋到的廟章上有「太子元帥」字樣，文字兩邊刻有許多星星的圖案。

我們從虎尾的龍安宮前往城隍廟。本次進香行程中，這是第一間造訪的城隍廟。我很懷念地眺望著站在主殿兩側的七爺八爺，他們有著可怕的面相，是巨人和矮人的組合。廟外到處點燃歡迎的火堆。在熱天不休息地走著，流出了一身汗，還得面對這些火堆和鞭炮的熱氣。當地的年輕小夥子們正在以竹子做成的小轎做練習。小廟的媽祖被安置於此，擔任先導工作，引導大甲媽祖前往下一個目的地大安宮。

銅鑼響起，鞭炮聲大作。知曉媽祖即將來到的路邊居民們，一齊在道路上低頭趴下，等待神轎從自己上方經過。左右兩旁是整片鮮綠的水田，數十棵大王椰子樹高高低低地長著，看起來像是五線譜上的音符。這個過程不斷地重複。而我一直想著的是，跟著神轎走卻沒有信仰媽祖的人，應該只有我一個人。對於信徒而言，神聖女神從身上經過的瞬間，是他們朝暮期盼的、一年只有一次的機會。

進入土庫了，其實我以前就很想造訪這個村子了。在十七世紀末期，這裡有一位名為柯象的巫師自斷五穀而成了木乃伊，長期被視為天帝供奉在廟裡。一九一二年曾經發生土庫事件，一位青年號召起事抗日，扛出這個木乃伊來鼓動民眾，造成很大的騷動，不但出動警察，連總督府也牽連進來。青年在獄中絕食，打算讓自己餓死，木乃伊被警察局查收，後來輾轉了很多地方。祂再度回到北極殿供民眾信奉，是進入本世紀之後的事。我在兩年前曾經在台北的台灣博物館看過它。對於民間信仰受到政治行動操弄、死後過著奇異生活的這尊木乃伊，我感覺它是一個深不可測的人物。

土庫的順天宮面寬很大，建築絢爛堂皇。身穿紅、白、黃、粉紅各色團體服裝的進香團抵達廟埕，各團體張舉著旗子向神明一拜之後，就讓位給下一個團體。嗩吶同時吹起，發出蛇隻纏繞般的音色。這裡也有演布袋戲。我突然看到一台起重吊車，往上一看，上面吊著約二十公尺長的鞭炮。我一直往前走，將Vicky和Linda遠遠丟在後面。很多人在廟埕休息，我也學著他們，拿到粽子和炒麵當作午餐。或許是又熱又累的緣故吧，有人在米飯灑上很多辣椒粉之後開始吃了起來。插在背部的旗子結實地綁著很多護身符，都是從每一家造訪的廟裡拿到的。她們兩人趕了上來。我感覺有點累過頭，稍微休息後繼續走，到了元長村。從這裡再經過幾間廟，渡河之後就會到達北港地區。時間是下午三點。一陣風吹來，暑氣稍微退散，再走一段路就到了。攤子上堆著很多椰子，一個男子拿著柴刀以驚人的速度劈出一個缺口，不斷地送給路過的進香客。

隆玄宮就在橋的正前方，廟前有一個由卡車改裝成的舞台，音樂和鞭炮各自以音量對抗中。舞台正面的布景是梵蒂岡宮的相片，黃色的大旗染著黑色護身符圖樣，數十支大旗像金黃色的稻浪般隨風飄揚。準備區裡一群畫著臉譜的八家將少年，一邊聊天一邊等待出場。雖然畫有可怕的臉譜，但態度顯得稚嫩，給人極不平衡的怪異感覺。用紅色繩子綁住的金紙一字排開，正在等待被點燃的時刻。這種無止盡的浪費行為，到底意味著什麼呢？

往新港方向的崙子橋不像昨天西螺大橋那麼長。但在抵達對岸之前，已經有很多人站在橋上，說是來迎接進香客的。各界有名人士站成一列，等著恭迎聖駕。

橋下是一片廣闊的湖沼、旱地、水田及溫室。人們一路上的進香苦行，來到這座橋之後，就會一口氣被溶融於祭典的漩渦中吧。龐大的花車隊伍通過橋往前而去。穿著同一款制服、抬著旗子的中年女性們默默地經過我們眼前。人們為了阻擋強烈陽光而將斗笠壓得很低，還將粉紅色毛巾纏在脖子上。銅管樂隊意氣風發地前進著。卡車上的大鼓敲得咚咚作響，新港的小朋友們高興地出來迎接。還有一群表演特技的高手。一位播報新聞的女性握著麥克風在尖叫。

不過，今天還有一件大事還沒完成。那就是新港奉天宮媽祖要來恭迎大甲鎮瀾宮媽祖，大甲媽祖將在其引導下在奉天宮「駐駕」，也就是從神轎下來的儀式。

我打算休息一下，然後到新港最古老的永福宮去看看。華麗莊嚴的廟前設有大型舞台，像日本藝人粉紅佳人（Pink Lady）模樣的二人組正在唱歌。廟埕有穿著同一式黃色衣服的年幼少男少女，正配合著老人們敲打的銅鑼聲表演劍舞，簡直就像京劇裡的小英雄。旁邊有人忙著準備表演布袋戲。這裡也一樣，各種巨大音量的聲音交疊著。台灣人似乎對於這種同時發出的聲響完全不以為意。我望著這些雜亂的羅列及過剩的狀態，感覺很像費里尼（Fellini）在《愛情神話》（*Satyricon*）、《羅馬風情畫》（*Fellini's Roma*）描繪的祭典中最熱鬧的風情。我在這間廟有一個大收穫。黃色封面的《太上老君說天妃救苦靈驗經》、俗稱《天上聖母祝壽經》的冊子堆得很高，發給想要拿的人，我也拿到一本。這本冊子有二十二頁，漢字的旁邊標著台灣獨特的發音記號，眾人皆可齊聲朗誦。

從永福宮通往最終目的地奉天宮的大馬路上，我看到一個意想不到的光景。新港這邊的報馬仔被觀光客包圍，正擺出各種姿勢讓人們拍照時，從大甲一路快步走來的報馬仔出現了。兩人的裝扮相同，一樣都是圓框眼鏡、短鬚、斗笠、破傘。這個意想不到的相遇，讓兩人同時嚇了一跳。新港這邊的報馬仔表現出謙讓的態度，對於這位遠道前來的同業表示恭敬之意。大甲的報馬仔點頭還禮之後，若無其事地再度邁起快速的步伐往前走去。

奉天宮有很大的屋頂，寫著「開台媽祖」，意指最早來台灣的媽祖。四周人潮擁擠得相當可怕。這也難怪，不只來自大甲的人，全台各地大小廟宇的信徒全都聚集到這裡，等著參加明天早上的「祝壽大典」。門前的馬路被路邊攤給占滿，杏仁茶、蔥油餅、臭豆腐、石板烤肉、燒酒螺、甘蔗汁、手工粉圓、熱狗、胡椒餅、大腸包小腸等小吃應有盡有。繞到這些攤販的後面，還看到有人在賣寵物老鼠和蛇，也有人展示著精緻的彩色糖果工藝，搭配摺得很精巧的金紙和銀紙，閃亮生輝，美麗極了。

在大馬路上，藝閣花車一台接一台地排得很長。一群穿著黃衣的中年女性拿著大甲鎮瀾宮的紅旗。一台輕型帆布蓬車載著金黃色媽祖。一台卡車花車不但載著觀音、太子，還有芝麻和醋瓶形狀的公仔偶。少年們敲著大鼓，兩隻獅子和著鼓聲在跳舞。母雞帶小雞的巨大造形花車。有三天前的晚上在大甲鎮瀾宮起駕時看過的花車，也有第一次看到的花車。總之，這是所有花車的總動員。裝飾著澳門天后宮巨大招牌的卡車後面，是剛才在永福宮表演劍舞的少男少女。英國風的花格裙和背心的兒童樂隊追在後面。一位白衣老人向前走著，流露出堅毅的神情。接著是一群胸前吊著募款箱的尼姑。紅旗、紅帽、紅外套，全身紅色裝扮的女性們。穿泳衣的女性倚著卡車上的鋼管展現各種姿態。粉紅色衣服的四名少女一邊轉圈一邊敲著四面很大的鼓。一位女性站在車上，以手掬著聖水往下灑，人們爭相伸手碰觸。無止盡的花車行列裡，有六位奇妙的老婦人，她們穿著紅色制服，跳著像是日本阿波舞的舞蹈，以極為幸福的表情闊步地舞動著。原來在這一年一度的盛會裡，可以大剌剌將自己的過去當作角色扮演的主題來表演啊。

這裡有很多乞丐，在大甲時卻不曾見過。有一個人天生沒有雙手，正以雙腳靈活地按著鍵盤演奏音樂。另外有一個人半裸著身體，跌進人群之中，又在地上爬了起來，不知在訴求什麼。也有一個人的兩腳已經萎縮，小腿和膝蓋插著很多支針，將身心障礙證明放在前面。雖然他們很努力地訴求著什麼，但是在這個宗教式的興奮氣氛裡，沒有人能夠聽得清楚。

傍晚六點，我在奉天宮前面突然又跟早上開始即不見人影的Vicky碰在一起了。我從一大早開始走路，到現在已經疲憊不堪，但是今晚的媽祖駐駕是非看不可的。群眾的興奮已經達到頂點。我千辛萬苦地掙扎到廟前，走進門裡。廟裡仍然被手持粗長線香的人們擠得水洩不通。人們爭相靠近正殿前面的大香爐，想讓旗子和布條沾染龍柱之間升起的香煙。煙霧實在太嗆了，我只好戴起口罩，但沒有人跟我一樣。廟裡兩側的通路及後殿內側的地上舖滿草蓆和厚紙板，完全變成了進香客的生活空間。有人在睡覺，也有人在吃飯，他們可能好幾天前就來到這裡等待大甲媽祖的到來。

雖然我人在廟裡，但仍可以聽到廟前大路上不斷施放著鞭炮及沖天炮。大甲媽祖神轎預計晚上八點抵達奉天宮，進行駐駕儀式。七點過了，七點半也過了，卻一點也沒有到達的跡象。進香行進速度似乎很緩慢，但我若這樣走到廟外面，就不可能再回到裡面了。我感到身體疲憊到了極點，但也感受到四周人們興奮的精神和體力，我決定繼續在這裡等待。

「大甲媽……大甲媽……」的歌聲傳來，仍然是那一首讚頌媽祖進香的歌曲。這四天以來，這首歌無時無刻地盤旋在我的耳際，我已經將旋律背得滾瓜爛熟了。我請Vicky幫我在筆記本寫下歌詞。這歌詞對她來說輕而易舉，真不愧是進香三次的人。

大甲媽　大甲媽　信徒誠心　與四海
五十三庄　媽祖婆　合境平安　顧全台
媽祖靈性　人人知　風調雨順　福氣來

廟外好像正在舉辦熱鬧的活動，可以聽到觀眾的歡呼聲。好像是幾個穿著泳衣的女子正在表演誇張的特技，先搭坐另一個人的肩上然後再做跳躍動作。站在廟裡，只能從黑壓壓人頭之間的縫隙觀看她們的表演。

表演結束之後，警衛人員同時鳴笛，趕開人群，將廟正門入口到大香爐之間清出一條路。五頭黃色和橘色的獅子衝了進來，獅子身體下方隱約可見那些年輕人結實的雙腳。獅子們朝向正殿逐一拜過之後馬上退出，來到廟前廣場表演迴旋舞。接著是啦啦隊和銅管樂隊的演奏。Vicky說：「這在台北是無法想像的。這裡每年都是穿這種舊時代的服裝，一點也不感到厭倦地表演，果然是鄉下地方啦。」

表演節目告一段落，來自大甲的信徒終於抵達廣場，氣氛整個肅穆了起來。他們排得很整齊，正襟危坐，閉著眼睛，兩手抱合，不斷地重複敬拜動作。背後是未曾見過的煙火被打上天空，警衛人員手持指揮棒引導民眾。負責主持的名士們穿著西裝，表情莊重，一拜、二拜、三拜，三次之後將兩手放在胸前後端坐著，接著再行三拜之禮。他們好像是在進行獻花和獻果儀式，但從我所在的位置無法看到。讚頌天上聖母的唸經聲響起，大鼓連續敲擊著。廣場的椿柱上有獅子在展現高難度的跳躍動作，靈巧地用嘴抓取糖果向四方灑去，現場整個沸騰起來。

時間就這樣來到晚上九點，大甲的中年女性進香團抵達了。雖然連續走了三天，但她們的臉上看不出有一絲疲勞的樣子，秩序井然地往廟裡前進。之後馬上有五隻老虎衝進去。那是黃、紅、黑色的狂亂之舞，巨眼和漩渦花紋。老虎們不畏懼香爐的火焰，不以為意地接近火源，在廟裡跑過來衝過去。群眾發出興奮之聲，引得闖入者更為暴動。鑽在虎皮下的是新港金虎爺會的年輕人，他們在廟裡一個勁地暴衝著，彷彿是在嘲笑現在那種莊重的氣氛。人們雖然感到害怕，卻又想伸手去摸虎頭，希望藉此得到祝福。

報馬仔敲著銅鑼趕過來了，那姿態跟平時緩慢悠閒的樣子呈極端的對比。他像是使徒約翰傳福音似地呼告著媽祖即將駕到的消息，此時正是他一年一度最受矚目的時刻。在群眾頭上可以瞥見綁在樹枝上的旗子。黃色的頭旗和頭燈被抬了進來。遠處有兩隻獅子正抬起頭。太子進場了，仍然是那個熱烈非凡的表情。接著依序進場的是土地公、福德彌勒、彌勒三兄弟。祂們進入廟裡之後，紛紛被靠在牆上，頓時變成失去生命的人偶。五營旗、芭蕉扇、槍矛等媽祖的身邊物件一一被抬進來，涼傘一邊旋轉一邊出場。終於接近媽祖顯現的瞬間。除了正門之外，其他廟門全部關了起來。外面有很多老人同時吹起號角，聽起來像是加長版的開場小號。

奉天宮的黑色神轎返回時，廟內的群眾陷入瘋狂般的興奮情緒。被放在玻璃櫃裡保護著的媽祖，從神轎裡被迎出，在白煙繚繞之中送到廟內深處。我想要拍照留下這個景像，但在這個互相推擠的地方，也只好打消念頭。像怒濤般的歡呼聲響起，大甲鎮瀾宮的神轎終於到了。神轎從轎頭的地方發出強烈的光芒，整個金光燦爛，跟我白天在路上看到的印象截然不同。黃色和粉紅色制服的人們胡亂衝入，警笛聲鳴。興奮情緒已達極點。在我的眼前，奉天宮和鎮瀾宮兩邊的年輕人開始發生衝突，幾乎要開始互相鬥毆。奉天宮這邊有人的臉被煤炭弄髒得像礦工一樣，這是因為剛才一直蒙著虎頭舞動的緣故。

最後，終極的神轎終於抵達了，看起來像巨大的水母，浮現著黑色血管的同時，還不斷地發出綠色和紫色的光芒，真是一個充滿幻想的物體。越過人群的頭頂，我看到Vicky正在嚷著什麼，但噪音實在太大，完全聽不到她的聲音。相機閃光燈突然像著火般地四處亮起。三個玻璃櫃從神轎依序被取出，這景象只有一瞬間，但我確實看到了，那是大甲的三尊媽祖。駐駕順利完成。

時間是晚上十一點半。我隨著人群走到廟外，戶外空氣清新，感覺心情很平靜。廟前廣場到處都是燃放後的鞭炮屑。媽祖的重要工作終於告一個段落，每個人的表情看起來都很篤實。被安置在牆邊靠著的三尊彌勒仍然笑容滿面。

在散場的紛亂之中，我發現Vicky的身影，一起去找今晚的下榻地。研習團的其他成員早已到了，在通鋪裡裹著毛毯擠在一起睡。竟然有淋浴間，太幸運了，洗了好久沒洗的頭。洗完之後，打算躺在堀込先生旁邊睡著，發現Vicky已經在更過去的那邊沉沉地睡著了。

四月十日

早上六點半，我睜開眼時，研習團成員都已起床了。聽說堀込先生一早就到奉天宮去了。今天早上要舉行的祝壽大典，是進香活動的關鍵祭儀，動作不能再慢吞吞了。

我趕緊到住處斜對面的食物免費供應處，吃了素食的早餐。一眼望去，幾乎所有的人都朝向奉天宮走去。我沿著昨天深夜走過的道路往回走，從廟前五百公尺開始，路上已密密麻麻地坐滿了人。若還要往前挺進，必須花費一番努力才行。

有人坐在地上鋪著的草蓆或報紙上，有人則坐在組合式的小椅子上。路邊居民在自家門口設置小桌子，放上供品，並將線香插在紙杯形狀的香座裡，跟親朋好友聊著天。也有獨自前來的人，默默地將飲料放在面前。綁著一路上從各家廟宇拿到的護身符的旗子，就在我的旁邊。我看到好幾十頭作為供品的豬隻，昨天倒是沒看到。仔細一看，每一頭豬的粉紅色背上都蓋滿了紅色符印。其他還有水煮過的雞鴨，也有倒入米酒的金杯等。這一路上，雖然在路邊看過各式各樣的供品，但肉品卻是第一次看到。今天果然是重要的聖日。

奉天宮前的廣場不知何時已搭好舞台，舞台正面朝向大馬路。舞台背景是媽祖的涼傘和兩支大扇子，台上有天女裝扮的少女們正在跳舞。優雅的表演結束時，剛好是八點整。典禮開始了，廟前馬路被擠得水洩不通，大甲鎮瀾宮的主持人上台，保持不動的姿勢。同行的人們全部站起來，營造出肅穆的氣氛。主持人接過一支線香，做了三拜之禮。開始進行獻花儀式，接著再次三拜。每個人都依序起立及坐下，結束之後，當場響起盛大的拍手聲。最後主持人面對觀眾，以台語致詞。

來自大甲鎮瀾宮的五位年長女性穿上橘衣、繫上紅色腰帶，站到裝飾著鮮花的台上，開始誦唸《天上聖母經》。

仰啟敕封號無極　仁慈輔斗至靈神
威容顯現大海中　德廣徧施天下仰

雖說是誦經，但有著獨特的旋律，也可以算是一種音樂。有人負責敲木魚，也有人拿著小小的鈴鐺在胸前互碰。離舞台稍遠的地方有彈鍵盤、拉胡琴、吹笛子等樂師們，負責為誦經聲伴奏。現場數萬人都凝神細聽。

不同於昨晚的虎獅狂舞、藝閣和電子花車競豔，今天的祭儀秩序井然，清新安靜。感覺混沌的宇宙正將過剩的精力排出，欲創造一個神聖的新秩序。這意味著在象徵性次元裡的世界即將重生。

嗯，結束了。我在心裡說給自己聽。進香活動還得持續四天，大甲媽祖將沿原路返回鎮瀾宮，一路上拜訪更多廟宇，而大多數的信徒會一路跟隨。但是，我到這裡應該可以了。研習團成員們都要搭巴士回家，我和堀込先生則要到嘉義搭高鐵。Vicky急忙跑進一間餅舖，買了禮物要送我，說是新港飴。在祭儀現場稍遠的7-11超商前，國立中正大學的楊智景副教授開車來接我們。我和堀込先生在嘉義站搭上高鐵，在車廂裡以罐裝啤酒乾杯，慶祝完成進香之旅。堀込先生說，離上次進香真的好久了，但實在太好了，有機會下次還要再來。

進香後的考察

這就是我以日記的形式，記錄我在二〇一四年四月參加大甲鎮瀾宮媽祖進香的體驗。雖說是日記，但並非在進香途中寫的，在那幾天不眠不休的步行裡，我只能用牛仔褲口袋裡的小記事本簡單記錄，這已是極限了。讀者在此讀到的，是我進香結束後回到台北時，才將筆記與當時拍的四百張數位相片重組寫成。

現在日記寫完了，現場直接體驗的興奮感已然消失，我想從宗教學及人類學的幾個概念，來對自己體驗到的進香活動進行考察。

從開始進香那個瞬間起包圍住我的，是一種壓倒性的時空意識改變。我明白自己已從原本熟悉的、世俗性的時間概念中脫離出來，將自己委身於一個完全未知的、另一種不同的時間秩序裡。鎮瀾宮華麗的起駕儀式結束之後，大批的信徒追隨神轎出發了。留在這裡的，是深深的黑暗。當我面對這片黑暗時，感受到的便是這種印象。

剛才還一起參與慶典的大量人潮都被這個黑暗所吞噬，而我自己也將走入其中。沒有方向感，也沒有距離感，只能在這個微亮的空間裡，依稀辨識著忽而出現的先行者的身影，跟在他們後面走著。出發時間嚴格規定為凌晨零時，一旦開始進香，這裡就不再有時間感，眼前可見的只有無止盡擴散開來的黑暗。

我參加的進香團遞給我的並不是地圖，而只是一張紙，上面記載著神轎到達奉天宮之前沿路參訪的廟名及預定抵達的時間。開始進香徒步不久，我就知道預定抵達時間完全不具有任何意義。神轎總是不以為意地遲到，有時晚到兩小時，甚至還曾慢五小時。進香團的移動時機完全依照坐鎮於神轎內的媽祖的意思，絕對不可以發出責難之聲。時間沒有嚴格分段，就像軟糖那樣可伸可縮，跟我們平日習慣的線性移動大異其趣。

隨著時間意識的變化所產生的是空間意識的變化。

信徒必須身心清淨才能參加進香。同樣地，神轎通過的空間也必須事先清淨才行。隊伍最前面的滑稽眾神偶及報馬仔的工作，便是將媽祖即將到來的消息告知村民，要他們開始準備以改變空間。震耳欲聾的鞭炮聲和白煙的目的，便是要將世俗的空間加以淨化，以火牆將空間阻絕，在媽祖出現之時，短暫建構出一個神聖的結界。媽祖之所以能夠無視於現實法則進行遊戲式的移動，是因為祂隨時能夠置身於這個世俗雜物全都排除的清淨空間。

神轎總是挑移動效率差的路線行進。有時會在同一個地點打轉，有時繞了很遠的路，總是不斷無意義地偏離路線。開車或搭遊覽車的人，勢必選擇已舖好的馬路行進，無法跟隨這個無效率的路線。媽祖這個方向定位乍看是恣意而為，但若是從頭到尾都以步行進香的話，就能夠了解其真意。一天平均睡眠三到四小時，全程以徒步方式走完全程的人，最後腳底長出水泡。待水泡破掉之後，仍必須拖著這個痛苦繼續走下去。無止盡的疲勞感持續增加，真是壯烈的苦行啊。但是，在這個痛苦的媒介下，他們漸漸地從個人式的、人稱式的狀態脫離出來，轉化為匿名的「走動著的存在」。

進香到底是怎樣的行為呢？雖然長時間的歲月流逝之後會產生若干變化，但是從大甲到彰化、西螺的這條路線，在清朝時期就已存在。進香者意識到自己現在走的這條路是自古以來就有的路，因此他們會發現，他們現在所處的時間已經超越「現在」這個被框限的時間。這讓他們眼前所見的水田和魚池，看起來都像是永恆不變的。借用宗教史學家伊利亞德的說法，這是對於循環式的時間意識的發現，而這是一種曾經支配農耕社會的時間意識。這個發現讓人們從個體抽離出來，被定位成祖型重複的主體。在強烈陽光的照射下，腦袋無法思考，只是日復一日不斷地走著。這個單純又無止盡的重複行為讓「香客」（進香客）去除雜念，拉升到異常興奮的情緒。

這種興奮的情緒在經過某個時間點之後會轉變成恍惚感：我正在走著，我之前有走過，我接下來要開始走。在進香途中，參加者如此地與神轎裡的媽祖進行神祕的交流。他們感受到是，媽祖的靈力讓自己有走下去的力量，也促成自己變得與媽祖一樣的神聖化。

以進香參與者的性別來看，女性人數多出男性非常多。尤其是年長的女性，她們始終保持著真誠的表情默默前行，令人印象深刻。在鎮瀾宮這邊，還組了一個成員全部是女性的進香團，並擔任在奉天宮吟誦媽祖經的重大任務；在表演節目方面，女性組成的銅管樂隊及啦啦隊也有出色的演出，這些都具有重大的意義。雖然不能簡單地下結論，但我認為女性較積極地追求與媽祖合而為一。很明確的事實是，在進香這個重要活動裡已經充分反映出女性對於媽祖有著極深的思慕之情。

根據我在臨時下塌處及食物免費供應處進行的交談，我發現多次進香的人比初次者還多。就我身邊的人來說，不管是堀込先生或是Vicky，都是第二或第三次進香。至於身為團體的統籌人雷所長，則是每年到了四月，就會拿起相機展開徒步行程，同樣的路線不知已走過幾十次。我想起他曾感慨昔日認識的乩童已經滿頭白髮，而且他還帶著疲憊不堪的年輕進香客，來到小廟裡煮好的那鍋滷味面前，以充滿熱情的聲音讚賞它的美味。對於重複進香的人而言，進香是在重複以前曾經完成過的行為，現實與記憶已經混為一體，昇華成一種無可言喻的、甜美的幸福感。如果我還有機會再來進香，當我在夕陽西下時在西螺大橋上走向西螺時，過去的回憶一定會噴發而出。「我」這個存在就這樣雙層、三層地變得多層化，脫離個人式的時間，成為一個祖型式的人，以此姿態與媽祖進行交流。

世俗時空的脫離、個人特質的揚棄，將參加進香的每個人置於一種無決定的狀態，也就是文化人類學所謂的「移行」階段。若以廟宇的觀點來思考進香這件事，則廟宇往祖廟前進的溯行之旅，是為了將分靈神明的靈力予以更新的作業。若以進香客個人的角度來看，很明顯地呈現了人類學家范・傑內普（Arnold Van Gennep）所謂的「通過儀式」結構（《通過儀式》，綾部恒雄、綾部裕子譯，弘文堂，一九七七）。每位進香客藉由參與起駕儀式，進入象徵意義上的死亡空間，成為一種什麼都不是的存在形式，持續地忍受痛苦。但是，在通過試煉時，他會在朝天宮的慶典上迎接靈的體驗，然後踏上歸途。當他到回到鎮瀾宮時，神聖的空間將會關閉，他會感覺到自己已經從死亡走到了重生。就這個意義而言，跟隨神轎徒步進香的人們，與神轎裡的媽祖共享了相同的歷程。在不斷偏離路線的旅程最後，媽祖在奉天宮獲得新的靈力，得到更強而有力的重生，再次回到鎮瀾宮。進香客也通過了試煉和嚴肅的儀式，以生者之姿回歸到世俗的時空裡。

在進香的、也就是所謂「移行」的過程中，規定每個人都必須共享食物，睡覺場所也不分男女。路邊的村民和廟方人士也準備豐盛的飲食款待進香客，甚至藥品和鞋子也免費供人索取。住宿也是一樣，進香客在廟裡走道或屋簷下、或者不認識的人家角落，跟完全不認識的其他進香客共眠。最能夠說明這個狀況的，應該是人類學家維克多・特納（Victor Witter Turner）提出的「共睦態」（communitas）概念（《祭儀的過程》，富倉光雄譯，思索社，一九七六）吧。雖然不是永久的，但是人們建構成暫時性的神聖共同體在此完全地呈現了。對於進香路線沿途的居民而言，跟著媽祖一起移動的進香客享有媽祖神聖的權能，款待進香客直接連結到的意義就是款待媽祖，並且得到福分。透過這個「共睦態」的形成，進香客得以被允許在心理上與媽祖更為接近。

前文提到移動中的神轎會任意地偏離原訂路線，即使延誤到達時間也不以為意。不過，在整個進香過程中，有三個時間點必須嚴格遵守，也就是從出發地鎮瀾宮起駕的時間、第四天在奉天宮舉行祝壽典禮的時間、以及第八天到達鎮瀾宮的回駕時間。進香活動看起來是以無時間感、無方向性的狀態進行的，唯獨這三個時間點是以完全對照性的原理定位而成。尤其是第四天的典禮，舉行的是嚴肅的祭儀，而非即興的慶祝儀式。

奉天宮前面的大馬路上設有臨時舞台。鎮瀾宮的主持人保持不動的姿勢時，所有與會人員同時起立。主持人拿起線香時，所有人行三拜之禮，並在獻花之後重複三拜的動作。代表鎮瀾宮的五名女性穿著制服朗聲吟誦《天上聖母經》，還有音樂伴奏。此時的肅靜景象，完全不同於前一天晚上在廟埕不斷重複的各種表演活動。所有儀式完全依照嚴格的程序進行，沒有一絲紊亂。在此可以採用艾德蒙．利奇（Edmund Ronald Leach）在〈時間與人工鼻〉（《人類學再考》，青木保譯，思索社，一九七四）一文所提示的架構來說明。這裡就像聖誕夜大餐的隔天在教會舉行神聖的彌撒儀式，在以一種混沌的秩序進行過剩的慶祝活動之後，正在舉行清淨的儀式。

由進香客建構而成的「共睦態」在這裡有決定性的變化。這個祭儀場所的空間分為不同層級，只有極少數人能夠到奉天宮內部參與祭儀，實際遶境進香的多數信徒只能站在門外，作為群眾之一佇足在這個較低階的空間裡，在儀式進行期間必須長時間等待。在祝壽儀式的場所，所有的空間都被細分化，位階也有嚴格的規定，絕對不可侵犯。不過，到了隔天，當進香活動開始往回走時，時空又回到無決定性的混沌狀態。等到第八天回駕儀式順利完成後，這齣交接戲碼才會停止，閉鎖於神聖的時間裡。在接下來的一年裡，鎮瀾宮將回到平常的狀態，信徒們也會回到一般的日常生活。至少在隔年農曆正月媽祖做出新的神諭之前，都將維持平常的狀態。

在結束本章之前，我想補記之前順手寫下的兩件事。第一件是關於進香這個特殊宗教現象的發生，在台灣現代史上的意義；第二件是關於媽祖信仰在日本的普及狀況。

回顧媽祖信仰的歷史可知，一八九五年及一九八七年是很大的轉折點。一八九五年台灣割讓給日本，不再是清朝的領土，與大陸之間的關係有很大的變化，使得原本大甲與湄洲之間的進香活動中斷，只能在台灣島內進行。鎮瀾宮選擇了當時相當靈驗的北港朝天宮作為祖廟，鎮瀾宮媽祖接受北港朝天宮的靈力，在大甲地區展現其神聖的權能。到日本戰敗為止，進香活動在政治孤立的島內發展出獨特的狀況。

在媽祖千歲誕辰的一九八七年，大甲到北港的進香體制有了決定性的變化。鎮瀾宮排除各種政治上的對立，將媽祖送到共產黨統治下大陸湄洲的祖廟，雖然過程很曲折，但總算成功重現十九世紀以來中斷的進香活動。在這個事件上，日本也有微妙的關聯。鎮瀾宮的媽祖先到日本大阪，以此為中繼站再前往湄洲。這個事件引發極大的效應，鎮瀾宮媽祖一口氣衝到與北港朝天宮媽祖相同的靈力，而且促使台灣各地媽祖廟必須再次確認自己的起源和來歷。這件事中斷了大甲到北港朝天宮的進香活動，目的地改為新港奉天宮。值得注意的是，一直都是進香重要象徵的刈火儀式在此時廢除了。這意味著新港奉天宮無法完全取代北港朝天宮的地位。不過，在這個大變動稍早之前，人們只關注於進香活動帶來的經濟效益，媽祖不但是信仰的對象，也被定位為帶動觀光熱潮的商機。

台灣各地的媽祖想要設法與大陸起源的湄洲祖廟建立直接的連結，這件事意味著什麼呢？這對於地理性封閉的環境裡才得以形成的媽祖信仰帶來極大的衝擊。若我們從宗教學的脈絡抽離出來，改從東亞地緣政治學的角度來思考，可以發現一件有趣的事實：那就是，在台灣發生的一切事情，在經歷地區內部完成的時代之後，必須與以往視為禁忌的大陸產生關聯，才得以成立。若使用「分靈」這個關鍵字來說明，應該可更清楚了解。鎮瀾宮的媽祖從島內的朝天宮分靈而得以確認靈力，但是藉由自稱是大陸湄洲的分靈，則可以重新得到更強的自我認同。也就是說，台灣人不在台灣島內尋找自己的起源，而是承認台灣是大陸的分靈。鎮瀾宮如何在大陸湄洲媽祖及新港奉天宮之間建立階層關係，並以這個關係來重新檢證自己的神聖權威，將會影響鎮瀾宮今後進香活動的發展。在這個勢必到來的討論之中，我們可以了解，媽祖已成為一種換喻的存在，代表台灣的一部分。台灣是在政治上或文化上都是獨立於大陸之外呢？或者是將大陸視為崇高的起源地、是一個必須以回歸方式來更新其文化尊嚴的地方？台灣的信徒應會被迫做二擇一的選擇題吧。這關係到從明末清初開始殖民歷史的漢人們，如何再次確認現今的自我認同意識。

關於媽祖的現狀，我覺得還有一點不可忽視，那就是日本有媽祖廟這件事。

前面已說過，日本從江戶時期就已有媽祖信仰。在長崎和東日本沿岸蓋有媽祖廟和類似的神社或寺院，這是一個很重要的事實。附帶一提，在鹿兒島船津町，有一間建於江戶初期、祀奉天妃的菩薩堂；而且在戰前曾經出現一種新宗教，將天照大神與媽祖視為同一神明。耽美派詩人西川滿以台南為根據地，積極使用台語寫出了詩集《媽祖祭》（一九三五），戰敗回到日本後，將自己的一生奉獻給以媽祖信仰為根基的女神崇拜宗教活動。

不過，我關心的不是這種歷史上的事實。在日本，近幾年來在大都市裡紛紛蓋起了媽祖廟，這個引人注目的事實讓媽祖在現代日本產生意義。

橫濱媽祖廟在二〇〇六年於橫濱中華街中心地區竣工，裡面安置的是從台南天后宮分靈過來的媽祖神像。建造這座廟的目的是為了作為在中華街做生意的華人的信仰中心，也為了成為觀光景點之一。而在二〇一三年十月，東京大久保町車站前有另一座媽祖廟落成，其性質與橫濱媽祖廟有些差異。

這座廟位於東亞的飲食店和雜貨店並排的地區裡的某個角落，是一棟四層樓建築，旁邊有龍池和庭園造景。經過一樓服務台之後，爬樓梯上二樓，那裡安置著從北港朝天宮分靈過來的媽祖神像。這尊神像以染黑的木頭雕刻而成，有一張黑臉。三樓安置的是分靈自泉州天后宮、粉紅色臉的媽祖神像，旁邊還有關聖帝君和武財神。最頂樓四樓是媽祖的庇護者觀世音菩薩，以優雅的表情坐鎮於此。東京的媽祖廟分別從台灣和大陸福建省召喚媽祖來到此，提示了一種新的分靈方式。

這座媽祖廟的出資者是一位台灣實業家。他有一股熱情，想為居住在東京的台灣人提供精神支柱，因此捐錢蓋了這座廟，所以比較沒有橫濱媽祖廟那種著眼於觀光目的的氣氛。值得注意的是，有很多日本人會前來參訪此廟。二〇一一年三月發生東日本地震和海嘯，核能發電廠爆炸熔毀造成海水污染，使得日本人明確地感受到這些與海事相關的災難，因而前來膜拜。媽祖是專司航海和漁業的女神，是出海人的守護神。在現今的日本，除了一些地方的少數神明之外，並沒有整個日本民族共同信仰的海洋女神，故可以想像這種狀況對於建廟也發揮了一股助力。在發生未曾有過的災難之際，沒有正式外交關係、以民間捐款的名義在短時間內募集三百億日圓捐給日本的正是台灣。對照媽祖信仰的現況來思考，東京媽祖廟如此地得到台灣人的共鳴和信仰，著實令人感到興味盎然。

第三部

台南

台南印象

我站在台南車站前。在台灣殖民史裡，這座城市長期被稱為「府城」，不但是最古老，也是人口數高居第四的城市。但是，台南火車站卻只有兩個月台，只有往台北的上行列車，和從台北開來的下行列車的停靠月台。我第一次在這個車站下車是在一九八〇年代，這個單純的結構從那時起就不曾改變。

相對地，台北車站卻有了徹底的改變。車站增加高鐵及捷運系統之後，內部變得錯綜複雜，簡直像是艾雪（Maurits Cornelis Escher）畫的階梯迷宮那樣，只不過多了一個豪華的門面，將這個迷宮包覆起來。

以前那個樸素的北口，看起來像是鄉下地方的火車站，現在則變得相當巨大，過去的車站風情只能在侯孝賢的《戀戀風塵》裡回味了。

台南車站則保留了往昔的氛圍。原本有傳聞說要大規模改建，但後來高鐵台南站設在離火車站很遠的地方，使得火車站的地位降低很多，可能因此暫停改建計畫吧。我猜想，台南火車站的結構說不定從日本統治時期以來就沒有任何改變呢。

我之所以喜歡台南火車站，是因為它和我小時候到過的車站很像。那是在某個夏天，我曾經到過出雲火車站，那裡是父親的故鄉。我到過台南好幾次之後，突然發覺此事。只有上行和下行的月台，悠悠蕩蕩的檢票口，通過檢票口之後那種微暗的感覺，一整排的舊式公共電話機，簡樸的候車室，整齊排列著的椅子，以認真的表情等待列車到站的人們。這一切都勾起了我對出雲火車站的回憶，那早已在我腦海裡消失的回憶。同時，我對於這座城市懷抱著一種模糊的情感，和我在小學時搭了長途火車在出雲下車時的疲累感受，似乎重疊在一起了。

每次來到台南，總會有一股感慨的情緒。啊，終於到了。終於到了台灣尾端了，那是一股由疲累而來的篤實感。好像只要到了這裡，再過去就什麼也沒有了。

附帶一提，還有另一座城市讓我有這樣的感受，那就是那不勒斯。在威尼斯或羅馬的電影節或學會結束後，若離回國還有一點時間，我便會造訪那不勒斯。這座城市總是充滿著一種包含喧鬧和無秩序在內的某種令人雀躍的魅力。對我而言，台南和那不勒斯都掙脫了所有束縛，是一個解放了的城市，因為它們是一座不必再負擔義務的城市。地處南方的它們，對於我心中對於「南方」的概念發揮了極大的作用。

就地理學而言，我的認知是錯誤的。若從台南更往南走，還有一座大都市高雄，還有以渡假聖地知名的墾丁。在第一次訪台的那年，墾丁還沒有那麼熱鬧，海邊只蓋了一些小屋，我曾在那裡連續游泳好幾天。但是，在想像力的世界裡，地理學的嚴格性總是往後退。對我而言，台南是台灣的最南方，也是台灣生根之地，它與台北的關係就像磁鐵的兩極，儘管台北極其華麗熱鬧，但仍然與台南之間有著互相牽制的吸引力。

距離上次拜訪這座城市，已超過二十年了。我最初拜訪此地感受到的強烈印象以別的形態在我的心中留下了餘韻。不管走到哪裡，所見皆是壯麗的廟宇，有著燕尾反翹的屋頂，層層地疊合著，遮住了原本要灑在下方小路上的陽光。這根本就是東方式巴洛克精神的極致表現。強烈的裝飾性四處洋溢。我沿著一大片紅色牆壁走著，線香的煙霧四處瀰漫，占卜師擺著老舊的看板，一整排都是賣佛具雕像的商店。在一條彎曲、高低不平的小巷裡，有好幾個人正默默地製作著祭禮用的金紙。我稍微往內瞄一眼，狹窄的空間裡設有巨大的祭壇，黑暗之中有幾盞暗紅色的燈泡，映出了好幾尊神像的黑臉。

我像迷路似地在小巷子裡走了一陣子，來到了大馬路，不覺之間竟吃起了豪華的餐食。燻炙的厚切烏魚子堆疊在盤子裡，配著蘿蔔切片一起吃，好像是這裡的固定吃法。還有以海邊濕地捕獲的螃蟹烹煮而成的米糕。我吃撐了肚子走到外面，眼前所見的，盡是巴洛克風格的拚貼藝術和木雕裝飾而成的典雅屋頂。

台南的另一個特色是，茂盛得驚人的植物。一踏入台南公園，便可看到約五十顆蒲葵樹立在入口的廣場上。但請不要這樣就被嚇到。穿過蒲葵林再往園內走，道路兩側的大王椰子正無止盡地向前延伸著，至少有一百顆以上吧。若是在台北，大王椰子應該排列得很整齊，但這裡卻是不規則地四處林立。這裡的大王椰子有很粗的樹幹，是台北的大王椰子比不上的。樹齡也很久，樹幹正中間微微凸起，像眼鏡蛇的鐮刀形脖子，讓人以為它在威嚇路過的人們。這些大王椰子長得真高，足足有三十公尺呢。

但是，四處茂盛生長的不只是大王椰子。在台南，小巷子裡的路邊、即將傾頽的日式房屋前庭、廟前廣場等地，各式各樣的植物總是極盡所能地伸展枝幹，綠葉繁茂，綻放著原色系的花朵。

居留台南期間，我住在朋友的公寓裡。公寓前面的馬路對面是舊軍營的宿舍和訓練場，占地大約一萬坪。我在十二月初抵達台南，但氣溫舒適，只要穿T恤便可應付。

若想從大馬路進入這個「荒地」，必須穿過好幾家的路邊攤，它們巴洛克式地排列著，寄生於馬路旁邊，像是海邊礁岩上的貝殼。在路邊攤的四周，散落著廢棄不用的木材，到處可見瓦礫堆。穿過此處，可以看到毀壞的磁磚和散落一地的磚頭，隱約可以看出這是一條柏油路，這條路直接通往舊軍營。這裡的植物們誇示著它們的全能之力。人類伸手不及之處乃是最佳地點，可以隨心所欲地增殖，不斷地伸展枝葉，藤蔓互相纏繞在一起。朱槿在綠葉的襯托下恣意地綻放著白色、紅色等鮮艷的花朵。長得像日本朝顏花的白色及紫色的花朵盛開著，一隻五彩繽紛的大型蝴蝶正飛舞其間。我聽到一陣鳥鳴聲，雖然看不見鳥兒的蹤跡，但從吵雜的鳥叫聲可知，這一帶應該棲息著為數不少的鳥類。在茂盛的植物叢裡，有一根柱子立在那裡，柱子頂端有一支朝向四方的擴音器，應是作為訓練用的吧。柱子和擴音器都被藤蔓包覆住，可能是長期棄置的緣故吧。我一邊注意腳邊有沒有蛇，一邊小心地往前走，眼前突然出現一片空地。或許近期將有再開發的工程也說不定，聽說台南的街區正不斷地往外圍擴大中。我茫然地站著，不知不覺間許多蚊子圍了過來。雖然正值冬天，但我卻微微地流汗。

我向朋友借了一台腳踏車，上面寫著兩個白色「成功」字樣，這是附近一所國立大學的校名。台灣曾經被荷蘭殖民過，鄭成功將荷蘭人趕走，在台灣建立了為期三代的新王朝。台南是鄭成功的根據地，而地處台南的該大學便以鄭成功作為校名。這台腳踏車可能歷經許多波折，最後才到我朋友家裡吧，但因為年歲過久，在我騎上去的瞬間就壞掉了。沒辦法，只好找了一家腳踏車修理店，換了新的腳踏板，總算可以騎了。

從腳踏車店出來，轉過一個彎，來到一個市場，那裡掛著「黃昏市場」四個大字的招牌。好美的名字啊。不同於一般的市場，這裡的營業時間是從傍晚到晚上。大約有三十攤店鋪擠在一起，走道很窄，走路時必須跟別人擦身而過，賣的東西從日用雜貨到熟食都有。不但有香腸、水餃、米粉、鮮魚、青菜、肉類等，還有台南當地特色食物，都用小盤子盛裝，排得很整齊。竟然連日本的海苔捲、凍豆腐、瓶裝泡菜都有，真不敢相信我的眼睛。大部分食材的價位以五十元為單位，上面都有標價格。在台北都是以一百元為單位，看來這裡的物價應該是台北的一半吧。每個攤販老闆都很愛講話，若有我不知道的食材，會滔滔地為我說明。我走出市場，來到大馬路，看到一位老人在路邊賣東西，他只準備一塊簡單的木板，上面擺著水煮毛豆和剛採收的芋頭。

請問乾洗店在哪裡？我用拙劣的中文問路，兩位攤販一起指向同一個方向。我將襯衫送洗時，乾洗店不曾給我任何單據，只是在記事本上寫了一個記號，並告訴我，來拿的時候再付錢就好。

比起台北，這裡的一切都顯得那麼隨性。在市場裡，不管是賣的人或買的人，都以完全不同於台北的緩慢步調過著生活。

府城文士林瑞明

林老師看來心情極好，因為他的好朋友宋澤萊最近獲得國家文藝獎。他說，共有三人得獎，其他兩人都是超過八十歲的外省人，算是頒發榮譽獎給他們的意思，而真正值得受獎的只有宋澤萊一人。他興高采烈地為我說明宋澤萊是一位如何重要的作家。這位台灣文學研究者有著一張被太陽曬黑的臉龐和白色的鬍鬚，雖然只跟我差距三歲，但卻給人一種超脫世俗、悠遊於老莊世界的賢人般的氣氛。「這次的佳事，跟李昂是評選委員也有關係吧。宋澤萊在受獎茶會上說：『台灣的處境就是一個殖民地。』這樣爆炸式的發言真是傑作啊。所有與會的本省人當然都齊聲拍手稱快。外省人本來就不太會在這個茶會露臉。跟他同一世代也差不多時期出道的吳念真，在變成大師之後只忙著賺錢，但宋澤萊卻始終只做一名國中老師，寫自己想寫的作品。他真是一個堂堂的男子漢。」

林老師長年受腎臟病所苦，一星期必須洗腎三次，幾天之後還要接受不知第幾次的手術。但他的好心情是停不下來的。他招待我到餐廳吃飯，還送了兩本他簽了名的詩集。他以「林梵」為筆名寫詩。他開玩笑地說，因為年輕時很在意自己長得不高，所以在「林」這個姓下面加「凡」字，看起來比較高。他說，你想知道台南什麼事，就儘管問我吧。但我初到台南，看什麼都很新鮮，還不知道該怎麼問問題。儘管如此，當我提出稚拙的問題時，林老師仍然以幽默有趣的口吻回答了我。

關於詩人林梵，在本書前面已經提及兩次，在這裡要正式介紹這位府城文士林老師。

林瑞明於一九五〇年出生於台南，父親是一位貧窮的公務員。但這個背景資料無法完全交待林瑞明作為台南人的一生。他的出生地在普濟殿附近，普濟殿位於台南歷史最悠久的佛頭港附近。除了大學時代之外，他一直住在台南，他作為府城人的人生，讓他對於台南有著一股強烈的愛及堅定的認同。

記憶裡，祖母纏著小腳，連從家裡到水仙宮都無法走到。當時年幼的瑞明少年到市場攤販吃了蝦飯回家時，會將蝦尾巴挾在牙齒之間，帶回家給祖母看，跟她報告吃了什麼。不同於現在，一九五〇年代的台南有很多運河和河川。有一次的幼稚園遠足是從中正路搭船到安平。在以前的西門城壁附近有個魚池，裡面漂著浮萍。從林瑞明斷斷續續的追憶裡，我似乎看到了台南府城昔日的模樣。

林瑞明進入台南一中就讀之後，開始感受到一股對於文學的衝動。在政治性的浪漫熱情驅使下，他遊說同學們一起創立地下社團「丹心會」。原本以為該社團是以國民黨的意識形態出發而主張愛國主義，沒想到他們對於中國正在進行的文化大革命抱持期待之心，將報紙上批評毛澤東和紅衛兵的隻字片語加以組合，想要推測中國當時的實際狀況。但是，在一位游泳逃到金門的中國青年發表談話之後，他們的期待幻滅了。這位文學青年終於覺悟到，不管是推動文化大革命的中國共產黨，或者是為了抵抗共產黨而絕對地尊崇儒教、提倡「中華文化復興運動」的國民黨，其實是都一丘之貉，並沒有什麼差別。

林瑞明就讀於台北的台灣大學之後，開始以象徵主義詩人的身分展露頭角。他在這個時期出版了處女詩集《失樂的海》（一九七六），詩裡訴說宇宙的太初、鬼神與憂鬱、以及荒涼的風景和黑暗之夜。在此引用一篇這時期的代表作〈世界（2）〉：

時間流動
投影於
無形重疊的
空間
Altas朝朝夕夕
肩舉
生命的舞台
打轉

在一九七〇年代後半期，台灣文學界展開鄉土文學論戰，同時也發生了美麗島事件，使得林瑞明的詩風轉變。西歐神話和浪漫主義式的主題不見了，取而代之的是對於台灣文化及歷史的關注。他陸續發表〈土地公〉、〈城隍〉、〈媽祖婆〉等與民間信仰相關的詩作，甚至創作了長達四百二十行的〈國姓爺〉（一九八〇）。這首氣勢豪邁的長詩，開頭寫鄭成功率領艦隊越海來台，船上旌旗隨風飄搖，最後寫出喪失大陸和父親的悲嘆。雖然時值戒嚴時期，但是他對於支持台灣獨立的浪漫主義情懷，由這首敘事詩予以繼承了。

作為研究者身分的林瑞明所做的是對於台灣文學的努力。台灣文學與同為中文語圈的中國文學只有一線之隔，但他想要證實台灣文學是形成於歷史當中的文學。現在我手中這本 *THE FREE CHINA REVIEW*（一九九二年三月號）裡，林瑞明與張炎憲、吳密察、柯志明、林忠正等歷史學家、政治學者、民俗學者進行對談和討論。當時他們都是四十幾歲、銳氣飽滿的學者，不斷地針對將來台灣研究的方向提出了充滿期待的發言。

林瑞明指出，因為很多的無知、傲慢與偏見，阻礙了台灣文學研究的發展。他談到以前在研究所時期，本想要以日本統台時期作為論文題目，卻受到教授們的反對，不得已只好勉強轉為研究清末時期。林瑞明曾寫了一本《楊逵肖像》（一九七八）。楊逵是戰前的普羅文學家，在國民黨政權來到台灣之後被關入監獄，釋放後的晚年時期居住在東海花園療養。林瑞明跟在楊逵身邊超過一年才寫出了《楊逵肖像》。

文學家賴和（一八九四～一九四三）原本只被視為一位中國民族主義者，但林瑞明給予賴和極高的評價，認為賴和在台灣的政治行動極具複雜性，看待問題的態度與魯迅相同。關於台灣文化研究的方向，林瑞明認為應該設法去解讀及分析日本統治時期留下的大量日語文獻，因此培養具有日文閱讀能力的研究者是很必要的。自他一九九〇年代就任成功大學創設的台灣文學系教授、並擔任位於台南的台灣文學館館長一職以來的主張，已一點一滴地實現了。他的看法是，台灣文學不同於中國文學，是獨立存在的，期待有人進行歷史方面的研究。他的這個立場在台灣解除戒嚴、走向民主化之後，終於受到台灣學術界的認可。在我認識的年輕台灣文學研究者裡，很多人同時精通中文、台語和日語。我後來才知道，原來他們都曾經受過這位台灣文學研究先驅的薰陶。

然而在一九九七年，四十七歲的林瑞明發生了不可預期的事。由於詩作及研究的過勞，他罹患了嚴重的腎臟病。開始洗腎之後，不得不改變以往的工作態度，專心療養身體。一連串題名為〈台灣俳句〉的短詩便是在此時寫成的。

季節又到了
樹睜開千蕊的眼睛
張看花花世界

陽光穿越了黑森林
飛瀑濺起的水珠
反射出千萬顆小太陽

白雲深處崖頂
不知名的野花
點亮了滿山的綠意

林老師心情很好。

我的高中老師們腦袋只會思考升學率的問題，後來換了一位崇尚自由的新校長，學校的氣氛便大大地改變了。那位校長的兒子後來成為很有名的電影導演。你聽說過一位名叫李安的導演嗎？

……

對我們這個世代而言，陳映真就像一位大哥。我無法接受他的中國台灣統一論。他的父親是小學老師，熱衷於參加皇民化運動。我有見過他，光看外表就感覺他根本是日本人的模樣。陳映真在小說及散文裡完全翻轉了父親的親日形象，將他描繪成一個抗日人士。他最終也只能是一個紙上談兵的革命家，真的很可惜。

我最後一次跟林老師見面，是在他接受腎臟手術的前一天。我們歡談著，愉快地吃飯。臨走前，他送給我最新的詩集《海與南方》。我稍微翻一下目錄，「痛」、「手術」等字眼飛入眼簾。有一首詩模仿笛卡爾的詩句，寫著「我痛故我在」。

既然專程來到台南，希望你能嚐到所有台南的美食。台南料理最大的特色就是甜。只要來到田野，放眼望去都是甘蔗田。還有就是黏稠。若想分辨真正道地的台南人開的店家，只要看到店名有個「阿」字就沒錯了。像阿鳳、阿明、阿姜等等。阿裕牛肉湯真的好吃。不過，有一家雖然店名沒有「阿」字，但也很好吃。那是位於夏林路上的六千牛肉湯，真是美味至極。早上來一碗牛肉湯才是道地的台南式早餐。

我問林瑞明有沒有一家叫作阿Q的店，他苦笑地說：「那是泡麵的名字啦。」這可不是虛言。在台灣的便利商店裡真的有賣一種叫作「阿Q桶麵」的速食麵。

夜更深了。店裡幾乎沒有客人，店員開始打掃。林瑞明戴上安全帽，輕巧地跨上停在台南料理店前的摩托車，驅車前往夜晚的熱鬧市集。

從民權路到大天后宮

我暫居的朋友公寓位於中華路上名為「空中別墅」的公寓大樓裡。中華路南北貫穿台南市的東側。該建築正如其名，房間看起來飄浮在空中，視野極佳。若要從這裡前往讓我迷戀不已的舊市街，必須穿越一條名為小東路的大馬路，這是東西直線延伸的主要道路。然後，左手邊會出現成功大學的廣闊校園，接著還得鑽進火車鐵軌下方的通道。小東路的盡頭是台南公園，終於走到終點，這座公園給我的印象是那無止盡的大王椰子林。待穿越這座公園之後，便看到廟宇屋頂爭奇鬥豔，真正的舊市街展現在我眼前。

事實上，早在我走出公寓時，一座座的廟宇就已出現。在小東路寬廣的人行步道上，有一座背倚著人行天橋的小祠堂，旁邊設有一個用來燃燒金紙的白鐵火爐，還有一整排繞著祠堂四周而設的塑膠椅。我心想，看吧，廟宇的連鎖已經開始了呢。祠堂有一個氣派的名字：「莊敬福德正神」。不知這座廟很早就存在於此，或是因道路建設等理由遷至此處。整座廟完全沒有年久失修的感覺，想必當地人每天早上來拜拜的時候都會幫忙打掃吧。由此可以看出台南人對信仰的篤實心態。

接下來，我想簡單回顧一下台南這座城市的歷史。

這個濱海之地最早是原住民的居地，後來荷蘭人在一六二四年率先進入。荷蘭人首先屯駐於往外突出成長條狀的安平沙洲前端，接著在出海口附近陸地建設城邑。現在稱為「民權路」的地方，就是他們來到之後的次年建設的。荷蘭人後來建起城堡，想要以此作為殖民台灣的根據地。，他們很希望漢人能夠前來墾植這片過於空曠的土地。

一六六一年，明朝遺臣鄭成功驅走荷蘭人，將邑名改為「承天府」。傳說第一座天后宮乃於此時在安平開基，但並無定論。鄭氏王朝到了第三代便短命地滅亡了。一六八三年「台灣府城」開始正式建設，台灣被編入清朝的領土。這個時期禁止大陸移民來台，清朝官員在此廣設城隍廟和大天后宮等官方宗教建築。十八世紀中旬再次開放移民來台。有一段很長的時間，台灣府的四周只以木柵圍住，後來沿著木柵種植刺竹。直到十九世紀中旬，才以岩石建起城牆，並且設了三個城門，這時才有了府城應有的威嚴。然而這個時期的清朝已經被英國鯨吞蠶食，安平也出現了英國的洋行。一八七五年在台灣北部設置「台北府」不久後，台灣府的地位便降格而改名為「台南府」。自此八年後，也就是一八九五年，日本在台灣進行殖民統治，開始興建鐵路，一口氣推展現代化的腳步。台南城牆於一九〇七年被拆除。

我拿著古地圖，試著探訪昔日府城的城垣殘跡。

我走在小東路上，這裡屬於城牆東北邊要往北延伸的部位。路上有一條橫亙而過的勝利路，勝利路上有一座小東門，再往下走會遇到大東門。城牆在大東門往西彎曲，像是將台南市街的南方底部托住似地，一直延伸到大南門。現在這一帶仍殘留少許的城牆。

府城西側的城牆，現今是以「西門路」這個路名保留在人們的記憶之中。所謂的九大官廟，也就是台南孔廟、大天后宮、祀典武廟、赤崁樓、五妃廟等建築，全都位於這條縱貫南北的西門路的東側，也就是都位於府城內部。西門路的西邊屬於城外地區，原是庶民生活的商業地帶，沿著蜘蛛腳分布狀的五條運河發展而起。昔日的運河已變成暗渠，但彎彎曲曲的小路顯示了它們存在的痕跡。這些小路上密布著各有來歷的小廟。從保安市場到康樂市場、西市場，充滿喧嘩之聲的市場連成了一條市場街，完全沒有中斷的意思。尤其是康樂市場，在日本時代就被叫作「沙卡里巴」（日語さかりば，熱鬧市集之意），現在仍沿用著。城外北邊的鬧區有一座花園夜市，是全台灣規模最大的夜市。

從城外西邊的鬧區再往西走，會遇到一條大型運河。它的對面是安平，是台南最古老的商業起源地。這一帶以前是沙洲，現在已經被填平。

台南的歷史及地理概觀到此應該可以了吧。現在的我走在昔日城牆的東北邊，打算進入城內。在小東路上往西前進，過了鐵軌之後往左轉，來到台南火車站前面的廣場。廣場放射狀地連接著好幾條大馬路，我朝西走往東西向的成功路，它是台南市的繁華大街之一。

台灣的街道常可見到亭仔腳。店鋪一樓面向道路的空間對外敞開，此處設有柱廊，各家店面常會設置自己的門檻。我曾經到過義大利中部的城市波隆那，那裡的街道建築也有相同的結構，莊重的柱廊叫作「Portico」。台灣的亭仔腳算是人行道，但是作為店鋪外突空間的性格也很強烈。不管是水果攤、藥局、或小吃餐館，都很自然地將商品擺放於此，人們也習慣地駐足聊天。有時還會停了一整排摩托車和腳踏車，行人可以走動的空間只剩一半。這個現象若發生在日本，可能會以違反道路交通法而被取締。但是在台灣，這個空間的所有權分屬於各家店面，所以不會有問題。我發現這裡隱藏著台灣人重視空間的開放性和公共性的智慧。

不用說也知道，街上的人行步道會因各家店鋪而被分成一小節一小節。各家店鋪會以自己的想法鋪上不同配色的地磚，並且設置椅子或露台。走在台南的街道馬上會感受到這部分的獨立性特別強，人行道四處都有高低差。若是在台北，亭仔腳與人行道之間會保持通暢，腳踏車可以順利通行。從人行道下降到車道的地方，也會設置方便的斜坡。而在台南，店前的空間有著各自不同的高度，很難在上面騎腳踏車。而且人行道會突然不見，腳踏車會咚地一聲下降到車道，使坐墊上的屁股受到嚴重撞擊。因此，若想在人行道上騎車，只能慢慢地騎。這讓我體會到這座古都潛藏著一股獨特的頑固性格。

在成功路上走了一會兒，左右開始一點點地出現無名的小祠堂。道路右邊有一棟鐵皮屋頂的建築，看起來很像是市場。我往內一瞧，發現裡面很寬敞。感覺以前曾經很熱鬧過，但現在已然沒落，只剩下靠馬路這邊有幾家食物攤還在營業。我對照地圖，上面寫著「鴨母寮市場」，從清朝末期就存在了，是一個歷史悠久的市場。我馬上點了炒米粉和魚肚湯。各式菜色並排著，標著以五十元為單位的價格，大約是台北物價的一半。

我對於「鴨母寮」這個名稱感到很好奇。再次攤開地圖，發現這附近有一家店叫作東巧鴨肉羹，可能是專門賣鴨肉的小餐館。我突然想起一九六五年李行導演的《養鴨人家》，這部電影裡有一位農村的養鴨少女，當這位有著健康膚色的少女走在田埂上，就會有鴨群跟在後面。這部電影或許是以台灣南部、甚至台南附近作為故事舞台也說不定。

我打開《台灣民間信仰神明大圖鑑》（林進源編著，進源書局，二〇一二），發現這位鴨母王是真實存在於十八世紀的人物。鴨母王本名朱一貴，因不滿清朝統治而於一七二一年（康熙六十年）舉事。他帶領明朝及鄭成功的遺臣們，自稱明朝朱皇帝的後裔，定國號為「永和」。朱一貴頭戴演戲的皇冠、身披龍袍，乘坐牛車唱著歌前進，受到小孩子們的嘲笑。這個復明運動只經過一個月就被清軍平定，不過這位狂猖的人物在民間受歡迎的程度未曾衰減。由於他以養鴨為業，人們都稱他為鴨母王，台南開山路的一座小城隍廟主祀的便是他。

從這裡往成功路一直前進，可以來到城內最早的媽祖廟開基大天后宮，但我想試著走其他道路看看。自從來到台南，最想做的一件事就是到民權路走一走。

民權路其實是很庸俗的路名。台灣「光復」之後，各地的城市都模仿孫文《三民主義》，定出了民族路、民權路、民生路三條路名。民權路只不過是其中一條。台南的民權路也不例外地夾在民族路及民生路中間，這一條東西走向的路並沒有什麼特別之處。但它在清代是從西門開始筆直延伸的一條路，從西邊依序名為武館街、竹仔街、鞋街、針街、枋橋頭街，都是令人興味盎然的路名。這條路往東南方轉彎，通往大東門。沿途換了好幾個路名：嶺頭街、金葫蘆街、獄帝廟街、大人廟街、龍泉井街、聖君廟街，好是忙碌啊。這是一條東西橫貫府城的長路，代表了府城的繁華時期。後來日本時期設了一條南北走向的道路，使得這條路作為城門的功能衰退。若回溯到荷蘭時期，台灣最早修築的道路叫作普羅民遮街，是荷蘭人初次登陸此地的次年一六二五年建成的。這條普羅民遮街便是現在民權路的其中一段。因此，我來到台南最想做的事，便是向民權路致上敬意。

從成功路慢慢往南晃到民族路，在進入民權路之前會遇到一條極狹窄的小巷。我穿過這條飄著庶民生活氣味的小巷之後，視野豁然開朗，來到了開隆宮。大門上畫著侍女圖，可以知道這是祀奉七星娘娘的一座廟。傳說七星娘娘叫作織女，是天帝最小的女兒，在七妹姐中排行最後。正殿有兩列神龕，七位女神坐鎮其中。祂們頭戴大量紅玉裝飾的銀冠，身穿金黃色衣服。所謂「慈眉善目」這句話，應該就是用來形容祂們的容顏吧。小妹在六位女神慈愛的呵護下長大。會來這座廟參拜的信徒，都是為了祈求幼兒平安長大。七星娘娘的旁邊是註生娘娘和臨水夫人，專司懷孕和安產，整座廟都充滿著女性的氣氛。我讀了廟裡的簡介，上面寫著七月七日舉辦男兒十六歲成年禮。我感到納悶，不過想了想，或許是母親們希望自己的兒子能在女神們的保祐下平安長大，所以廟裡才會舉辦這種儀式吧。

廟埕後方有一棵巨大的榕樹和一座面對著廟裡的表演台。在祭典之日，廟埕中間應該會燃起高高的火焰，燃燒紙製的七娘媽吧。四周充滿庶民式的氣氛，人們不以為意地晾曬著衣服。附近有幾個人，互相不講話，只是無所事事地坐著。

穿過小巷，終於來到民權路。旁邊稍微偏過去的地方，有一座吳園。這是一戶富有人家的故居，從鄭成功時代到清朝時期都很興盛。有水池、竹林，屋舍優雅得像是畫出來的。完全褪了色的鯉魚旗和塑膠製的風車在風中飛舞。雖然鯉魚旗不應在這種季節掛出來，但這裡一整年天氣都很熱，即便如此也無妨吧。吳園現在是公立公園，兩名工作人員正緩緩地撈著池裡的髒污。每次他們動作時，就可以看到鯉魚慌張地游開。池塘那邊有一間冰店，寫著「冰」字的旗子在微風中飄揚。有一個老舊的招牌，上面以日文寫著「好吃的霜淇淋」。巨樹垂下來的氣根被拿來許願，結著很多寫上願望的紙條，兩名女中學生正在許願。樹木的中空部位塞著鳥籠，一隻貓咪很有興致地在籠外瞧著鳥兒。糖果和絨布娃娃。離開池邊再走了一陣子，看到一間戰前日本房屋改建而成的咖啡廳。

在民權路上走著，突然看到好幾根黑色柱子，原來是北極殿。門前的簡介看板寫著，北方是玄武的方位，所以本廟以玄色、也就是黑色為基調建成。雖然位於台灣南部的台南，但這裡的屋頂竟然沒有燕尾，而是平坦的，也完全沒有巴洛克式的裝飾物。與開隆宮剛好成對照，廟裡完全沒有女性的氣息。

北極殿在荷蘭時期是一家醫院，到了鄭成功時期改建為祀奉玄天上帝的廟宇。從明朝到鄭王朝時期，玄天上帝是受最多信徒敬拜的神明，後來變成屠宰業的守護神。傳說玄天上帝在世時以屠宰為業，內心感到無比後悔。有一天他遇見觀世音菩薩而受到點化，以手上的屠刀剖開自己的肚子，掏出內臟清洗。這個暴烈的行動感動了神明，讓他轉世為仙界之神。雖然這是荒誕無稽的傳說，但是要將這座廟改建為醫院的話，玄天上帝的神格應該很適合。

我再次從民權路轉進小巷子裡。這裡有一整排快要塌下來的平房，堆著厚厚的灰塵。路的盡頭是小南天土地公廟，地圖上都沒有標示這座廟名，是一座不被重視的廟。

這座小廟自一六六六年（永曆二十年）以來一直祀奉福德正神。附帶一提，一六六六年正是清朝康熙五年，但是廟裡採用鄭王朝的紀年方式，故標示為永曆二十年。廟的屋簷以綠色塑膠板遮蓋，或許沒有錢修復吧。一旁的大樹長長的氣根垂到了地上，簡直就像神明的黑色鬍鬚。廟邊的道路深處有一間日式房屋，大門看起來相當氣派，但現在卻悲慘地淪為傾毀的命運。裡面沒有住人，一味地被棄置著。我從牆外窺望，中庭的大葉欖仁樹孤獨地聳立著，到處都是垃圾堆。

走出小廟，往西邊前進，越過忠義路後再往前走，來到陳世興古宅。此宅建於鄭成功時期，是台灣現存最古老的民間建築。陳登昌在二十七歲時渡海來台，定居於此，開始開拓田地。紅瓦、白牆、綠色窗櫺，是一座優美的宅院。但靠近一看，這裡也變得像廢墟一樣，原本優雅的庭園盡是堆著崩落的磚瓦碎片。牆壁很髒，沒有半個人影。家屋的外牆開了好幾道門，屋頂用鐵皮做了補強，分別住著好幾戶人家，各隨己意地居住著。對於現在這些居民來說，宅邸的繁華過去早已不重要了吧。有一戶外面掛著美容院的招牌，但看不出有在營業的樣子。

在凋零的宅邸對面，還是一座廟，祀奉鄭成功的武將阮駿的未亡人。說明書上寫著，這座廟特別照顧寡婦和孤兒。庭院角落仍然有著巨大的榕樹，解說牌記載道，它有一個很親切的別名：「猴靈樹王公」。當我正感慨地仰望這棵樹時，一位中年婦人拿著香從廟裡走出來。她將香插在樹前的小爐中，熱切地敬拜著。

當我正想結束民權路的散步時，心中有一個聲音：台南府城最早的這條道路竟已如此凋落了，彷彿這條路的命數已盡。我來到了永福路，於是就往北走去，來到巨大的官廟祀典武廟，俗稱大關帝廟。

祀典武廟呈L形結構，有一道很長的紅牆，走進牆邊的三川門，依序遇到初拜殿、拜殿、正殿、武廟。我參拜完主祀關聖帝君之後，突然看到後方左手邊另一棟文廟建築，祀奉觀世音菩薩，後面的庭園相當廣濶。這裡之所以有雙拜殿的格局，可能是在清代到日本統治時期之間經歷過很多事情所造成的吧。我在台灣拜訪過很多廟宇，倒是第一次見到這種格局配置。不過，這裡雖然結構特殊，但是卻沒有看到能引起我興趣的神像。

祀典武廟旁邊仍然有很狹窄的小路。我走在小路上，感覺這一帶的空間全被廟宇給填滿了。小路上有很多高低差，每往前走一小段，道路寬度就會改變。路旁有一個寫著「擇日命卜」的算命招牌，看來這裡是廟裡的信徒會來的地方。

突然間，右邊出現了巨大的紅色牆壁，原來是大天后宮。廟埕立著四公尺高的石碑，上面寫著「台灣開基祖廟」、「台灣舊媽祖宮」。三川門中間有一個巨幅布簾，寫著「法國米其林三星級」，電子看板以跑馬燈方式展示「入選台灣宗教百景」等字眼。我驚訝不已，這是何等庸俗啊。原來廟宇一直是一種現世的空間啊。

大天后宮空間是逐漸升高的結構。從拜殿到正殿，再到後殿，都必須踩著石階而上。大天后宮不管是規模或裝飾，都值得驚嘆。所到之處如牆上的石雕、天井的木雕等，都可發現龍的蹤跡，很有看頭。四足鼎上刻著一隻名為饕餮的古代凶獸。後殿的木桿頭上刻著小小的雌雄魚兒。這些小魚含著龍珠，想要變身為龍。這裡是整座廟的主題所在，暗示著此廟專司航海安全。

到處可見龍形雕刻，尤其是立於正殿左右兩側的龍柱石雕真的太絕妙了。龍從石柱下方往上攀附而去，龍鬚看起來像是章魚的八隻腳，緊緊地吸在石柱上。我第一次看到時，無法確定它是一條龍，還以為是奇特的怪物吸附在石柱上呢。

媽祖展示著巨大的金黃之姿。祂表情莊嚴，慈悲的眼神微微朝下，兩手握著金光閃閃的勺子，像是正在做出神諭。九串珠子從頭冠垂下來，一串共有十三顆。簡介上說明這是康熙皇帝贈送之物，真不愧是官方認可的神祇。祂穿著美麗奢華的衣裳，黃、紅、綠等各式各樣的色彩點綴其中。雖然是採坐姿，但仍有一米高。左右有相同高度的侍女泥塑陪侍著，前列有著大小不一的媽祖神像，最中央的媽祖最小，但也最為金光閃耀。供物並沒有很多，大多是整齊的鮮花和金紙，並不會硬要放上肉、魚、水果等各種食物。媽祖的左右祀奉水仙尊王和四海龍王。主殿兩側另外有觀音殿和三寶殿，也不例外地祀奉著臨水夫人和註生娘娘，兩位手持蓮花的幼兒在神像前方侍候著。

我想來談談負責守護媽祖的兩個人物，那就是全身塗成濃烈綠色的千里眼以及紅色的順風耳。祂們身材精瘦，有著發達的肌肉，身上的束帶被強風吹揚，專注地凝視著遠方，作為媽祖的守護神真是恰如其分。

我記起以前關於順風耳的一段往事。在很久以前，那時我還未到過台灣，大約在二十幾歲的時候，我曾到首爾的大學擔任外國教師。在一九七〇年代朴正熙軍事政權執政下的首爾，對於華人非常排斥，中華街幾乎呈現荒廢的狀態。那裡只剩下一間叫作中華書局的書店，我在那裡買了一本書《台灣宗教藝術》。那時對於台灣完全一無所知的我竟買了這本書，現在想來，可能是在每天都得與朝鮮民族奮戰的日子裡，對漢字感到特別親切之故吧。該書作者是劉文三，生於台南，也住在台南。這不是大部頭的書，但我對於書中收錄的各式各樣的相片感到特別印象深刻。三十六官將神像以又黑又長的眉毛威嚇著人們，高大的七爺和矮小的八爺戴著奇特的面具，呈現出一種韓國或日本都不可能會有的怪誕感，我被這股強烈的魅惑深深吸引。該書封面內側刊載的相片，正是攝自這座大天后宮的順風耳。當我實際到這裡繞著祂打量時，感覺祂等我很久了，現在終於來見祂了。

大天后宮廟內沒有喧嘩之聲，只有兩位老人。他們在拜殿後面的空地擺上一張桌子，正以綠色油漆將籤枝頂部重新塗色，動作極為慢條斯理。那裡還有隨性陳列著的各種不同顏色的珠子，上面寫著「隨意緣金」。這裡是我每次來台南的必訪之地。在我的印象裡，這座宏偉的廟宇在黃昏時總是杳無聲息，有時會看到年輕人、尤其是年輕女性拿香敬拜著。紅色的霓虹燈將廟前的石獅染上了顏色。

我住在台南的期間養成了一個習慣。每到黃昏之時，便會來到這座大天后宮，繞過圓環，信步走到位於國華街的永樂市場。因為這裡是晚餐時找東西填肚子的最佳場所。

首先是市場角落的金得春捲，每次來這家店都要排隊。薄薄的春捲皮放上肉絲、高麗菜、水煮蛋、蝦鬆、花生粉，捲起來便成了春捲。光看著店員乾淨俐落地包著的模樣，也是一件樂事。有的人拿到之後馬上大口咬了起來，也有人包了好幾捲回家吃。春捲攤的旁邊有一個寫著「石精臼蚵仔煎」的招牌。既然來到這裡了，台灣在地牡蠣（蚵仔）做成的蚵仔煎是必吃不可的。在很大的鐵板上倒入太白粉水，再擺入蚵仔，敲入雞蛋，再放入高麗菜和豆芽後，蓋上蓋子蒸一下。然後用三角平鏟（這是日本好吃燒或文字燒都不會用的工具）迅速地移到盤裡，淋上濃稠的醬汁後就完成了。店員的每個動作都快得驚人，沒有任何多餘的步驟。

即使春捲和蚵仔煎兩種都吃，大概只花費一百元。雖然肚子已經很有紮實感，但是國華街的市場卻仍一路延伸而去。肉包、燒肉飯、鴨肉、豬血湯、壽司便當、臭豆腐、肉粽、虱目魚粥、果汁牛奶。水果攤擺著鳳梨和細長的西瓜，小餐館的糯米飯淋上好多的肉燥。店裡生意興旺，光看忙碌的樣子就會被嚇到。這裡還有一家冰店，我點了冰豆花加蓮子和黑砂糖，果然台南每一樣食物都很甜。除了甜味之外，還有一種黏稠感。

巨榕、呼嘯而過的摩托車。人們在喧鬧之中不以為意地一邊吃著冰一邊閒聊。含糖的烏龍茶、鳳梨口味的啤酒。冰店旁邊放著的水缸和金魚。

阿松割包、阿全碗粿、阿娟魯麵……林瑞明老師跟我說只要店名有「阿」的都很好吃，但我在台南看過的市場，似乎每一家的店名都有個「阿」字。

失去的水道　水仔尾

時值十二月，陽光卻如此強勁，我感覺襯衫裡的汗衫已經濕透了。今天要探險的是自強街一帶。以前就注意到這個地方，好幾次都想來看看，但這座城市的每個角落都有著時間累積下來的深度，讓我不禁仔細深究而費去許多時間，以至於拖到今天才來。

自強街路面狹窄，寬度不足五公尺。在清朝時期，與南邊延伸相連的新美街並稱為「米街」，沿著東西走向的城牆內側建成。以前自強街南邊有一條德慶溪，以極蛇行之姿由東往西流。這一帶稱為「水仔尾」，當時非常熱鬧。與日本的江戶一樣，那是以運河和河川往來的船隻為貿易中心的時代，但現在已無法感受昔日商業地區的風貌，只能憑藉幾塊石碑和水井遺跡來緬懷了。

若要到自強街，最清楚易辨的走法是，從大天后宮及祀典武廟所在的民族路轉往有名的赤崁樓旁邊的道路，一路北上來到成功路，往西遇到下一條路口就到了。來到這裡，觀光地區的喧嘩聲驟然消失，四周悄無人聲，整個人都被寂靜給包圍。這裡就是自強街的起點。

小路兩側的好幾家金紙店立刻映入眼簾。金紙是為了在廟裡祈求時用的，最後要到廟旁的金爐焚燒。金紙有著紅色和金色的線條，相當好看。信徒們總是毫無猶豫地一次將好幾張、有時甚至好幾百張丟進去燒。金紙燒過之後就會變成在陰間可以使用的金錢。

這裡之所以有這麼多金紙店，是因為開基天后宮就在附近。每一家店面都很簡樸，都是有著鐵皮屋頂的平房。外牆上隨意地貼著好幾張紅紙。我從滿是灰塵的玻璃窗悄然一望，看到裡面是昏暗的工作場所，一位老婆婆坐在藤椅上默默地摺著金紙。她身旁的金紙堆得老高。

小巷左手邊有一家叫作「舊來發」的餅店，是創設於清朝光緒年間的百年老店。

信徒們會來這裡買餅作為供品，或是當作帶回家的伴手禮。看了一下店裡，擺著黑糖香餅、水晶餅等令人食指大動的糕餅，也有一種叫作太陽餅的糕餅。但是現在可不能讓這些糕餅撐飽我的肚子啊。

小巷右手邊有一個小小的廣場，空蕩蕩的，只有一個老人悠閒地抽著菸。位於廣場裡面的開基天后宮建於明朝末年，是台南最古老的廟。

這座媽祖廟非常小，也非常寂靜。不像大天后宮擠滿香客和觀光客，這裡的廣場人煙稀少，廟裡也不見管理人員的身影。

主神媽祖坐鎮於正殿，五座分身威風地隨侍著。祂有黑色的額頭，眼睛微閉，表情靜謐，坐在有扶手的椅子上。坐姿神像高度不到五十公分。祂的前方有一尊巨大華美的媽祖，有著豐潤的粉紅色臉頰，應是後來才奉納進來的。還有四尊被擠在祭壇角落的神偶，好像是空間不夠擺放。從祂們一身黑及衣服髒污的程度，可以推測是很久之前製成的。祂們是一群眉毛長及肚臍的將軍們。後殿祀奉觀音，祂的頭部稍稍地傾斜著，擺出優雅的姿勢，臉上有一抹微笑。祂的左右有註生娘娘和福德正神合祀，這是一種固定的組合方式。從後殿再往裡走，可以看到十八羅漢露出誇張的表情和姿勢，祂們因釋迦牟尼的入寂而感到悲傷。這些十八羅漢雕像做得不太精緻，雖然不方便以稚拙來形容，但絕對稱得上相當質樸。

這裡有一塊很大的匾額，上面寫著「海國慈航」，但另一塊寫著「湄靈肇造」的匾額其實更為重要。這塊匾額指出這裡的媽祖具有正統性，是從媽祖出生地湄州分靈而來的。

廣場上有一個老人好像很關心我，走過來跟我說話。他跟我說，一般廟裡的龍爪不是四指就是五指，但這裡入口兩根龍柱上的爪子只有三指。只有早期建成的廟裡才會有三指的龍，相當珍貴。原來如此，難怪龍形浮雕也跟十八羅漢一樣，都雕刻得相當質樸。廟裡深處安置著後來製作的黃金媽祖。老人繼續說著。這座廟最早的媽祖神像做得非常小（他用兩手比給我看），已經安置在別的地方了。我想老人說的最早的媽祖神像，可能是當初從湄州渡海來台時，放在船底以祈求航海平安的那尊吧。

目前沒有正式的資料記載開基天后宮廟建立於何時，但信徒認定是建於鄭成功驅逐荷蘭人的次年，也就是一六六二年（永曆十六年），所以才將此廟加上「開基」二字。清代的府城地圖只簡單標示著「小媽祖宮」。清朝官員後來將媽祖改稱為「天后」，在大天后宮不斷地進行華麗的祭儀。相較於彼，這座開基廟卻顯得很儉樸，呈現鮮明的對比。

我以前到過台灣中部的老街鹿港，那裡有著無數的廟宇。鹿港天后宮經過長期的改建，形成怪物般的多重建築結構。相對地，在十七世紀末建成的興安宮，是鹿港最早的媽祖廟，建築形式相當單純樸實。鹿港天后宮的屋頂層層疊疊，施以華麗的裝飾，觀光客絡繹不絕，特產品店的生意好極了。但是，從大馬路轉進小巷，興安宮就在彎曲巷弄的盡頭，沒有支撐廟身的柱子，屋頂也沒有任何裝飾。媽祖穿著被燻黑的金黃色袈裟，沒有任何訪客。

不論是台南或鹿港，最早建成的媽祖廟在規模上都很小，因為當初只是作為同鄉人自發性聚集的場所。後來基於政治上的意涵，官方將媽祖視為殖民統治的手段而予以正式認可。之後建成的媽祖廟都有著複雜的建築結構，大型而氣派，也有諸神合祀。當媽祖被慣稱為天后之後，應該會發生某種決定性的轉變。自強街旁開基天后宮的存在，正說明了這個狀況。

我走出開基天后宮，打算返回自強街，往北走去，金紙店一家接著一家。很多做生意的攤子擺在路邊，可能這一帶到了晚上會作為夜市之用吧。摩托車和腳踏車被任意丟棄著。這條路好安靜，除了偶爾有小孩子騎腳踏車經過，便看不到任何行人。不過，也不是全無人煙。我邊走邊四處瞧，發現家家戶戶裡都有人像寄居蟹似地住著，有人在摺金紙，有人在微暗之中看著電視。

這一帶以前叫作「水仔尾」，一條名為德慶溪的河流經其中，將小路橫向切過。有一座木橋叫作「水仔尾橋」，橋南邊的人們都慣稱這裡為「水媽祖街」。這個名稱可能源於剛才提到的媽祖廟，但我覺得這個名字好美。水仔尾橋後來整修，改名為「德安橋」。現在這條溪已被填平，鋪設成一條由西向東的寬敞道路，沿線設了一道混凝土排水溝，留下曾經是河流的淡淡痕跡。這座橋已看不出橋的樣子，只留下一個小小石碑，上面寫著橋名以資紀念。這條路有趣的是，路的終點剛好有一座城隍廟坐鎮著。「城隍」意指挖築城牆，城隍廟專司府城治安，所以被建在德慶溪的水路要塞。從城隍廟往前走一小段，會來到成功路上的鴨母寮市場，再過去有一家叫作東巧鴨肉羹的餐館。前面已提過，「鴨母」源自於一位狂狷人物的稱謂。我想像著，以前這一帶的水邊會不會養著很多的鴨子啊。我受到鴨子的事所吸引而漸漸偏離主要道路，錯失了自強街北邊的景色。於是我又繞回城隍廟，重新回到原來的那條路。

沿著自強街往北走，會看到一座寫著「大銃街」的石碑。看到這個石碑，表示已經到達德慶溪北岸。以前在北門附近設有防禦府城的重砲，因而得名。進入大銃街不久，原本很窄的道路突然變得更窄，只有兩公尺寬。路旁還放著很多植物盆栽，小朋友的T恤及大人的工作服胡亂地晾曬著，我必須鑽過這些衣物下方，才能繼續往前走。生活的氣息一下子增加了。那裡有壞掉的洗衣機被棄置著，旁邊一位老太太端出一張小椅子，無所事事地坐著。小狗在附近徘徊。女人們一邊洗碗一邊聊天。這裡很像我曾造訪的首爾市區裡的小路，洋溢著貧窮和親密的氣息。但是，現在的首爾有了急速的經濟成長，這樣的光景恐怕已經不存在了。我回溯記憶，現今仍留有這種光景的，應該只在雅加達南部的卡旺區吧。

在小巷裡，我從門縫一一瞧進去，很多人家在陰暗的前廳堆了許多厚紙箱，也停著腳踏車和摩托車。不過有些人家將前廳當作神明廳使用，布置得跟祭壇一樣。我凝視那片黑暗，發現有三盞微微的紅燈，映出三尊小小的神像。我跟這戶人家打了招呼，他們很親切地讓我入內。神像的臉部及衣服因長年煙燻而變得極度髒黑，加上屋內光線不足，我竟無法看出祂們是什麼神。我走到外面，看到門口寫著「鎮福堂」三個字。在這條巷子裡，神聖的空間與世俗的生活空間不但沒有分離，反而交織在一起，渾然一體。只是，我感覺眼前所見的這些神像，似乎是哪裡出了差錯才得以看見的幻影。

自強街變得愈來愈窄，但仍無止盡地延伸而去，「羊腸小徑」這句話便是用來形容這種情景吧。雜草從崩落的紅磚壁裡冒出來，美容院前面有兩個女人在講話。她們背後有一張海報，應該是因為時日太久而褪色，只能依稀看出是一個微笑著的美女，周圍有很多哈蜜瓜。不受眷顧的人們的居住地，被遺棄的風景。大部分的房子都已倒塌，完全被棄置在那裡。有的屋子裡還擺著神像，在破爛的木門內，有人在黑暗中細聲交談著，小小的紅色燈火映出神像的剪影。

在這樣凋零的畫面中，元和宮突然出現了。這是一座新廟，有一棵巨大的榕樹，上面掛著氣派的燈光裝飾。有幾個人在廟埕上忙著，正以塑膠袋分裝卡車上的麵條。他們一定覺得有這樣一塊空地，工作起來很方便吧。

道路在某處分為兩條，往右邊走，可以來到烏鬼井。這口井直徑約一公尺，上面蓋著很重的水泥板。東印度公司的荷蘭人進行海上貿易時會來這裡靠岸，因為飲水的需求，所以才蓋了這一口井。因為就在水仔尾附近，才會有這麼豐沛的地下水源吧。解說看板寫著，由於這口井由膚色黝黑的印尼人所蓋，因此叫作烏鬼井。不過，當地居民好像對於這個古蹟完全不關心。有三個中年男女坐在水井上，熱烈地聊著天，沒有停下來的跡象。除了市政府設立的「鎮北坊文化園」看板之外，四周到處蒙上厚厚的灰塵。一台手拉車被丟在旁邊，上面曬著很多橘子皮。

在上一個世紀中期左右，自強街曾經是這一帶的聚落中心，商業交易繁極一時，但現在已看不出昔日榮景。之前我拜訪國立台灣文學館時，該館正好推出一位我很感興趣的文學家的特展，那位文學家的出生地便是這裡。

許丙丁在一九〇〇年出生於這條路上，是一般庶民的兒子。七歲開始到天后宮旁邊跟著一位日本老師學習漢文，二十歲當上巡查。他在《台灣警察時報》發表漫畫，也從事攝影及吟詠漢詩，在戰爭期間出版短篇小說集《實話探偵祕帖》。他以日文和台語自由地持續創作。日本戰敗之後，他扶植京劇，並且當上台南市議會議員，推動當地的戲劇運動。他也陸續發表關於台灣民間歌謠及地方戲劇的研究，也曾在兒子許勝夫導演拍攝的《回來安平港》裡客串演出主角的醫生父親一角。許丙丁於一九七七年過世，他的文學創作未曾超出大眾小說的範疇，但是他作為台語創作先驅文人的身分，得到了極高的評價。

我往回走一小段來烏鬼井時的那條路，從自強街轉往西，來到了西門路。這條大馬路原本是府城時代的城牆所在地，這裡有一座三山國王廟，建築風格完全不同於其他廟宇，看不到台灣南部常見的巴洛克式上翹屋頂。這裡的屋頂只是一味地橫向延伸，將三棟建築物連結起來，沒有任何彎曲造形或裝飾。不過，平坦的屋脊上有一些趣味的剪黏，以陶器碎片嵌入屋頂裡，形成鳳凰或神獸的圖案。

三山國王廟之所以擁有這種特殊的樣式，是因為不是閩南人蓋的，而是從潮州渡海來台的客家人蓋的廟，裡面祀奉的也是客家人的神明。客家人在十八世紀才來到台灣，時間上比閩南人晚很多，因此只好住在環境惡劣的山區地帶，與原住民之間的抗爭也未曾間斷，過著危險又孤立的生活。一七四二年，城牆內側旁邊蓋起了這座廟，成為少數民族客家人的交易中心，這裡的廟埕也成為同鄉相見的重要場所。

我再次回到自強街，追溯以前德慶溪流過的地方，想要追尋水仔尾的蹤跡。不知從何時開始，每當我攤開地圖，就能從彎曲的道路看出以前的河川流過的路徑，不論哪個國家或都市都一樣。好幾年前，我曾經在巴黎待過一年，發現了一條不可思議的河川，它流經巴黎拉丁區（Quartier Latin）再滙入塞那河。這條河大部分已經變為暗渠，但我為了探訪它的源頭，實際踏查了一番。我探訪已消失的河川和運河的遺跡，藉此深入城市內部，接觸它那沉睡著的無意識領域。

台南具有悠久的歷史，這一點與巴黎是一樣的。我受到直覺的催促，從西門路橫過自強街，往城隍廟的方向追溯德慶溪曾經流過的地方。這裡是城隍廟門前的路，現在這條路的入口設有一個正式的大門，原本河川的地方已被填滿，蓋了小型工場及垃圾集中場。就像韓國的清溪川以前的樣子，暗渠的上方一定都是充滿垃圾的偏僻地帶。

城隍廟有兩棵巨大的榕樹，位於門前那條路的盡頭。有一個很大的看板，上面寫著歡迎祈求考試及格的宣傳字句。榕樹下有一個小祠堂，裡面點著線香。在泰國，這種小祠堂叫作Sanpurapan，四處都可見到。廟裡暗暗的，七爺閉著眼睛，伸出大大的舌頭。每一尊神像都發著黑光，比我以前看過的任何神像都還要黑亮。不論是身上的玉飾或衣服，都被燻得黝黑，連註生娘娘和臨水夫人也不例外。每尊神像長年在線香繚繞之下，臉變得那麼黑也是正常的。

德慶溪的探查之行並沒有停止於城隍廟，因為我看了地圖，發現還可以再往上溯行。沿著河川的蛇行，我在彎曲的小路上前進，四周的環境變得愈來愈差。我從飯店後門進入一條滿是垃圾的小路，再通過市場裡面的垃圾集中場。這條路不是公共道路，或許在河川還存在的時候，這裡就已是垃圾處理場了。然而，我魅惑於水仔尾這個美麗的地名，必須將這個起源地弄清楚才行。

地圖上看到的德慶溪到這裡應該是結束了，但我發現那裡有一間很小很小的祠堂。附近還有牆壁斑剝不堪的住家，也有小型的工廠，隱約傳來機械工作的聲音。但還沒有結束，我的眼前突然出現了另一座廟，那裡有一個小小的廣場，閒閒無事的老人們坐在那裡默默地下著象棋。

我的追溯之行繼續著，來到三老爺宮，這裡祀奉鄭成功及第二、三代，有一塊「開台聖地」匾額，到處可見打退老虎等圖案的石雕，用來彰顯鄭氏家族的功勳。五靈堂和劉部堂合在一起，主祀神像們排在一起，看起來感情很好。我在廟前寫筆記，一個中年男子出現，用台語跟我說明這座廟的特色。他跟我說，祭典的日子快到了，那一天一定要來喔，並且給了我一小瓶寶礦力水得。我從崇安街走往北忠街，來到頂土地公廟。這裡有一些獻給神明的奉納畫，畫的是孫悟空對戰龍王三太子（龜、鰻）及陳靖姑打退妖怪的故事。這些畫暗示著，當漢人進入台灣時，面對險惡的治安環境，這座廟發揮了安定人心的作用。殿中神像背後畫著龍鬚圖案，那鬍鬚往四方延伸而去，像是有一道強光從後面射過來似的。

來到台南，遇到每一間廟都進去走走的話，時間再多也不夠用。我已感到很疲勞，最後終於走到了台南公園。這個公園有一大片的大王椰子，我在彎曲的小路上散步，穿過了整座公園，這時我心中有一股篤實的感受。

剪黏與夜市

我手裡拿著地圖在台南街頭散步時，心中一直有個疑問：台灣的廟宇具有什麼意義呢？我這一次來到台灣，也經常想起這個問題。台灣的廟宇不同於日本的寺廟或神社，當然與基督教的教堂也完全不同。我在想，對於台灣廟宇所具備的那種當地居民的共同體意識，該以什麼來比喻呢？

台北、鹿港、台中等地也有歷史悠久的廟宇，但是惟有台南這裡，遍布著大大小小、不分官方或私營的眾多廟宇。我在台南住了一陣子之後，就震攝於它那種滿溢而出的狀況，一陣暈眩襲擊而來。這座全台人口排名第四的現代都市，市中心屬於一種日常的世俗空間，這是理所當然的；但在其背後，其實重疊著一個神聖的空間，而且它的範圍與世俗空間幾乎是一樣的。

廟宇裡祀奉的有哪些神明呢？我手邊有一本書，書名是《台灣民間信仰神明大圖鑑》。在我居留台灣期間，這本厚達四百頁的大部頭一直擺在案頭。我已養成一個習慣，只要發現沒聽過的神明，就馬上翻閱這本書查看。這本《大圖鑑》的作者指出，台灣全島在一九五九年（民國四十八年）有二四九種神明，時經半世紀以上的現在，應該超過三百種。在此參照這本圖鑑來簡單介紹台灣的各種神明。

台灣的神明大致分為自然現象系統、佛教系統、道教系統、古代神話或英雄、民間俗神等五類。

起於自然現象的神明裡，最偉大的是玉皇大帝，祂從中國殷商時期以來一直是天界最崇高的神明。在台灣，玉皇大帝俗稱為「天公」，但祀奉祂的廟宇並不多。與天公成一對的是地母娘娘，祂可以說是土地的精靈。神格較低的有福德正神，也稱為土地公或土地爺，隨處都可看到祂的踪影。城隍意指都市的邊界，在邊界會有城隍廟，坐鎮於此的是城隍爺。祂留著又黑又長的鬍鬚，負責裁定來到冥府的人類是善還是惡。城隍爺身旁有牛頭馬面、七爺八爺等將軍隨侍，面貌都極為凶惡。其他還有太陽星君、太陰星君、水德星君等，祂們擁有美麗的名字，是天地星辰的化身。另外也有專司農耕或航海安全的神明，如雨師、風神爺、四海龍王、水仙尊王等。

佛教系統的神明有釋迦牟尼佛、阿彌陀佛，也有觀世音、文殊、藥師、地藏等菩薩，以及達摩祖師、玄奘大師等高僧。

道教系統的神明裡最重要的是太上老君，祂是神格化之後的老子。接著是傳承自西王母的王母娘娘。還有仙女九天玄女，以及李鐵拐、鐘離權等仙人，再來就是閻魔王。

至於古代神話或英雄這一類，有黃帝、神農大帝、伏羲、仙帝等神話形象，也有屈原、諸葛孔明、關聖帝君、岳飛等歷史上實際存在過的人物。另外也有別的情況，例如宋朝時期的神醫吳名本，後來被祀奉為保生大帝。

在廟裡祀奉的神明當中，最有趣、也最充滿謎團的是第五類的民間俗神。前述四類神明都擁有一個正式的故事，也以自己的起源自誇。但是這一類的俗神大多起源不明，還流傳著各式各樣離奇的傳說，最值得一提應該是創造萬物的盤古。不過，最為人們敬拜的卻是媽祖。關於這位女神，本書第二部已詳細提及。

除了媽祖之外，台灣還有很多女神。如補天的女媧、守護母子生產平安的臨水夫人、生兒育女靈驗的註生娘娘和七星娘娘、專司女性長壽的麻姑娘娘等。還有下級神明，如能夠驅除傳染病的王爺。另外還有將樹木及動物當作神明祀奉的，如黑虎將軍、義犬公、大樹公等。黑虎將軍俗稱虎爺，是一隻長得很可愛的老虎，被祀於正殿或後殿桌腳的小祠裡。

我以很快的速度簡單說明了台灣的各種神明，不過這只是粗略的分類。還有很多無法被歸入這五類的神明，而且就在我現在振筆疾書之際，應該會有無法預期的神明，開始受到人們的敬拜了吧，我倒是一點也不會感到驚訝。就像我在本書第一部提到的，日本人敬拜的弘法大師也被祀奉在台北西門町媽祖廟裡。這是台灣人貫徹多神崇拜的作法，只要是靈驗的人或物，都可以迎入廟中敬拜。這也是一種讓廟宇永遠持續下去的方法。

另外有一個有趣的例子，那是我到距離高雄一小時車程的民雄去旅行時發現的。早期原住民將這個部落稱為「Dovaha」，後來台灣人以這個發音填以漢字，名為「打貓」（Damou）。日本人來了之後，取其相近發音的漢字，改為「民雄」（Tamio）。現在則將「民雄」改以中文發音，唸做「Minsyong」。這座位於南方的城鎮，四季種植水稻，距離媽祖進香目的地北港及新港不遠。在靠近民雄海邊的村子裡，有一座祀奉日本人的廟宇。

一八九七年，時值清朝將台灣割讓給日本的兩年後，一位三十六歲的日本人被派來台灣擔任巡查，他叫作森川清治郎，原本在横濱監獄擔任守衛工作。後來他請太太從日本過來，一起來到這個半農半漁的窮鄉僻壤，住在簡陋的宿舍裡，他的工作是負責維持治安。他是這裡第一個日本人，在村子裡引起一陣波瀾。當時台灣各地盜匪横行，加上生活貧困，衛生環境相當惡劣。森川為此感到心痛，在做好原本的職務之餘，還致力於改善村人的衛生觀念及農業技術。雖然他的薪資微薄，但仍自掏腰包聘請老師教導村人識字。另外，他也在村中挖排水溝，並建設污水處理設備。

森川來到台灣五年後的一九〇二年，台灣總督府開始課徵漁業稅，連村人自製的竹簍都要課稅。前一年開始的大旱讓村民的生活更加捉襟見肘，他們請求巡查代為陳情。森川將這個陳情向上司報告，卻被誤會煽動村民拒絕繳稅，而受到警告處分。他回到村子之後，為自己的無能為力感到沮喪，最後舉槍自殺。村民們感慨不已，緊抱著森川的遺體大聲哭泣。

二十年之後，隔壁村正發生傳染性腦炎，村長睡覺時夢到身穿制服、頭戴警帽的森川。他告訴村長，只要注意飲食衛生，村子就會平安無事。村長馬上召集所有村民，告知這件事。村民知道是森川保佑大家平安無事，便為他建造一座精美的雕像，供奉在富安宮村裡的廟中，定期在每年農曆四月八日舉行祭典。自此以來，森川以「義愛公」之名永遠守護著這個村子。以上是王振榮《義愛公傳》裡記載的故事，我造訪富安宮時拿到了這本書。

在明治時代的日本，一位無法再升官、只能位居低階的男性官吏，懷著理想主義式的熱情來到殖民地，與村民之間建立深厚的信賴關係。但是，嚴厲的殖民政策使他感到挫折，他帶著抗議之情自殺了。村民將這樣的人物當作神明，還刻了神像供奉在廟裡。若說這是一段美談佳話，那思考也只能停留於此。但事實上，關於日本巡查來到廣漠的偏僻鄉下工作的故事，在台灣到處都有所流傳。在戰爭時期，因李香蘭主演而轟動一時的《莎韻之鐘》也是類似的故事。這部電影依據一段真實故事改編，一位原住民少女為駐紮於此的巡查引導道路，為了營救巡查而犧牲自己的性命。對於地處偏遠的台灣人而言，單身來台工作的巡查是他們平日惟一接觸到的日本人，是日本人的代表。如果這位巡查口吐民族歧視之言、侮辱台灣人的話，這個地方應該會發生像一九三〇年霧社大屠殺那樣的事件吧。但是，這位巡查誠心誠意對待村民，所以才會被當作村落的守護神，永遠地被祀奉著。

我造訪富安宮時，廟裡負責主要工作的老人專程將義愛公抬出來，讓我可以親手觸摸。這尊神像穿著制服、戴著警帽，留著氣派的鬍鬚，兩腳之間豎立著一支配刀。祂的臉上混合著威嚴和親切的表情，若想要驅逐惡疾，必須靠這樣的威嚴感才行吧。老人跟我說，由於戰爭期間推行皇民化運動，村民打算將所有神像都收起來，只留下義愛公。義愛公再度現身村民的夢中，說為何要讓祂與其他神像分離呢？由於這個神諭，其他神像都得以留在廟中陳列。戰爭結束後，國民黨來到台灣，對這樣的事實毫不關心，義愛公的神像也無可倖免地被破壞了。

我造訪這座廟時，廟裡正在進行新建祭儀，地板上散落著大量的金紙。用於神像的金箔花了四千萬元。負責設計的是台灣人，但建材及勞力都由中國那邊處理。我當時的感受是，哇，我看到不可思議的東西，這樣的印象後來在我心中存留了很長一段時間。在殖民地統治之中的宗教現象，義愛公算是極為特別的例外。與此同時，我也發現台灣廟宇裡潛藏著多元的、無限的可能性。

我在民雄還有另一個收穫，那就是造訪剪黏工作坊。台灣剪黏是我一直以來就很喜愛的一種藝術。

在本書裡，我已經多次提到剪黏藝術。每當我在欣賞一座廟時，剪黏永遠是最吸引我的部分。最近已出現塑膠製成的剪黏，但真正的剪黏應該是以各種陶片燒製而成，再以各種細緻的手法拚貼於廟宇屋頂，用來取悅前來參拜的香客。剪黏的題材有廣為人知的八仙、東方朔、二十四孝故事，也有《三國志》、《西遊記》等知名故事場景，有時也有採用該廟宇的傳說故事。其他還有很多慶賀的題材，例如福祿壽三仙、在瀑布前示教的仙人、手拿玉器腳跨龍背的武將等。

很多人都愛龍柱和木雕的美感，也感動於古式匾額上的字句，但是極少人會討論剪黏藝術。其中一個原因可能是，剪黏裝飾貼在廟外屋頂上，不易被走進廟門的人發現。另一個原因可能是，剪黏大多被當作業餘嗜好，主要以庶民題材做成，比較沒有機會以宗教美術的觀點認真討論。雖然如此，我個人非常喜愛它，每次來到廟裡，一定先抬頭看它。在某種意義上，剪黏可以說是設在廟宇上方的一座小廟，也就是說，是廟宇的袖珍模型。

我從民雄坐車前往嘉義，來到交趾陶藝術家蕭武龍的工作室時，還沒過中午呢。他的工作室是一間有著鐵皮屋頂的平房，坐落在一望無際的稻田裡，外面鳥鳴聲四起。除此之外，一切都是安靜的。遠方可以看到一座廟宇往上翹起的燕尾。

蕭先生給我看了很多作品，還告訴我關於製作剪黏的祕訣。他主要創作的是廟裡用的剪黏及個人觀賞用的陶器，以海藻做成的黏膠是最佳的黏著劑。而他之所以將工作室設在民雄，是因為這裡的紅土適合用來製作交趾陶。

從前福建人渡海來台時，為了避免船隻翻覆，總會在船底放置沈重的泥土，於是台灣人開始使用這些泥土製作陶器。貼在牆上的剪黏和獨立作品的交趾陶在作法上是不同的。剪黏只要做半邊即可，只需完成表面外側，內側完全不用處理，最後要以水泥黏貼於牆上。漆料的成分都是自己調配的，有時會在紅土裡混入金色，或者偷偷加入電燈泡用的鎢礦。這些機密可不能輕易跟別人說（雖說如此，蕭先生仍然拿了貼著磁磚色樣的筆記本給我看）。不管是在溶融漆料，或是在燒陶的時候，最應注意的是火焰的顏色，絕對不可將視線移開。調製漆料時，必須連續火烤三天，是相當辛苦的工作。

若想要接到廟方的工作，必須先選好吉祥的題材，將之畫成草稿，跟廟方討論後決定。由於其他陶藝家也想取得工作，所以競爭相當激烈。在這個世界裡，沒有助手或弟子的存在，一切都自己來。像這樣的交趾陶藝術工作室，在嘉義有七、八家。

蕭先生說：身為藝術家的我，不喜歡看到廟裡的媽祖被煤煙燻得髒兮兮。以前台南有一間廟裡的媽祖神像的脖子斷掉，我受託修復。在修復作業中，我發現神像原來是金黃色的，於是我就將祂的臉洗乾淨，恢復成原來的顏色。

蕭先生是一位剪黏工藝師，但也愛好書法。他的書法極受好評，還曾在日本開過展覽會。他個子小小的，講起話來靜靜的。

回到台南的隔天，我又開始街頭的探查之旅。以前都只在府城內側走動，這次改變作法，打算前往西側城牆外，去看看從城外通往大運河的西區五條港遺址。

出發地是兌悅門。這是台南府城的外城門，現在仍扮演著這個角色。長著細長氣根的榕樹攀附在城門的紅磚牆上。我將腳踏車停在這裡，打算從這裡開始信步而行。

城門內外都是典型的庶民街區，小型工廠不斷傳出機械加工的聲音。幾位中年女性靠在城門邊起勁地聊著天。

彎曲而行的道路是此處曾為運河的證據。我攤開古地圖，與現在實際的道路做比對，發現從安平開始，有五條細小的運河從大運河分出，流至府城內牆一帶。那形狀簡直就像八角金盤的葉子。集福宮、景福祠、金華府、西羅殿、南沙宮，這些廟全都設運河的終點。地圖只標示這幾座廟，但事實上應該還有更多才對。水上交通的終點站當然設有批發店及市場，而這些小廟祀奉的，一定是各神明最早的本尊。隨著移民出身地的不同，運河和市場會產生明顯的地盤意識，而這與廟裡祀奉的神格也有所關聯。

首先，我從兌悅門往前走一小段路，來到了集福宮。信義街的路寬不斷地改變，淨是彎曲的道路。昔日運河的遺址現在變成了廣場，有一種微妙的彎曲感。我站在小路上，抬頭發現屋頂爬著絲瓜的藤蔓，這是多麼悠閒的景色啊。不過，眼前突然出現三岔路。有很多即將傾倒的平房建築，擺滿了好多盆栽。許多洗好的衣服被晾在房子外牆上，跟盆栽擠在一起。

我走過許多路口，終於來到普濟殿。解說書上寫著，這裡祀奉台南最古老的王爺神像。這裡有不可思議的地形，也有與之相襯的不可思議的建築物。從這裡延伸出去的普濟街曾經在運河交通上扮演極重要的角色，現在卻已埋沒在四周的住宅及店舖之中，早已被人們遺忘。

我走在狹窄的普濟街上，即使橫越大馬路，細小的道路仍不斷絕。這條路通進市場裡，還是持續著。兩百年前，這裡是多麼熱鬧啊。中文的「鬧」是「騷がしい」（喧鬧）的意思。在中午時刻，市場已經打烊了，陰暗、靜悄悄。在這條細長的路上，景福祠突然出現在我的眼前。這座古老的土地公廟大約只有十坪，但是廟裡卻十分明亮。供品有生薑、柿子、香蕉、裝著油脂的小瓶子等。會來這裡拜拜的，大概只有在市場出入的人們，能夠奉上的供品大抵就是這些吧。當我站在廟的正面時，可以明確看出這座廟的參拜道便是昔日佛頭港運河的終點。參拜道一路穿過市場、再橫越大馬路，從這裡開始改稱為神農街，現在變成一條四處可見的觀光禮品大街。年輕人不到廟裡拜拜，但仍來此造訪，走進改建的兩層樓木造建築，享受喝茶時光。不過，我發現這條細長道路兩側仍殘留批發店的倉庫，這些都是此地昔日曾為運河的證據。

我從剛才的景福祠出來，改走別條路，再度鑽入市場內。待我走出市場，便來到水仙宮。前面曾提及的台南詩人林梵，對他而言，這裡是他幼年時期充滿回憶的地方。附近有好幾家青草店。

西羅殿、接官亭、風神廟，這三個古蹟位於同一處。石坊（門）是接官亭的遺跡，建設得相當氣派。這座廟在大正時期因道路擴寬而被拆除，這可以說是統治者的粗暴行徑。我發現台南有不少這種狀況。

走到這裡，我發現五條港區跟之前看到的大致一樣。從府前路往西走，在保安宮附近進入側道，我打算一直走到大運河。隨著前行的腳步，離市中心愈來愈遠。我正在想怎麼會有人將內衣褲晾曬在汽車道旁，此時突然看到臨水夫人祠。臨水夫人祠出現在一般商店群的角落，三座巨大的金爐就擺在路邊。垃圾回收車上有二十幾隻米老鼠娃娃，可能是回收時收集來的，旁邊還有史努比布偶。在熱鬧的市集裡，有三位女性以驚人的速度剝掉玉米的葉穗，然後將玉米放在烤網上，還不忘時時抹上醬油。

我發現愈離開市中心，寫著日文的看板就愈來愈多，而且全都是錯得很離譜的日文。有一個很大的看板，上面寫著「パチスロ」（譯注：正確的日文為「パチンコ」，意指「柏青哥」）。有一家「日弁大飯店」，它的標誌很像日本太陽旗。還有一家叫作「サカリバ」（譯注：熱鬧市集之意）的餐館，我往內瞧，看到牆上貼著巨幅的相片，那是一整排站著的脫衣舞孃的照片。到底是怎樣的客人會來這家店呢？時間感在這一帶似乎消失了。這樣的光景，即使在台北萬華也無法看到。

馬路兩側停了很多摩托車，原本的七線道只剩下四個車道。便利商店前的人行道上，公然設了椅子，人們坐在這裡度過悠閒時刻。我意外地闖入了台南最深沉的地方。

另外一天的傍晚，我受邀至一位紀錄片導演家中拜訪。導演羅興階和太太王秀齡的作品曾在二〇一三年到山形紀錄片電影節參展。他們的公寓裡，裝飾著觀葉植物及日本木芥子人偶，還有一幀切．格瓦拉的巨幅相片。

他們說今晚附近有一間新廟落成，邀我一同前往。紅色燈籠映照著的路上，意味著這是廟的勢力範圍。長老教會那一帶則不吊燈籠。廟前有一張擺放供品用的長桌，現在則用來做剪黏加工，正在為明天加緊準備。這裡也設了布袋戲和歌仔戲的舞台。精美的紙製祭壇、武將和神像。這些都將付之火焚，真是難以置信。

我來到花園夜市，聽說這裡是全台最大的夜市。我已有心理準備，今天星期六晚上一定會非常擁擠；不過實際置身其中，倒還不至於擁擠到無法動彈的程度。

我打算模仿《巨人傳》作者拉伯雷的作法，試著寫出我筆記下來的攤販和店家的看板和食物。

胡椒餅、香炸臭豆腐、麻辣涼麵、蜜汁燒烤（聞香、看香、吃更香）、咕咕炸雞排、天婦羅、蚵仔煎、水果冰棒、魯肉飯、米粉炒、果漾原汁、傳統豆花、好吃肉包、章魚燒、甘蔗原汁、大腸包小腸、杏仁豬肉片、現削水果、北京羊肉、黑嚕嚕粉圓、玉子燒、火雞肉飯、千層香酥餅、牛魔王牛排、向家滷味、蒙古烤肉火鍋、鐵板燒、炎壽司、大餅包小餅、陳記大香腸（有三十公分長）、豬血糕、青草茶……

整體來看，以油炸物及冰涼爽口的食物居多。大腸包小腸一份五十元，在糯米腸裡包進香腸和高麗菜絲。大餅包小餅則是用像可樂餅的薄餅包住油炸的餅，由上往下壓，再灑上芝麻，最後整個包起來。這些好像都是有名的食物。聽說用酒醃製而成的燒酒螺也很有名。烤皮蛋的樣子有點像日本的章魚燒。烤牡蠣和蛤蜊，豬肝藥膳湯。最後我吃了一種叫作冰淇淋春捲的甜點，作法是將灑有香菜和花生粉的餅皮放進兩球冰淇淋，整個包起來吃。我吃完冰淇淋春捲之後，肚子已經太撐了。

追尋運河的行踪、在小路裡四處徘徊的我，在這裡又了解到關於台南的另一個事實，那就是這座南國都市有一個巨大的胃，可以將所有事物吞食進去，然後又再蘊育出來。

最早的台語電影

聽說台灣第一部台語片已被找到的事，是我來到台灣一個月之後。那時我在新竹清華大學演講結束，與主辦單位的教授們一起吃午餐時，得知這個消息。其中一位教授專門研究台灣電影，他以激動的口吻告訴我，《薛平貴與王寶釧》在兩個月前終於被找到，現在正在台南修復中。

對於一個電影史研究者而言，這真是天大的好消息。若以天文學家做比喻的話，就等於是在太陽系發現新的行星，意義相當重大。我確信，當台灣的電影人聽到這個消息時，一定會有某種感動的。《薛平貴與王寶釧》是拍攝於一九五五年的三十五釐米電影，是台灣第一部台語片。當初上映時非常轟動，但後來一直以為永遠佚失了，至少我手頭上的幾本台灣電影書籍都是這麼記載的。不只是電影研究者，對於慣用台語的大多數台灣人而言，這個遺憾得以補足，具有極大的意義。

日本在一九四五年戰敗，台灣被中華民國接收，原本在台灣長期上映的電影無法再播放了，好萊塢電影和來自上海的中國電影填補了這個空隙。不久之後，台灣的新支配者國民黨也開始製作政治宣傳電影，台灣有三家電影公司負責這個工作。但是，這些電影全以國語發音，一般台灣人聽不慣國語，就像聽到外國話一樣，觀看這樣的電影是不會產生共鳴的。

一九四九年，香港製作的廈語片（以廈門話發音的電影）在台灣極受歡迎，台灣立即興起廈語片的流行風潮。我在香港電影節看過幾部當時的廈語片，除了口白的音調較高之外，整體感覺廈門話和台語極為相近。比起國家強迫的國語，大多數的台灣人反而更喜歡能夠輕鬆聽懂的廈門話，這是很容易理解的。

隔年一九五〇年，日本片開放進口，而廈語片仍然非常流行，甚至打上「正宗台語片」、「台語片王牌」等宣傳字眼。這意味著，企圖要以廈門話來充當台語。香港的粵語片（以廣東話發音的電影）也以廈門話配音後在台灣上映。國民黨政府雖然致力推廣國語電影，但一直不見效果。

廈語片受歡迎的理由之一是，大部分的電影改編自民間戲劇歌仔戲（台語發音是Koahi）的故事，並且借用這些演員拍攝而成。歌仔戲在日本時代被視為「亡國調」而沒有公演的機會。到了戰後，在大陸演員及歌手來台的助力下，開始流行起來，於一九五〇年達到全盛。全台的歌仔戲團像雨後春筍般紛紛成立，聽說總數超過四百家，其中尤以女性劇團受歡迎的程度最令人驚奇。這其實是當時東亞地區極具特色的現象，就像日本寶塚少女歌劇團、香港少女劇團，也分別在當地大受歡迎。這個現象有待研究者從大眾表演史及電影史兩方面來進行進一步的討論。

台灣人開始製作自己的台語片，是在一九五〇年代後半期。他們厭倦粗製濫造的廈語片，找來受歡迎的歌仔戲團演員拍攝電影。一九五六年，第一部台語片《六才子西廂記》以十六釐米拍攝而成。但是由於拍攝技術仍屬幼稚階段，上映幾天後就停播了。

在這之後，導演何基明拍出了《薛平貴與王寶釧》。這部三十五釐米的電影，不管是演員演技或排場效果都相當優秀，新春一月四日在台北的中央、大觀、美都麗三家劇院上映，立即大獲好評。何基明利用該片賺到的錢成立了一家小小的電影公司，馬上著手拍攝續集及第三集。在《薛平貴與王寶釧》受歡迎的刺激之下，台灣各地開始拍攝台語電影。次年一九五七年，台語片的數量已超過廈語片。

但諷刺的是，歌仔戲電影的流行卻造成歌仔戲舞台表演的凋零。在數年之內，大部分的劇團都倒閉了。相較於以國家為後盾的大公司拍攝的國語片，拍攝台語片的製作公司資金有限，只能以低預算快速拍成。台語片在一九六〇年代起起落落，到了八〇年代一度完全消失。後來侯孝賢等新浪潮導演出現，讓出場人物在電影裡講台語或客家話。一路發展至今，現在的新春賀歲片都以台語發音，這是另一種脈絡下產生的回歸現象。

雖說如此，當今日台灣已經能夠積極採用多語言、多元文化主義時，重新討論台語片就成了必要的課題。這是為了讓台灣文化認同定調的工作，也能夠為台語片的電影史定位照映出新的發展方向。

《薛平貴與王寶釧》修復完成、在台南首次放映時，是我來到這個城市的不久之前。我正遺憾自己錯失機會時，來了新的消息，說是台南藝術大學願意讓我觀看修復後的DVD。我馬上跟負責修復工作的井迎瑞教授取得聯絡，數天後便奔向位於善化山間的大學校區。

善化是一個鄉下小鎮，若從台南坐火車往北，要在第五站下車。車站前面空蕩蕩，計程車司機正在招攬客人，但看起來很閒，也不像台北那樣以跳錶計價。既然來到這裡了，直接前往深山就太可惜了，善化有一座很有名的慶安宮。我不搭計程車，沿著中山路步行兩公里，來到了慶安宮。

據說慶安宮創建於一八六二年（同治元年），在台南的廟宇裡算是比較新的。在皇民化運動熱烈推行之際，曾經祀奉北白川宮，不過現在完全看不出。我打算穿過三川殿的棟架時，發現有十四尊綠紅色彩繪的飛天木雕。藻井呈八角形，作為拜亭天井用途，由八大天王及無數飛天造形的木雕精緻組合而成。站在下面抬頭看，整個藻井像是由無數向日葵種子密密地連接起來。媽祖的臉不是全黑的，而是帶著一點類似褐色的色澤。祂的兩位手下千里眼和順風耳的嘴巴，露出上下各兩根獠牙。我到過無數的廟宇，還是第一次看到這樣的千里眼和順風耳，真慶幸來此一遊。

我在媽祖廟前招了計程車，直奔台南藝術大學。車窗外的風景是一大片的玉米田，偶有幾家檳榔攤。這類攤位裡可以看到穿著比基尼的女性，對著車子不斷招著手，可能是想要吸引司機的目光。時值十二月，沒想到還可以看到穿著比基尼的女性。

出了市區之後，道路變成彎曲的山徑。一棵大樹下有一間小小的祠堂，這可能是漢人還沒來殖民之前，原住民為了向大自然的精靈祈求而設立的聖所吧。

在「保生山林」這個標示映入眼簾的同時，車外的風景變成一大片的竹子和香蕉林，看不到盡頭。

車行三十分鐘，終於抵達藝術大學。校舍和校園看起來都還很新穎。所有學生都住學校宿舍。這裡的環境應該很適合創作，即使創作時發出聲音，也不會有鄰居來抗議太吵。不過，若像我這種思考時需要都市噪音相伴的人，一定會感到非常無聊吧。大學校區與昔日八田與一建造的大型水壩相去不遠。

井迎瑞教授帶我到附近聚落的簡易餐館吃飯。附近的工人也來吃飯，他們的工作是以卡車將砍下的樹木運下山，現在趁休息時間喝起了啤酒。午餐很簡單，只有炒飯和魚片湯。好幾年前，井迎瑞教授發現一處原住民村落正是《莎韻之鐘》（一九四三）的拍攝地，特別到那村子裡，在戶外拉起白色布幕，於晚間播放了這部電影。曾經出現在電影裡的村人大多已經去世，只有一個人還活著。他是當時最年幼的少年，出現在莎韻趕著豬隻以日語跟孩子們說話的場景裡。他跟播放電影的人說，當時他年紀最小，李香蘭很疼愛他。

井迎瑞教授知道我寫過兩本關於李香蘭的書，十分感興趣地跟我說了一些軼事。

他曾經與上海電影製作人張善琨的未亡人（原為女演員，在丈夫突然去世後，在香港成為製作人）及上海時代的女演員們同桌吃飯，那時聊到往事，就說要打電話給住在東京的李香蘭。井迎瑞教授撥了電話，運氣很好，李香蘭本人接了電話。井教授很佩服地說，她的中文真的太好了，捲舌音發得真漂亮。

井教授畢業於UCLA，曾擔任台北電影資料館館長，直至七年前為止。他現在任教於台南藝術大學，並進行電影的搜尋及修復工作。他在今年夏天帶著六名學生探查南部的劇場遺跡，在苗栗客家庄的老電影院有了意想不到的收獲。他在倉庫發現十二卷底片盒。盒子上布滿灰塵，外面簡單注記著「王寶劍」。他心想，這三個字會不會是誤寫。他認為「劍」應該是「釧」的誤寫，因此馬上將這個盒子全部帶回學校的工作室，跟學生們一起進行修復工作。果然如他所期待的，這些夢幻的影片正是《薛平貴與王寶釧》第一集。

由於影片長期放置，散發著一種特別的酸味。我曾聽過即使在日本也極稀有的電影修復師松本圭二提及，資深的修復師只要踏入倉庫，就可以從那裡漂散著的酸味，判斷出這些影片的製作年代。苗栗電影院的影片也散發強烈的酸味，這個氣味也在這個工作室裡擴散開來。修復工作從夏天進行到秋天，前一陣子才將最初修復好的片子播放給少數相關人士觀看過。這次給我個人看的，其實是第二次播放。

薛平貴與王寶釧的故事並非台灣歌仔戲獨有的劇目，而是早在中國民間流傳的故事。各地大眾戲劇都愛演出這個劇目，相當受歡迎。王寶釧是有錢人家的小姐，與窮酸的青年薛平貴陷入愛河而受到雙親疏遠，後來與薛平貴長時間分離，過著辛苦的日子。薛平貴進京考試，終於通過科舉考試。權高位貴的他終能衣錦還鄉，與王寶釧重逢。我曾經在香港看過以粵劇（廣東戲）拍成的彩色電影（一九五九），對於女主角不顧母親的意思、堅持留在土窯裡的頑固，感到很有趣。不過吸引我的，不是儒教道德內部的糾葛，而是土窯這個民間風俗式的舞台裝置所具備的不可思議性。

這次找到的電影在製作時間上比香港的廣東話版本早了三年，但卻仍是黑白片。還有一件很有趣的事是，這部電影雖然是台語片，但本次找到的卻是以客家話重新配音的版本。負責配音的，應該不是原本演出的劇團，而是另外的客家話劇團。將國語（也就是中文）視為唯一官方語言的一九五〇年代，台語和客語的大眾戲劇世界裡，其實存在互相協力的約定關係。以往的台灣電影史卻從來不曾提到這樣的事實。

肩負國王性命安危的兩名武將騎馬奔馳，在田間小路邊的大樹下發現一名因飢餓而形容憔悴的少年。武將起了憐憫之心，將飯團給了這位自稱薛平貴的少年後，騎馬離去。城裡召開武術大會，這位少年展現了他的聰明機智，擄獲了觀眾席裡的王寶釧的芳心。兩人身分差距懸殊卻私定終身，只能住在土窯裡。

一個有錢員外家的獨生女被妖怪附身而發瘋，只會陰陰地笑著。有錢人請來法師為女兒治病，卻反被妖怪威脅而逃之夭夭。雙親正在苦惱時，薛平貴出現了，馬上就收服了妖怪。這妖怪原來是員外家裡養的馬兒變成的。

薛平貴騎了這匹作為謝禮的馬兒，很快就立下戰功，晉升為國王的近身侍衛。當時送他飯團的兩名武將成了他的同事，彼此是對等的身分。薛平貴穿著氣派的服裝，插著錦旗，回到王寶釧的身邊……這便是第一集的故事內容，電影最後打出「使你感動 使你緊張」的字幕，並且出現一段預告續集的影像，就此落幕。

飾演薛平貴的是一位美少女。穿著男裝的她，時而與妖怪周旋，時而與飾演王寶釧的少女合唱出美麗的歌聲。附帶一提，只有這個部分的歌詞打上了中文字幕。不過，我對於製作狀況有一些不明白，這是一部黑白電影，但偶爾卻摻雜著彩色畫面。

《薛平貴與王寶釧》是將原本在台灣各地鄉鎮演出的歌仔戲拍成電影，但並非以實況拍攝的方式，其中加入了電影的創作意圖，攝影機自在地轉換角度及構圖方式。成為電影母體的劇團後來仍繼續拍攝電影，飾演王寶釧的女主角吳碧玉目前仍健在。我有一個預感，我對於歌仔戲與台灣電影這種幸福的關係進行的思考，對於將來研究歌舞伎與日本電影之間的關係，一定會有很大的啟發性。

觀看《薛平貴與王寶釧》那天的下午，我被幸福的感受團團包圍。我和井迎瑞教授談到，薛平貴收服的妖怪是一匹馬這件事，可能源自中國民間傳說裡的龍馬信仰。最典型的便是《西遊記》裡三藏法師騎的那匹龍馬與水妖之間的關係。井迎瑞教授提到他的抱負，繼第一集之後，還要繼續進行第二集和第三集的修復工作，希望明年有機會在外國的電影節展出。他帶我到修復工作室參觀，那裡有一位女大學生，她說曾經讀過我寫的書。

原本已經斷裂的鎖鏈重新又串起了，我心裡這麼想著。所謂的電影史，不應是對知名電影進行解說，而應該將燈光投射在那些已被遺忘的無名電影上。這裡需要的是一種想像力，能夠從一片小小的骨頭碎片重現太古時期的整隻恐龍的那種想像力。我在這裡遇到的井迎瑞教授，就是一位能夠完全體現其才能的人物，與日本那些只盤踞在電影資料上的小官員成了鮮明的對照。

終章

我站在安平的土地上。

四周什麼也沒有，視野所及盡是魚塭。

我走了一會兒，看到一間日式房屋獨自立在那裡，寫著「SIO HOUSE」。告示牌寫著，這棟建築物以前是台灣總督府專賣局的安平分部。空無一人。

我再走到運河與運河之間的地帶，海邊的濕地愈來愈廣闊。灰色泥土上長滿水生植物，也可聽到鳥鳴聲。鷸、鵲、伯勞、麻雀、百舌鳥、白鷺絲。有的是為了過冬而從西伯利亞出發、越過日本來到這裡，有的則是原本棲息於亞熱帶的鳥兒。濕地對面是一片綠色的陸地。我瞄到一種黑白相間的動物，凝神一看，原來是一隻野狗。狗兒也在這裡以某種食物為生吧。

來到安平，我獲得一種解放感，感覺自己終於成功脫離那些彎彎曲曲的小路和香煙繚繞的陰暗廟宇群。

葡萄牙人在十六世紀行經台灣海峽，在船上看到草木茂盛的島嶼，大喊：

「Formosa!」。他們從麻六甲出發前往澳門，逃離了熱帶暑熱蒸騰的海洋，呼吸到久違的清新空氣，心中湧起一股安定的感受，「好美的島嶼啊！」的感嘆便不禁脫口而出。自此以來，台灣便得到「Formosa」的名字，中譯名是「美麗島」。

葡萄牙人其實只是路過而已，真正來此殖民的是荷蘭人。荷蘭人的東印度公司來到只有原住民的這片土地，開始獎勵漢人來此開墾。因此，倭寇猖獗的福建沿海地帶與台灣之間，雖然不屬於海上交通中心，但也逐漸開始有人往來了。當時台灣與明朝之間沒有朝貢關係，也未被畫入中國版圖，荷蘭人輕易地占領了台灣。他們找到一個方便停泊船隻的小沙洲，將位於沙洲前端的這個小漁村取名為「Tayouan」。剛移民過來的漢人將這個發音填上漢字「大員」或「台員」，最後變成「台灣」。這個沙洲漁村的村名最後變成代表整座島嶼的名稱。這個台灣的起源地現在改名為「安平」，位於大台南市最西邊，是一個三面臨海的地區。現在只是偏僻的觀光地，偶有大陸客搭遊覽車前來觀光。

在「十去六死、三留一回頭」這種嚴苛的環境下，福建人開始來台開墾。他們將祖先牌位放在船上一併運來台灣，在當地建造簡陋的小祠堂，作為聚落的集會處。

我來到安平，參觀了一間史料館，這裡昔日是英國商人經營的德記洋行。裡面展示著一尊媽祖神像，可能是清朝時期從福建運過來的。這座神像小小的，只有二十公分高，雕刻手法相當質樸。看不出有塗上顏料的樣子，只有修補裂縫的痕跡。頭頂也沒有像後來的天后那種華麗的皇冠，只是用布條盤住，或是戴著簡樸的帽子。左手放在膝蓋上，右手輕輕靠在扶手上，手中似乎拿著什麼東西。原來這就是媽祖神像原本的模樣。

史料館旁邊有好幾棵巨榕盤根錯節地生長著。已成廢墟的房屋裡裡外外都被榕樹給入侵，甚至整個屋頂都被占據。好幾根樹幹從這裡分枝出來，形成蜘蛛網的樣子。

榕樹的種類很多。最常見的是正榕（雀榕），其他還有屬於灌木的黃金榕，也有像薜荔那樣以根鬚攀附牆壁的種類。榕樹以氣根輕易地吸取空氣中的水分，可以適應各種地形而生，長成各式各樣的形態。它會將四周霸占起來，不讓其他植物生長。乳汁狀的液體從氣根分泌出來，吸引昆蟲來吃食。氣根疊生，形成板片狀。台南四處都可見這種巨樹，但在安平這種寬闊的地區，樹木的偉大姿威更能充分展現。我眼尖地發現，一棵老榕樹竟冒出了嫩芽。

在這幾個月裡，我造訪台灣各地的媽祖廟，不斷地進香和參加祭儀。都已經來到安平了，不向這裡的媽祖打聲招呼，可是會過意不去的。我在這個小鎮信步而行，自然而然地來到了安平天后宮。

安平天后宮建於一六六一年（永曆十五年）。鄭成功準備揮兵進攻台灣時，為了保佑戰事順利，將三尊湄州媽祖神像放在船上。這就是一切的開始。三尊媽祖神像祀奉於安平天后宮，但是當清朝消滅鄭氏王朝之後，似乎不願意讓安平天后宮具有正統性，因而規定台南天后宮才是府城主神所在之地。安平天后宮自此被貶抑為「偽廟」，被台南天后宮的奢華氣勢給比了下去。安平天后宮受到貶抑的狀況，與「台灣」名稱起源地安平不受重視、被逼到邊緣位置的過程，竟然如出一轍。台灣西部海岸後來有了快速的發展，在北部淡水河邊形成了萬華及大稻埕等交易中心。就在此時，「台灣」這個名稱一分為二。原本叫作台灣的地區改稱為台南，而北部新興交易地區稱為台北。「台灣」成為指涉整座島嶼的名稱，將台南、台北都包含在內。

安平天后宮裡的三尊媽祖神像有著黑色的臉，頭上戴著華麗的金紅色頭冠。右側祀奉水仙尊王，左側祀奉四海龍王，這樣的配置當然是為了保佑航海平安。這裡掛著非常多祈願用木質卡片，很像日本神社的「繪馬」。台北的廟宇似乎沒有掛祈願卡的習慣。

我終於親眼見到台灣的起源地了！我整個人龍罩在這樣的情緒裡。這個偏遠的小鎮，只有小小的市場、巷弄和一些西洋人居住過的遺跡，但撐起這個小鎮的這片沙洲卻是台灣所有一切的起源。

不過，太陽光倒是很強烈呢。我朝著榕樹陰影跨步而行。

後記

這本書的寫作契機，源自我受邀為台灣清華大學研究所及台灣師範大學的研究學人（客座教授），這是我在二〇一三年到二〇一四年期間居留台灣時的體驗。書中的內容大多未曾發表過，只有其中〈台灣人的三個父親〉發表於《新潮》二〇一四年三月號，〈太陽花學運〉發表於《世界》二〇一四年七月號。在此向邀請我到台灣客座研究的柳書琴教授和莊佳穎副教授表達感謝之意，柳書琴教授還為本書取了中文書名。另外，我也要感謝台北教育大學應鳳凰教授、國立政治大學吳佩真教授、以及眾多不及備載的朋友們，謝謝您們不吝為我這個台灣文化的初學者提供各種寶貴的知識。當讀者們在閱讀本書時，便會在某處發現這些朋友的姓名。

二〇一四年十二月

筆者 於橫濱青霞樓

聯經文庫

心悅台灣

2016年9月初版　　定價：新臺幣380元

著　者	四方田犬彥
譯　者	白春燕
總編輯	胡金倫
總經理	羅國俊
發行人	林載爵

出版者	聯經出版事業股份有限公司
地址	台北市基隆路一段180號4樓
編輯部地址	台北市基隆路一段180號4樓
叢書主編電話	(02)87876242轉225
台北聯經書房	台北市新生南路三段94號
電話	(02)23620308
台中分公司	台中市北區崇德路一段198號
暨門市電話	(04)22312023
台中電子信箱	e-mail：linking2@ms42.hinet.net
郵政劃撥帳戶	第0100559-3號
郵撥電話	(02)23620308
印刷者	文聯彩色製版有限公司
總經銷	聯合發行股份有限公司
發行所	新北市新店區寶橋路235巷6弄6號2樓
電話	(02)29178022

叢書主編	陳逸達
特約編輯	吳菡
封面設計	兒日
內文排版	極翔

行政院新聞局出版事業登記證局版臺業字第0130號

本書如有缺頁，破損，倒裝請寄回台北聯經書房更換。　　ISBN 978-957-08-4814-4 (平裝)
聯經網址：www.linkingbooks.com.tw
電子信箱：linking@udngroup.com

TAIWAN NO YOROKOBI
by Inuhiko Yomota

Originally published 2015 by Iwanami Shoten, Publishers, Tokyo.
This complex Chinese edition published 2016
by Linking Publishing Company, Taipei
by arrangement with the proprietor c/o Iwanami Shoten, Publishers, Tokyo.

國家圖書館出版品預行編目資料

心悅台灣/四方田犬彥著．白春燕譯．初版．臺北市．
聯經．2016年9月（民105年）．384面．14.8×21公分
（聯經文庫）
ISBN 978-957-08-4814-4（平裝）

1.台灣社會 2.台灣文化

540.933 105018007